高等法律职业教育系列教材
审定委员会

高等法律职业教育系列教材

法医人体损伤鉴定

FAYI RENTI SUNSHANG JIANDING

主　编○宋健文　罗光华

副主编○徐静涛　吴雨虹

撰稿人○（按姓氏笔画，排名不分先后）

兰江维　叶伟权　刘江金　刘志杰　孙　岩

宋健文　吴雨虹　汪家文　张庆捷　罗光华

杨　林　徐静涛　徐攀平　谢剑捷

中国政法大学出版社

2023·北京

图书在版编目（ＣＩＰ）数据

法医人体损伤鉴定/宋健文，罗光华主编.—北京：中国政法大学出版社，2023.8
ISBN 978-7-5764-1062-4

Ⅰ.①法…　Ⅱ.①宋…②罗…　Ⅲ.①损伤－法医学鉴定　Ⅳ.①D919.4

中国国家版本馆CIP数据核字(2023)第167720号

出　版　者	中国政法大学出版社
地　　　址	北京市海淀区西土城路 25 号
邮　　　箱	fadapress@163.com
网　　　址	http://www.cuplpress.com (网络实名：中国政法大学出版社)
电　　　话	010-58908435(第一编辑部) 58908334(邮购部)
承　　　印	北京鑫海金澳胶印有限公司
开　　　本	787mm×1092mm　1/16
印　　　张	15.5
字　　　数	339 千字
版　　　次	2023 年 8 月第 1 版
印　　　次	2023 年 8 月第 1 次印刷
印　　　数	1~4000 册
定　　　价	56.00 元

总　序
Preface

　　高等法律职业化教育已成为社会的广泛共识。2008 年，由中央政法委等 15 部委联合启动的全国政法干警招录体制改革试点工作，更成为中国法律职业化教育发展的里程碑。这也必将带来高等法律职业教育人才培养机制的深层次变革。顺应时代法治发展需要，培养高素质、技能型的法律职业人才，是高等法律职业教育亟待破解的重大实践课题。

　　目前，受高等职业教育大趋势的牵引、拉动，我国高等法律职业教育开始了教育观念和人才培养模式的重塑。改革传统的理论灌输型学科教学模式，吸收、内化"校企合作、工学结合"的高等职业教育办学理念，从办学"基因"——专业建设、课程设置上"颠覆"教学模式："校警合作"办专业，以"工作过程导向"为基点，设计开发课程，探索出了富有成效的法律职业化教学之路。为积累教学经验、深化教学改革、凝塑教育成果，我们着手推出"基于工作过程导向系统化"的法律职业系列教材。

　　《国家中长期教育改革和发展规划纲要（2010～2020 年）》明确指出，高等教育要注重知行统一，坚持教育教学与生产劳动、社会实践相结合。该系列教材的一个重要出发点就是尝试为高等法律职业教育在"知"与"行"之间搭建平台，努力对法律教育如何职业化这一教育课题进行研究、破解。在编排形式上，打破了传统篇、章、节的体例，以司法行政工作的法律应用过程为学习单元设计体例，以职业岗位的真实任务为基础，突出职业核心技能的培养；在内容设计上，改变传统历史、原则、概念的理论型解读，采取"教、学、练、训"一体化的编写模式。以案例等导出问题，根据内容设计相应的情境训练，将相关原理与实操训练有机地结合，围绕关键知识点引入相关实例，归纳总结理论，分析判断解决问题的途径，充分展现法律职业活动的演进过程和应用法律的流程。

法律的生命不在于逻辑，而在于实践。法律职业化教育之舟只有驶入法律实践的海洋当中，才能激发出勃勃生机。在以高等职业教育实践性教学改革为平台进行法律职业化教育改革的路径探索过程中，有一个不容忽视的现实问题：高等职业教育人才培养模式主要适用于机械工程制造等以"物"作为工作对象的职业领域，而法律职业教育主要针对的是司法机关、行政机关等以"人"作为工作对象的职业领域，这就要求在法律职业教育中对高等职业教育人才培养模式进行"辩证"地吸纳与深化，而不是简单、盲目地照搬照抄。我们所培养的人才不应是"无生命"的执法机器，而是有法律智慧、正义良知、训练有素的有生命的法律职业人员。但愿这套系列教材能为我国高等法律职业化教育改革作出有益的探索，为法律职业人才的培养提供宝贵的经验、借鉴。

2016 年 6 月

前言
Foreword

　　近年来，随着我国社会的发展、全面依法治国的推进、公民法律意识的提高，司法改革也不断深化，如何让人民群众在每一个司法案件中都感受到公平正义成为每个司法人员的努力目标。司法鉴定作为司法证明的一种重要手段，在保障司法公正，促进公平正义，维护社会和谐稳定中发挥着重要作用。法医鉴定作为司法鉴定"四大类"的重要组成部分，其为刑事、民事和行政诉讼等案件中相关医学问题提供证据。据司法部公共法律服务管理局统计，截至2021年底，全国经司法机关登记的法医类、物证类、声像资料和环境损害（简称"四大类"）鉴定业务全年完成达 3 016 274 件。法医类占79.80%，其中法医临床鉴定就占40.75%，为"四大类"司法鉴定中最主要的业务。在实践中，人体损伤鉴定意见为我国人身损害赔偿纠纷案件的解决提供科学依据。2020 年，司法部颁布《法医类司法鉴定执业分类规定》进一步细化了法医临床鉴定项目，推动人体损伤鉴定的规范化、法制化发展。

　　为顺应社会发展的趋势，更好地发挥法医人体损伤鉴定在维护社会公平正义中的作用，结合高等职业教育的特点，本编委尝试编写这本《法医人体损伤鉴定》教材，以满足教学所需。

　　根据高等职业教育司法鉴定专业学生培养目标和教学大纲的要求，本教材立足高职教育特点，以理论满足"岗位工作需要"为原则，突出"实效性"、重在"实用性"，在内容编写加入"课程思政元素""综合案例分析""技能训练"等项目，通过案例分析与图例展示，并结合技能训练，使人体损伤鉴定知识技能更加直观和实用，学生更易学习和掌握，以利于培养适合行业实际需求的高素质、技能型司法鉴定专业人才。

　　全书共十七个学习单元，分为两大部分。其中，学习单元一至五包括人体损伤鉴定的概述、分类、活体损伤总论、法医检查及影像学检查、人身损害赔偿，为总论部分。学习单元六至十七为分论部分，包括颅脑损伤、眼及视功能损伤、耳鼻咽喉与口腔颌面部损伤、颈胸部损伤、腹部损伤、盆腔与泌尿生殖系统损伤鉴定、脊柱与脊髓损伤鉴定、四肢损伤鉴定、非法性行为与虐待相关鉴定、流产相关鉴定、诈病与造作伤鉴定、医疗损害司法鉴定。

《法医人体损伤鉴定》编写人员来自高校及行业一线业务骨干，编写内容涵盖人体损伤鉴定基础理论及技术方法，贴合行业岗位需求，不仅能指导司法鉴定技术专业学生更好地、有针对性地学习和掌握法医活体损伤鉴定的相关知识和技能，更重要的是可让学生们能尽早了解未来所从事工作的情景、内容、性质和责任，以及应当遵循的法律法规与技术规范，自觉加强法律意识的培养和综合能力的提高。本教材适应司法鉴定助理岗位技能需求，可供同类高职院校教学之用，也可作为行业继续教育教材面向司法鉴定各级培训课程。

本书是现代学徒制试点单位广东司法警官职业学院建设项目——司法鉴定技术专业的建设成果。

本书由宋健文、罗光华担任主编，徐静涛、吴雨虹担任副主编，具体编写分工如下（以姓氏笔画为序）：

兰江维（南方医科大学）：学习单元七、学习单元十六

叶伟权（暨南大学司法鉴定中心）：学习单元二、学习单元三

刘江金（贵州医科大学）：学习单元四

刘志杰（广东司法警官职业学院）：学习单元九、学习单元十一

孙　岩（广东康怡司法鉴定中心）：学习单元一

宋健文（广东司法警官职业学院）：学习单元一、学习单元十七

吴雨虹（福建正泰司法鉴定中心）：学习单元五、学习单元八、学习单元十二

汪家文（贵州医科大学）：学习单元四

张庆捷（广东司法警官职业学院）：学习单元十

罗光华（广东司法警官职业学院）：学习单元二、学习单元三

杨　林（贵州医科大学）：学习单元四

徐静涛（南方医科大学）：学习单元十三、学习单元十四、学习单元十五

徐攀平（江西铭志司法鉴定中心）：学习单元五、学习单元六

谢剑捷（中山大学法医鉴定中心）：学习单元二、学习单元三

由于编者时间仓促，掌握法医知识有局限性，本教材的内容和形式难免有不妥之处，恳请广大师生和同行提出批评与建议，以期再版时补充修正。

编者

2023 年 3 月

课程思政元素

党的二十大报告指出：用社会主义核心价值观铸魂育人，完善思想政治工作体系，推进大中小学思想政治教育一体化建设。在立德树人思想指导下，本书着力打造课程思政内容，将党的二十大精神"冒热气"地融入到课程教育教学中。本书以党的二十大精神为引领，从社会主义核心价值观以及中华优秀传统文化等角度着眼，结合司法鉴定职业道德和职业素养要求，提炼出课程德育元素，设计出课程思政的主题，然后紧紧围绕"价值塑造、能力培养、知识传授"三位一体的课程建设目标，在课程相关内容中寻找落脚点，通过案例、知识点等教学素材的综合运用，寓世界观、人生观和价值观引导于知识传授和能力培养中，以"接地气"、潜移默化的方式将正确的价值追求有效地传递给学生。

本书的课程思政元素设计以习近平新时代中国特色社会主义思想为指导，结合党的二十大报告内容，运用可以培养大学生理想信念、爱国主义、职业道德、法律意识、科学精神、工匠精神等题材与内容，全面提高大学生学识、见识、责任感及使命感，为国家培养一批又一批立志为中国特色社会主义事业而奋斗、担当民族复兴大任和全面依法治国重任的新时代司法鉴定人才做好铺垫。

为更好推进党的二十大精神入脑入心、落地生根，完成"为党育人、为国育才"的教育使命，本教材的每个思政元素的教学活动过程包括内容导引、展开研讨、总结分析三个完整的课程思政教学过程，老师和学生都参与其中，且针对本课程课堂教学而专门设计的，在课堂育人的"主渠道"可发挥积极作用。

分类	页码	内容导引（案例或知识点）	展开研讨（思政内涵）	总结分析（思政升华）	思政落脚点
中华优秀传统文化教育	6	学习单元一、绪论	中国最早在哪个朝代开展法医鉴定？	党的二十大报告强调"中华优秀传统文化源远流长、博大精深，是中华文明的智慧结晶""我们必须坚定历史自信、文化自信，坚持古为今用、推陈出新"。我国是四大文明古国之一，早在两千三四百年前，我国已出现法医学检验的萌芽，1975年秦墓出土的《云梦秦简》中已有损伤形态描述及凶器推断的记载，如"不周项"为缢沟的特征等。随着社会发展，到了宋代，我国古代法医学达到鼎盛时期，由宋朝法医学家宋慈编撰的《洗冤集录》是现存最早的系统法医学专著，比欧洲第一部系统法医学著作早了三百多年，对世界法医学的发展产生重要且深远的影响。在当代，法医临床学作为具有中国特色的一门独立学科，助力我国人身损害纠纷化解及案件诉讼、审判，为法治社会建设作出巨大贡献。	文化自信、民族自豪感、二十大精神
社会主义核心价值观	25	学习单元三项目三 烧伤、冻伤、电击伤与法医鉴定	你知道抗美援朝长津湖战役中志愿军最主要的损伤是什么？	党的二十大报告指出："用好红色资源，深入开展社会主义核心价值观宣传教育，深化爱国主义、集体主义、社会主义教育，赵丽培养担当民族复兴大任的时代新人"。2021年国庆假期，随着"抗美援朝"主题电影——《长津湖》热映，让无数国人重温了英雄先烈们保家卫国的艰苦历程。长津湖是朝鲜半岛气温最低的地域，当时又恰逢50年不遇的严冬，最低温度零下40度，致使不少刚刚入朝作战的志愿军战士出现冻伤，伤情严重，个别部队执行埋伏任务，为了不暴露目标，在冰雪阵地中纹丝不动，致官兵冻伤致死。然而，在如此恶劣的环境下，志愿军战士们凭着钢铁意志和英勇无畏的精神，与敌人展开殊死的搏斗，奋不顾身英勇打退了美军王牌部队。	二十大精神、爱国主义、英雄主义

分类	页码	内容导引 （案例或 知识点）	展开研讨 （思政内涵）	总结分析（思政升华）	思政落脚点
法治教育	56	学习单元五、人身损害民事赔偿	我国涉及人身损害民事赔偿最权威的法律是哪一部？	党的二十大报告指出："弘扬社会主义法治精神，传承中华优秀传统法律文化，引导全体人民做社会主义法治的忠实崇尚者、自觉遵守者、坚定捍卫者。"《中华人民共和国民法典》于2021年1月1日起正式施行，这部被称为"社会生活百科全书"的民法典是我国的第一部法典，对推进全面依法治国、加快建设社会主义法治国家，对发展社会主义市场经济、巩固社会主义基本经济制度，对坚持以人民为中心的发展思想、依法维护人民权益，对推进国家治理体系和治理能力现代化等，都具有重大而深远的意义。《民法典》第一千一百七十九条：侵害他人造成人身损害的，应当赔偿医疗费、护理费、交通费、营养费、住院伙食补助费等为治疗和康复支出的合理费用，以及因误工减少的收入。造成残疾的，还应当赔偿辅助器具费和残疾赔偿金；造成死亡的，还应当赔偿丧葬费和死亡赔偿金。	二十大精神、法律意识、公平正义
职业理想和职业道德	76	学习单元六项目六 颅脑损伤后遗症及法医鉴定	颅脑损伤常见的后遗症是什么？	党"二十大"报告把"必须坚持人民至上"列为习近平新时代中国特色社会主义思想的世界观和方法论的重要内容之一。坚持人民至上与司法鉴定领域中以人为本、执业为民职业道德精神相契合。在实践中，一部分颅脑损伤伤者肢体瘫痪、行动不便，法医鉴定人需要克服困难，深入伤者家中、病房甚至野外等进行检查。在检查时也保持高度责任心，既要细致检查和记录损伤情况，也应对病人要关心、耐心，态度和蔼，以取得病人的信任和配合，同时在操作过程中动作应正确熟练、细致轻柔、要尽量减少病人的痛苦。	二十大精神、爱岗敬业、甘于奉献

(续表)

分类	页码	内容导引 (案例或 知识点)	展开研讨 (思政内涵)	总结分析（思政升华）	思政落脚点
道德修养 和 文化修养	81	学习单元七、眼及视功能损伤鉴定	医学上，眼科手术治疗需要麻醉。然而，新中国的一位开国元帅却在无麻醉的情况下完成眼部手术，你知道他是谁吗？	党的二十大报告指出："推动全社会见贤思齐、崇尚英雄、争做先锋"。刘伯承是中华人民共和国开国十大元帅之一，其南征北战，屡建功勋，被称为"中国军神"。1916年在反对袁世凯称帝的护国战争中，刘伯承率领的东护国军攻占四川丰都城时，他身先士卒，带头冲锋，不幸头部连中两弹，右眼受重伤。当德籍沃医生为他摘除右眼球手术时，为保护脑神经，未用一点麻醉药。他扶着柱子，满头大汗，没吭一声，凭借坚强的意志完成了手术。沃医生不禁为之动容，术后翘起大拇指对旁边的人说："真不愧为英雄。我当了这么多年的外科医生，还没遇见一个像他这样的人，他真有你们中国古代关云长刮骨疗毒的气概！"	坚定信念、英雄主义
职业理想 和 职业道德	125	学习单元九项目三、胸部损伤及法医学鉴定	鉴定实践中，如何避免胸部损伤肋骨骨折早期容易漏诊？	党的二十大报告指出："只有用普遍联系的、全面系统的、发展变化的观点观察事物，才能把握事物发展规律"。肋骨骨折可能由于体位、摄片质量等因素所造成，尤其是骨折无错位或不完全性骨折，损伤初期往往不容易被发现，一般伤后3周左右骨痂开始形成或者出现骨膜反应时，骨折线才能比较清晰地显现。因此，对于肋骨骨折损伤鉴定的案件，要注意这个特点，尊重医学科学，更要有严谨的鉴定思维，甚至创新思维，通过特殊的检查或者多次多角度检查予以发现，避免错误鉴定。	尊重科学、工匠精神

（续表）

分类	页码	内容导引（案例或知识点）	展开研讨（思政内涵）	总结分析（思政升华）	思政落脚点
社会主义核心价值观	185	学习单元十三、四肢损伤鉴定	在长征时期，除了战斗损伤外，红军战士们因为长期行军出现了大范围的"疲劳骨折"。	党的二十大报告指出："坚持学思用贯通、知信行统一，把新时代中国特色社会主义思想转化为坚定理想、锤炼党性和指导实践、推动工作的强大力量。坚持理论武装同常态化长效化开展党史学习教育相结合，引导党员、干部不断学史明理、学史增信、学史崇德、学史力行，传承红色基因，赓续红色血脉。"长期、反复、轻微的直接或间接外力集中作用在骨骼的某一点上，受到反复力的刺激可出现应力性骨折，又称疲劳骨折。应力性骨折经常是在长距离行军或长跑运动后发生。1934年10月，第五次反"围剿"失败后，中央主力红军为摆脱国民党军队的包围追击，进行长达2年的长征。因长时间反复行军导致不少士兵出现肢体应力性骨折，但红军士兵们不畏艰险，克服重重困难，共击溃国民党军数百个团，走过荒草地，翻过雪山，行程约二万五千里，成功完成了战略性转移。习近平总书记曾说，"伟大长征精神，就是坚定革命的理想和信念，坚信正义事业必然胜利的精神，就是为了救国救民，不怕任何艰难险阻，不惜付出一切牺牲的精神"。	坚定信念、责任使命、二十大精神

（续表）

分类	页码	内容导引（案例或知识点）	展开研讨（思政内涵）	总结分析（思政升华）	思政落脚点
职业理想和职业道德	206	学习单元十五、妊娠、分娩、流产相关鉴定	妊娠，俗称"怀胎"。十月怀胎，比喻事情成熟需要足够的时间。司法鉴定意见是关系着社会公平正义，在鉴定实践中需要精益求精，充分"孕育"。	党的二十大报告指出："弘扬党的光荣传统和优良作风，促进党员干部特别是领导干部带头深入调查研究，扑下身子干实事、谋实招、求实效"。司法鉴定实践中，有时会遇到不少棘手的案件，在既无先例可循、又无经验可仿的情况下，鉴定过程中必然充满诸多需要解答的矛盾问题，怎么办？对此，开国领袖毛泽东同志曾在1930年5月发表的《反对本本主义》中就指出："调查就像'十月怀胎'，而解决问题就像'一朝分娩'，调查就是解决问题。"形象地说明充分的调查研究是发现问题、解决问题、破解矛盾的必由之路。习近平总书记也指出"调查研究是谋事之基、成事之道"。因此，鉴定人员在实践中要注重调查研究，深入现场勘查、认真审查委托材料并查阅有关文献等，为解决鉴定难题提供思路。	工匠精神、科学精神

绪　论

📖 学习目标

1. 知识目标：掌握法医人体损伤鉴定的相关概念及主要内容，了解其主要任务及发展概况，熟悉鉴定的基本工作程序。

2. 能力目标：熟悉法医人体损伤鉴定的基本理论，初步掌握人体损伤法医鉴定的基础。

📖 内容结构

1. 法医人体损伤鉴定的相关概念。
2. 法医人体损伤鉴定的任务。
3. 法医人体损伤鉴定的主要内容。
4. 法医人体损伤鉴定的程序。
5. 现状与展望。

📖 导读

法医鉴定的本质是对法律上有关医学问题进行鉴别与判断。本书法医人体损伤鉴定对象是活体，主要针对自然人机体遭受侵害并造成伤、残等后果进行鉴定，为纠纷化解及案件诉讼、审判提供依据和证据，其工作内容包括损伤程度鉴定，残疾等级鉴定，伤病因果关系判定，致伤物推断，诈伤、诈病、造作伤鉴定，医疗损害鉴定等。

项目一　法医人体损伤鉴定的相关概念

一、损伤

损伤是指机体受到外界因素作用所造成的组织结构破坏和功能障碍。狭义的损伤，是指机体受到外界暴力作用引起肉体损伤，其中，最为常见的是机械性损伤。广义的损伤除了肉体损伤外，还包括心理与精神损伤。

根据损伤情节可以分为故意伤害（多见于他伤）、交通事故损伤（多见于道路交通事故）、职业性损伤（简称工伤）和战伤。在法医人体损伤鉴定中，前三种情形较为多见。

随着医学科学的不断进步，多数损伤造成的解剖结构破坏和功能障碍都不难检验、诊断和确认。然而，运用现代医学和法医学手段尚不足以发现和确证所有损伤及其后果。此外，人体损伤随其生命活动随时演变，轻微损伤短期内可痊愈，严重损伤可能遗留机体功能障碍甚至残疾，许多损伤后存在的心理异常或精神创伤，尚无广泛认同的检验方法和判断标准。

二、机械性损伤

由机械性暴力造成的机体器官组织的结构破坏或功能障碍，称为机械性损伤。形成机械性损伤必须有致伤物、机体组织和外力同时存在，互相作用，缺一不可。三个要素中任何一个要素的特征，对损伤形成、损伤形态、损伤程度等有直接影响。

图1-1　机械性损伤（挥鞭样损伤）

三、伤残

伤残是指由损伤（致残因素）引起的残疾。其主要是指损伤或其他原因导致人体组织结构破坏或功能不同程度地丧失，由此造成人体不同程度地丧失生活能力、工作能力和社会活动能力。

四、司法鉴定

司法鉴定是指在诉讼活动中，鉴定人运用科学技术和专业知识对诉讼涉及的专门性问题进行鉴别和判断并提供鉴定意见的活动。司法鉴定是一种法律证据，是在案件中遇到专业性问题时，如有关医学问题，查明全部案情必不可少的客观根据。

五、法医学鉴定

运用法医学知识，对司法机关交验的民事、刑事以及行政诉讼案件中尸体、人身、物证及文证资料进行详细检验后，对委托事项作出科学结论，是为法医学鉴定。

六、法医人体损伤鉴定

法医人体损伤鉴定是指运用法医临床学知识和技能，通过现场勘查、活体检查、物证检验和书证审查等方式，对诉讼中涉及活体人体损伤相关医学问题进行鉴别和判定并提供鉴定意见的活动。

项目二 法医人体损伤鉴定的任务

我国法律实践坚持"以事实为根据，以法律为准绳"的原则。法医学鉴定意见作为各种诉讼活动中重要的书证材料，在刑事、民事和行政诉讼等案件的侦查、审判、仲裁活动中发挥着重要作用。具体任务包括以下四个方面：

一、为刑事案件提供科学证据

对刑事案件中的被鉴定人进行检验，确定损伤原因、损伤程度和致伤物种类等，为判定案件的性质，追究刑事责任提供科学的依据。

二、为民事纠纷案件提供科学证据

在民事案件中经常涉及残疾等级、劳动能力丧失、护理依赖程度及医疗费等问题，因此，对于上述问题需要通过法医学鉴定才能为正确处理民事纠纷提供科学依据。

三、为行政案件处理提供科学证据

对于工伤事故、医疗纠纷等行政案件，有时需要法医学鉴定，分析损伤原因、判断诊疗过程中有无过错、评定伤残等级等，为行政部门处理工伤事故和医疗纠纷提供科学依据。

四、为人身保险理赔提供科学证据

人身保险是以人的寿命和身体作为保险标的的保险。通过对被保险人患病程度、患病原因、患病时限、损伤原因和伤残等级评定等，为人身保险理赔提供科学依据。

项目三 法医人体损伤鉴定的主要内容

法医人体损伤鉴定的实质是对法律上涉及人体损伤的有关医学问题进行鉴别与判定。主要包括以下九个方面：

一、损伤程度鉴定

在人体损伤鉴定中，几乎所有的故意伤害案件都要对损伤程度进行鉴定，为司法审判提供定罪、量刑的医学依据。

二、劳动能力及伤残等级鉴定

按劳动能力丧失程度，劳动能力丧失主要分为劳动能力部分丧失、劳动能力大部分丧失及劳动能力完全丧失三类。伤残鉴定，是指依照有关法规、标准评定伤残等级的技术活动，包括伤残等级、劳动能力丧失、生活自理能力、社会生活能力。伤残程度鉴定多为民事诉讼或民事调解服务，伤残等级是民事赔偿的主要依据。

三、损害与疾病因果关系

在损伤程度鉴定与伤残程度鉴定时，往往需要对损伤与疾病之间的因果关系进行分析，实际上是对外界致伤因素在损害后果中原因力大小的分析。所谓原因力是指导致损害后果的数个因素中，各因素对损害后果的发生所发挥的作用力。

四、致伤物推断

在鉴定中会遇到一些致伤物不明的案件，需要法医根据损伤的形态特征进行分析，如创伤的形态、长度、深度、有无组织间桥或异物等来区分钝器、锐器或者火器伤。

五、损伤时间推断

大部分活体损伤鉴定的案件，其发生的时间是明确的。但有时有些案件需要对损伤时间进行推断，以便对案件进行正确的处理。鉴定实践中，一般依据皮肤软组织创面愈合过程、皮肤颜色以及骨痂形成的生理特征等进行推断。

六、致伤方式

损伤案件发生的情节不同，也决定了案件不同的性质，如他伤、自伤、意外伤等，因此，认定损伤形成的致伤方式至关重要。目前，损伤鉴定就性质而言，大多数属于意外伤，其次是他伤，自伤的案件最少。

七、诈病和造作伤鉴定

在伤害案件鉴定中，被害人夸大伤情是经常发生的。至于是否诈病（伤）或造作病（伤），则需要法医工作人员认真检查和识别。否则，以假乱真作出错误的鉴定意见会造成冤假错案。诈病（伤）或造作病（伤）的表现形式多种多样，既然是假的，就会与真正疾病规律不一致，且会出现矛盾点，揭露这些矛盾就可能将诈病（伤）、造作病（伤）识别出来。

八、医疗损害鉴定

医疗损害司法鉴定的主要任务是评价医疗机构对患者的诊疗行为是否存在医疗过错，医疗过错行为与不良损害后果之间是否存在因果关系及原因力大小等进行鉴定，为法庭审理医疗侵权损害赔偿案件或医疗损害调解提供书证。

九、人体功能评定

人体功能评定是人体损伤鉴定的重要内容。依据相关标准、技术规范，在活体检查与实验室检验的基础上，结合伤（病）情资料，对视觉功能、听觉功能、男性性功能与生育功能、嗅觉功能及前庭平衡功能进行综合评定。如生育能力评定，主要依据精子的数量和质量来确定。

项目四 法医人体损伤鉴定的程序

一、鉴定主体

（一）司法鉴定机构

司法鉴定机构是司法鉴定人依法执业的场所。司法鉴定机构有广义与狭义之分。广义的司法鉴定机构包括办案机关（侦查机关）根据法律法规自行设立与管理的内设鉴定机构和经省级司法行政机关审核登记，具备《司法鉴定机构登记管理办法》规定的条件，取得《司法鉴定许可证》，在登记的司法鉴定业务范围内开展司法鉴定活动的法人或其他组织。狭义的司法鉴定机构仅指后者。

（二）司法鉴定人

司法鉴定人是依法取得鉴定人资格证书或鉴定人执业证书，受办案机关的指派或聘请，运用专门知识和科学技术，对诉讼活动中涉及的某些专门性问题进行鉴别和判断并提出鉴定意见的自然人。

法医鉴定人是指在诉讼活动中运用法医学、临床医学等专业知识和技术，依法接受委托，对诉讼涉及的医学问题进行鉴定并提供鉴定意见的人。

二、法医人体损伤鉴定程序

（一）案件受理

按照我国法律法规，诉讼活动中的法医人体损伤鉴定应由办案机关委托。诉讼活动外的可以接受行政机关、仲裁机关、调解组织、当事人等委托。

法医鉴定人在接受委托时，应了解鉴定目的和要求，鉴定材料是否齐全，能否鉴定，决定是否受理或退回。凡符合鉴定条件的应予以受理。

（二）了解案情

在明确鉴定目的要求后，应认真仔细阅读委托人提供的鉴定材料，详细了解事件发生的时间、地点、经过和受伤情况，伤后经历和医疗情况，以及致伤物等。审查和分析各种医学鉴定材料时，应特别重视原始病历记录。如病史中有关伤者的临床症状和体征的描述（如体格检查）和实验室检查结果等（如 X 线片、CT 片及 MRI 片等），即所谓的"客观病史"，而医师的"诊断意见""专家会诊意见"等"主观病史"，一般只作为分析问题时的参考。

（三）现场勘验

在法医人体损伤鉴定工作中，一般不需要进行现场勘察，但是有少数复杂鉴定在判断损伤性质或判定成伤机制有困难时，法医鉴定人应该进行现场勘验，有助于作出准确的鉴定意见。

（四）法医临床学检查

1. 体格检查。按照临床常规检查的方法和要求进行，应做到全面、系统。体检应包括身高、发育、营养状况、皮肤等一般情况，以及头部、五官、颈部、胸腹部、背部、脊柱、四肢、神经系统等项目，并根据案情有所侧重。

对损伤的检查应做详细记录，包括损伤的部位、性状、大小及数目、方向和颜色，有无异物遗留，伤与伤的关系等。仅用文字叙述不够，还应当绘制简图。记录应使用规范的解剖学名词，准确表达损伤位置，用法定计量单位标明损伤大小和距离。除文字记录外还应拍照。

活体检验的主要目的不但在于在案情或伤（病）史调查基础上对被鉴定人伤情进行核实，还要评价被鉴定人损伤后的医疗是否终结，并对被鉴定人因伤遗留的组织器官功能障碍进行检查和评定。

与临床病人不同，被鉴定人出于报复或索赔的心理，往往会有意地夸大伤情或伪装肢体、器官功能障碍，鉴定人要注意辨别真伪，必要时还要通过特殊检测技术识别。

2. 辅助检查。在实际鉴定工作中，一般法医临床检查常不能满足鉴定工作的需要，还需要进行实验室和其他特殊仪器检查，根据不同的损伤有所侧重。常用检查手段有：X线、CT、MRI及超声检查，视功能、听功能、神经功能电生理测定，生化检测，等等。

（五）鉴定意见书制作

鉴定意见是刑事案件定罪量刑和民事案件赔偿的依据。司法鉴定人应当充分利用自己的专业知识和经验，根据鉴定材料，针对鉴定事项逐条进行科学、客观的分析说明，并最后出具客观的鉴定意见，以鉴定意见书的形式提交给委托人。

项目五　现状与展望

党的二十大报告指出，要"坚持中国特色社会主义道路"。1985年，法医临床学被我国确立为一门独立学科，开辟了具有中国社会主义特色的学科发展道路。实践表明，将法医临床学作为一个独立学科有利于学科更好的发展，符合我国国情，有力推动我国活体人身损害纠纷化解，在我国法治建设中发挥重要作用。

经过近三十年的发展，法医临床鉴定从无到有，从简单的为刑事案件服务的损伤程度鉴定，到为民事案件服务的伤残程度等鉴定项目。2020年，司法部颁布《法医类司法鉴定执业分类规定》将法医临床鉴定划分为人体损伤程度鉴定，人体残疾等级鉴定，赔偿相关鉴定，人体功能评定，性侵犯与性别鉴定，诈伤、诈病、造作伤鉴定，医疗损害鉴定，骨龄鉴定及与损伤相关的其他法医临床鉴定等，进一步细化了人体损伤鉴定的项目。随着国家全面依法治国的推进和人民群众法制观念的增强，依法办事和"打官司就是打证据"的观念逐渐深入人心。司法鉴定作为重要书证形式之一，法医人体损伤鉴定必将得到进一步发展。

目前，我国法医人体损伤鉴定技术标准体系基本确立，以问题为导向的相关研究活跃，鉴定实践中的难点问题构成了学术研究的主要方向，其中包括肢体功能评定、视觉功能和听觉功能评定、男子性功能评定、活体骨龄评定以及近年研究热点"医疗损害司法鉴定"等，应用临床电生理技术及功能影像学技术客观评定人体功能也取得了一批突破性的成果。然而，鉴定标准的科学性有待进一步提高，在国家着力推动标准化战略的大背景下，完善人体损伤鉴定标准化体系建设是当务之急。

启发与思考

1. 法医人体损伤鉴定的含义？

2. 法医人体损伤鉴定的主要内容？

3. 法医人体损伤鉴定的程序？

———— 学习单元二 ————

法医人体损伤鉴定的分类

📖 **学习目标**

1. 知识目标：熟悉法医人身损害鉴定的分类和相关鉴定项目在实践中的意义，掌握各鉴定项目相应鉴定标准的正确适用。

2. 能力目标：熟悉法医人身损害鉴定常见项目，初步掌握法医人身损害鉴定的工作能力。

📖 **内容结构**

1. 人体损伤程度鉴定。
2. 劳动能力及伤残等级鉴定。
3. 医疗损害司法鉴定。
4. 医疗依赖及护理依赖鉴定。
5. 人身损害其他项目鉴定。

📖 **导读**

法医人体损伤鉴定是对诉讼中涉及活体人体损伤医学相关问题进行鉴别和判定，其本质是服务于法律。但在法律诉讼中涉及不同的鉴定内容，如有涉及刑事诉讼的损伤程度鉴定，有围绕赔偿纠纷民事诉讼的伤残鉴定，还有针对医疗纠纷诉讼的医疗损害鉴定，等等。对此，司法部印发的《法医类司法鉴定执业分类规定》对法医临床鉴定进行分类。本章在此基础上，结合鉴定工作实践，针对人身损害鉴定常见项目进行介绍。

项目一 人体损伤程度鉴定

一、概述

损伤程度是指机体受到外力作用致使组织器官结构破坏及功能障碍的程度。损伤程度的鉴定在人体损害鉴定中占有十分重要的地位，也具有重要的现实意义。

人体损伤程度鉴定的意义是，在故意伤害案件中，被害人损伤程度为轻微伤的，加害者需要负民事责任，亦可以协商调解；被害人损伤程度达轻伤及以上的，加害者需要负刑事责任，轻伤案件部分可协商调解；损伤程度达重伤的，必须负刑事责任。另外，交通肇事案件中，被害人损伤程度达重伤的，肇事者也需负刑事责任。对此，有公安机关发布打架成本图，警示市民"动武要三思"（见图2-1）。

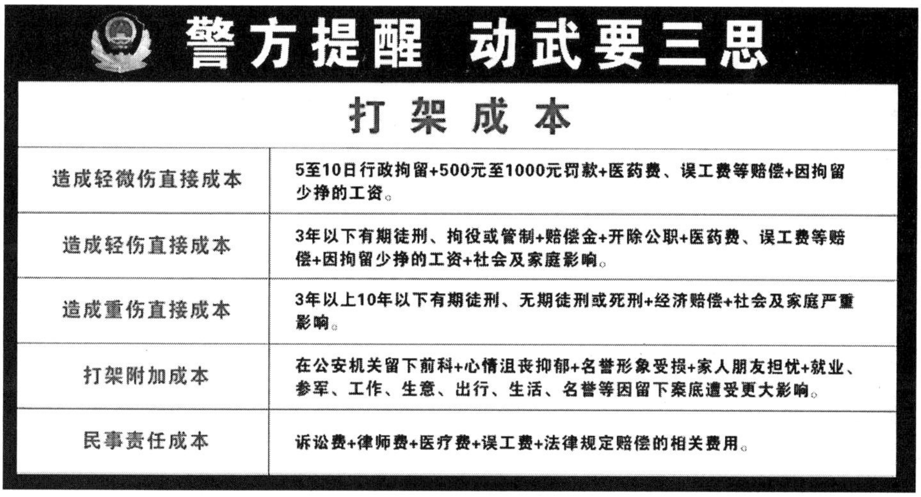

造成轻微伤直接成本	5至10日行政拘留+500元至1000元罚款+医药费、误工费等赔偿+因拘留少挣的工资。
造成轻伤直接成本	3年以下有期徒刑、拘役或管制+赔偿金+开除公职+医药费、误工费等赔偿+因拘留少挣的工资+社会及家庭影响。
造成重伤直接成本	3年以上10年以下有期徒刑、无期徒刑或死刑+经济赔偿+社会及家庭严重影响。
打架附加成本	在公安机关留下前科+心情沮丧抑郁+名誉形象受损+家人朋友担忧+就业、参军、工作、生意、出行、生活、名誉等因留下案底遭受更大影响。
民事责任成本	诉讼费+律师费+医疗费+误工费+法律规定赔偿的相关费用。

图2-1　打架成本图

二、鉴定标准

目前，我国人身损伤程度鉴定标准是2014年1月1日实施的《人体损伤程度鉴定标准》。该标准按照颅脑、颈、胸、腹、脊柱及四肢、手、体表、其他等部位排列。例如"5.1颅脑、脊髓损伤""5.2面部、耳廓损伤"。其他损伤为综合条款，主要包括一些常见的不宜按照解剖学特征分类的损伤。每一部位由重到轻、由外向内、由组织结构破坏到功能障碍排列。

《人体损伤程度鉴定标准》将人体损伤分为重伤一级、重伤二级、轻伤一级、轻伤二级、轻微伤共五个级别。以下为分级的原则：

重伤一级：各种致伤因素所致的原发性损伤或者由原发性损伤引起的并发症，严重危及生命；遗留肢体严重残废或者重度容貌毁损；严重丧失听觉视觉或者其他重要器官功能。

重伤二级：各种致伤因素所致的原发性损伤或者由原发性损伤引起的并发症，危及生命；遗留残废或者轻度容貌毁损；丧失听觉视觉或者其他重要器官功能。

轻伤一级：各种致伤因素所致的原发性损伤或者由原发性损伤引起的并发症，未危及生命；遗留组织器官结构、功能中度损害或者明显影响容貌。

轻伤二级：各种致伤因素所致的原发性损伤或者由原发性损伤引起的并发症，未危及生命；遗织器官结构、功能轻度损害或者影响容貌。

轻微伤：各种致伤因素所致的原发性损伤，造成组织器官结构轻微损害或者轻微功能障碍。

重伤一级的上限是致人死亡，重伤二级是重伤一级的下限，与重伤一级相衔接；轻伤一级的上限与重伤二级相衔接，轻伤一级的下限与轻伤二级相衔接；轻微伤的上限与轻伤二级相衔接；未达轻微伤标准的，不鉴定为轻微伤。

案例一：陈某和李某发生争执，后陈某用烟灰缸砸伤李某的头部，李某顶部头皮部出现一处长2cm的裂创。根据《人体损伤程度鉴定标准》第5.1.5.c）"头皮创口或者瘢痕"之规定，李某头皮裂创，损伤程度构成轻微伤。

案例二：王某和张某因故互殴，王某被张某用铁棍殴打致右尺骨粉碎性骨折。根据《人体损伤程度鉴定标准》第5.9.4.f）"四肢长骨骨折"之规定，王某右尺骨线性骨折，损伤程度构成轻伤二级。

三、鉴定注意事项

1. 主要原则：遵循实事求是原则，坚持以致伤因素对人体直接造成的损伤后果为依据，全面分析，综合鉴定。所谓损伤后果包括原发性损伤、并发症和后遗症三个方面。

2. 鉴定时机的选择：一般来说，以原发性损伤为主要依据的，伤后即可进行鉴定。以损伤所致并发症为主要依据的，在伤情稳定后进行鉴定。以容貌损害或者组织器官功能障碍为主要鉴定依据的，在损伤90日后进行鉴定。疑难、复杂的损伤，在临床治疗终结或者伤情稳定后进行鉴定。特殊情况下，需对后遗症进行说明，必要时进行补充鉴定。

3. 伤病关系的处理：伤为主要作用的，既往伤/病为次要或者轻微作用的，应依据标准相应条款进行鉴定。损伤与既往伤/病共同作用的，即二者作用相当的，应依据本标准相应条款适度降低损伤程度等级，即等级为重伤一级和重伤二级的，可视具体情况鉴定为轻伤一级或者轻伤二级，等级为轻伤一级和轻伤二级的，均鉴定为轻微伤。既往伤/病为主要作用的，即损伤为次要或者轻微作用的，不宜进行损伤程度鉴定，只说明因果关系。

4. 多部位损伤程度评定原则：对于多部位、多处损伤的评定，有具体条款的依据相应条款进行评定，没有具体条款的可以根据后果综合评定，不宜把多处损伤简单相加来评定。

5. 因果关系判断：①损伤行为与损伤后果在时间上有先后顺序；②通过损伤机制和病理学基础等综合分析，判断损伤行为与损伤后果两者间有必然联系。

项目二　劳动能力及伤残等级鉴定

一、概述

劳动能力：指人的工作能力和生活能力，包括体力和脑力两个部分。劳动能力主要反映一个人作为生存个体和社会成员完成全部生活和工作的能力，其能力大小受个体的生物学因素、心理因素和社会因素影响。

劳动能力丧失：指因损伤、疾病、衰老等原因引起的原有劳动能力的下降或丧失。

劳动能力鉴定：指劳动者在职业活动中因工负伤或患职业病后，法定鉴定机关通过相关医学检查并依据国家标准鉴别和判定的过程。劳动能力鉴定制度是国家针对劳动者伤残等级或劳动能力丧失程度进行评定的一种特殊制度。

伤残：指因损伤所致的残疾，分为原发性残疾和继发性残疾。原发性残疾是指损伤直接导致的残疾；继发性残疾指损伤后由于制动或失用等原因引起的组织结构改变与功能障碍。如关节固定后引起的关节僵硬等。

劳动能力丧失与伤残等级鉴定：指鉴定人根据被鉴定人的病历、辅助检查结果等医疗资料以及身体检查结果，依据相关鉴定标准对其进行劳动能力丧失程度或者残疾（伤残）程度进行判定，并出具鉴定意见的过程。

二、鉴定标准

对于劳动能力按时与伤残等级的评定，目前常用的鉴定标准为 2015 年 1 月 1 日实施的《劳动能力鉴定 职工工伤与职业病致残等级》（GB/T 16180-2014）（简称"工伤标准"）、2017 年 1 月 1 日实施的《人体损伤致残程度分级》和 2014 年 1 月 1 日实施的《人身保险伤残评定标准及代码》（JR/T 0083-2013）。鉴定工作人员在工作中根据不同的情形选择不同的鉴定标准，特殊情况下可根据委托人指定的标准，如部分购买商业保险的案例须按照保险合同上约定的标准进行鉴定。

（一）《劳动能力鉴定 职工工伤与职业病致残等级》

"工伤标准"适用于因工受伤人员。其将人体的伤残划分为五大类，即①神经内科、神经外科、精神科门；②骨科、整形外科、烧伤科门；③眼科、耳鼻喉科、口腔科门；④普外科、胸外科、泌尿生殖科门；⑤职业病内科门。依据"器官损伤、功能障碍，对医疗及日常生活护理的依赖程度，以及由于伤残而引起的社会心理因素影响"将工伤划分为一级至十级共 10 个等级，一级最高，十级最低。根据《职工非因工伤残或因病丧失劳动能力程度鉴定标准（试行）》，一级至四级为完全丧失劳动能力，五级至六级为大部分丧失劳动能力。在实践中，七级至十级属于劳动能力部分丧失。

注意事项：①对本标准未列入的损伤，可参照该标准的分级原则，比照相近条款对伤残等级作出判定；②伤残等级评定一般应在病情稳定、临床治疗终结后进行；③医疗依赖、生活自理障碍程度的确定必须在明确伤残等级的基础上进行评定；④对器官或肢体功能障碍的判定，应以伤残等级鉴定时的检查结果作为判定依据，同时应排除其原有损伤或疾病等因素；⑤晋级原则：对于同一器官或系统多处损伤，或一个以上器官不同部位同时受到损伤者，应先对单项伤残程度进行鉴定。如果几项伤残等级不同，以重者定级；如果两项及以上等级相同，最多晋升一级。

（二）《人体损伤致残程度分级》

《人体损伤致残程度分级》适用于道路交通事故及其他人身意外伤害受伤人员。该标准将人体损伤分为：①颅脑、脊髓及周围神经损伤；②头面部损伤；③颈部及胸部损伤；④腹部损伤；⑤盆部及会阴部损伤；⑥脊柱、骨盆及四肢损伤；⑦体表及其他损伤。七大部位，每个部位划分一级至十级共 10 个等级，一级最高，十级最低，每级致残率相差 10%。

注意事项：①应以损伤治疗后果或者结局为依据，实事求是地进行鉴定；②受伤人员符合两处以上致残程度等级者，鉴定意见中应该分别写明各处的致残程度等级；③同一部位和性质的残疾，不应采用本标准条款两条以上或者同一条款两次以上进行鉴定。

（三）《人身保险伤残评定标准及代码》

《人身保险伤残评定标准及代码》适用于人身保险伤残等级评定。该标准将人体分为"神经系统的结构和精神功能""眼，耳和有关的结构和功能""发声和言语的结构和功能""心血管、免疫和呼吸系统的结构和功能""消化、代谢和内分泌系统有关的结构和功能""泌尿和生殖系统有关的结构和功能""神经肌肉骨骼和运动有关的结构和功能"和"皮肤和有关的结构和功能" 8 大类。伤残程度划分为一级至十级共 10 个等级，最高为一级，最低为十级。保险金给付比例分为 100% 至 10%，每级 10%，给付比例依次递减。

注意事项：当同一保险事故造成两处或两处以上伤残时，应首先对各处伤残程度分别进行评定，如果几处伤残等级不同，以最重的伤残等级作为最终的评定结论；如果两处或两处以上伤残等级相同，伤残等级在原评定基础上最多晋升一级，最高晋升至第一级。同一部位和性质的伤残，不应采用本标准条文两条以上或者同一条文两次以上进行评定。

项目三 医疗损害司法鉴定

一、概述

医疗纠纷，是指医患双方因诊疗活动引发的争议。主要是患方在医院就诊过程中对医疗机构实施的诊疗行为持有异议而引发的纠纷。医疗纠纷的发生可能是由于医院对患者的诊疗行为存在过错而引起，也可能是由于患者对医院的医疗行为的不理解、不满意而导致。医疗行为是否存在过错，一般需要通过医疗事故或者医疗损害鉴定认定。如果鉴定意见认为医院对患者的医疗行为构成医疗事故或者医疗过错，则需要对医疗事故等级或被鉴定人的伤残等级进行鉴定。

医疗事故，是指医疗机构及其医务人员在医疗活动中，违反医疗卫生管理法律、行政法规、部门规章和诊疗护理规范、常规，过失造成患者人身损害的事故。

医疗过错，也称医疗过失，是指医疗机构及其从业人员在对患者的诊疗过程中，存在违反法律、法规、规章、制度以及诊疗规范或诊疗常规的行为与事实。

医疗损害司法鉴定，是指司法鉴定人根据委托方提供的资料及法医学检查结果，运用临床医学和法医学知识分析判断医方在诊疗、救治、护理、管理等环节中是否存在过错，以及过错行为与损害后果之间因果关系，并出具司法鉴定意见的过程。

二、鉴定标准

（一）医疗事故等级划分

怀疑是医疗事故者，可根据《医疗事故处理条例》及国家卫生部 2002 年制定的《医疗事故分级标准（试行）》进行鉴定。由医学会组织相关专家进行鉴定。《医疗事故分级标准（试行）》规定除患者死亡（一级甲等）外，将医疗事故的一级乙等至三级戊等所对应的伤残等级分为一至十级。医疗事故的等级与赔偿密切相关，也是行政处理的重要依据。

（二）医疗损害伤残等级评定

自 2018 年开始，国务院公布实施了《医疗纠纷预防和处理条例》，条例明确规定，处理医疗纠纷可通过双方自愿协商、申请人民调解、申请行政调解、向人民法院提起诉讼、法律、法规规定的其他途径等方式解决。其中需要进行医疗损害鉴定以明确责任的，由医学会或者司法鉴定机构进行鉴定，出具司法鉴定意见书，载明是否存在医疗损害以及损害程度、是否存在医疗过错、医疗过错与医疗损害是否存在因果关系、医疗过错在医疗损害中的责任程度。

目前，在医疗侵权损害所致的人身伤害案件中，评定标准一般在医疗损害鉴定之后，参照国家两院三部公布的《人体损伤致残程度分级》进行评定。

医疗损害责任参与度是指医疗过错行为与疾病等因素共同存在的情况下，医疗过错行为于损害后果与损害责任中所占的比例。医疗损害责任参与度是根据原因力大小对医疗过错行为与损害后果因果关系的定量划分。最高人民法院 2017 年公布的《关于审理医疗损害责任纠纷案件适用法律若干问题的解释》中将"诊疗行为与损害后果之间是否存在因果关系以及原因力大小"作为医疗损害鉴定的事项之一，并提出鉴定意见可以按照导致患者损害的全部原因、主要原因、同等原因、次要原因、轻微原因或者与患者损害无因果关系，表述诊疗行为或者医疗产品等造成患者损害的原因力大小。

项目四　医疗依赖及护理依赖鉴定

一、医疗依赖

由于伤残等级评定多是在伤者医疗终结后进行，因此绝大多数伤者不存在医疗依赖问题。但有少数伤者仍不能脱离临床的必要治疗，如果失去必要的治疗，就会导致病情的加重，甚至死亡，即存在医疗依赖。医疗依赖分为一般医疗依赖和特殊医疗依赖。

一般医疗依赖，是指患者在一般临床治疗终结后，仍需长期或者终身服用药物控制病情。如头部损伤导致外伤性癫痫发生，需服用抗癫痫药物控制症状，其他类似的情况还有需要降压药降糖药、抗凝剂等。

特殊医疗依赖，是指患者在受伤后，必须终身使用特殊医疗设备或者装置进行治疗者。如必须借助人工呼吸存活，或者终身需要血液透析等。

二、护理依赖

护理依赖是伤残者的生活不能自理，需要他人帮助。生活自理的范围一般包括自主进食、翻身、大小便、穿衣洗漱、自主行动等五项内容。

护理依赖鉴定一般采用的标准是 2015 年 1 月 1 日实施的《人身损害护理依赖程度评定》（GB/T31147-2014）。标准将护理依赖评定分为躯体伤残护理依赖程度评定与精神障碍护理依赖程度评定两大类。对于伤残护理依赖程度评定，主要考察其日常生活活动能力。日常生活活动能力是指人在躯体健康的情况下，日常生活必需反复进行的、基本的、共性的活动能力。包括进食、床上活动、穿衣、修饰、洗澡、床椅转移、行走、大小便、用厕等能力。

《人身损害护理依赖程度评定》将躯体伤残日常生活活动能力项目总分值为 100 分。总分值在 61 分以上，日常生活活动基本能够自理，无护理依赖；总分值在 60 分以下，有护理依赖：总分值在 41 分~60 分，为部分护理依赖；总分值在 21 分~40 分，为大部分护理依赖；总分值在 20 分以下，为完全护理依赖。护理依赖程度应结合伤残者是否配备残疾辅助器具情况判定。对已经配备残疾辅助器具的伤残者，应注意所配备残疾辅助器具对其生活自理能力的改善情况判定其护理依赖程度。

精神障碍者护理依赖日常生活自理能力总分值为 120 分。总分值在 81 分以上，日常生活活动基本能够自理，无护理依赖；总分值在 80 分以下，有护理依赖：总分值在 61 分~80 分，为部分护理依赖；总分值在 41 分~60 分，为大部分护理依赖；总分值在 40 分以下，为完全护理依赖。

在鉴定实践中，护理依赖程度应根据残疾程度和个体进行综合分析。一般情况下，伤残等级越高，其生活自理障碍就越大，如在"工伤标准"中规定只有达到一级至四级伤残才存在不同程度的生活自理障碍。

项目五　人身损害其他项目鉴定

一、误工、护理与营养期限鉴定（"三期"评定）

误工期限，也称为"休息"期限，是指伤残者经过治疗后达到临床医学一般所认可的治愈（临床症状和体征消失）或者体征固定所需要的时间。在休息期限内，伤残者不能从事正常工作、学习等。

护理期，是指人体损伤后，在医疗或者功能康复期间生活自理困难，全部或部分需要他人帮助的时间。

营养期，是指人体损伤后，需要补充必要的营养物质，以提高治疗质量或者加速损伤康复的时间。

当前，"三期"评定的标准为 2014 年 11 月 26 日实施的《人身损害误工期、护理期、营养期评定规范》GA/T 1193-2014）。

二、医疗费鉴定

1. **人身损害医疗费**：指自然人身体受到伤害后，对伤害后果进行医学诊治及功能康复所需的费用。包括出诊费、挂号费、检查费、治疗费、药费、手术费、住院费等，涉及到医疗费用是否合理。在鉴定实践中，符合对症、适时、必要的原则并参照相应治疗项目的平均医疗费用水平进行评定。

2. 后续治疗费：指原始损害的病情稳定或针对原始损害的治疗结束后，伤者仍遗留系统、器官或组织的功能障碍，为降低这些功能障碍而必需的后期治疗、康复以及残疾辅助器具配置等费用。一般包括二次手术、继续用药、康复、残疾辅助器具等费用。常用的标准为《人身损害后续诊疗项目评定指南》（SF/Z JD0103008——2015）和《法庭科学 人身损害受伤人员后续诊疗项目评定技术规程》（GA/T 1555-2019）。

启发与思考

1. 法医人体损伤鉴定的常见项目？
2. 我国目前损伤程度、残疾与伤残评定的常用标准？
3. 医疗依赖与护理依赖的概念？

活体损伤总论

1. 知识目标：掌握损伤的概念和分类；熟悉机械性损伤的临床表现及常见损伤并发症；了解火器伤、烧伤、冻伤和电击伤的临床表现。

2. 能力目标：熟悉活体损伤的临床表现；初步掌握损伤的识别及分类能力。

内容结构

1. 损伤概述。

2. 机械性损伤与法医鉴定。

3. 烧伤、冻伤、电击伤与法医鉴定。

4. 常见损伤并发症。

导读

无论是抗美援朝时志愿军战士的冻伤、火器伤，还是故意伤害致被鉴定人躯体锐器伤、钝器伤等，抑或交通事故意外引起损伤……各种情形的损伤都具有相应特点，具有特征性的临床表现，而且损伤的局部或全身均会发生一系列反应，这些临床表现是法医鉴定工作人员识别是否损伤以及损伤类型的重要依据。因此，要做好法医人身损害鉴定工作，工作人员必须掌握活体损伤的基本知识，在实践中才能有的放矢，精准鉴定。

项目一 损伤概述

一、损伤的概念与分类

损伤是指机体受到外界因素作用所造成的组织结构破坏和功能障碍。包括外界因素造成机体的损害、机体对损害的反应以及机体修复和再生的整个过程与临床表现。外界因素包括物理因素、化学因素和生物因素，不包括自身的内在因素。需要注意的是：所谓的"精神损伤"不同于这里定义的损伤，主要是由于精神刺激所诱发，并非外界因素直接作用所致的器质性精神障碍，并且不同个体所出现的后果是不同的。

损伤对机体所造成的结果是组织结构破坏和功能障碍，有的损伤以组织结构破坏为主，有的损伤以功能障碍为主；有的损伤是可逆的，有的损伤是不可逆的。

损伤根据外界因素分为：物理性损伤（如机械、高低温、电流和放射线损伤）、化学性损伤（如有机磷、毒鼠药中毒）、生物性损伤（如毒蛇、狗猫等咬伤）及复合性损伤。

根据损伤组织器官分为：软组织损伤、骨损伤、脏器损伤。又可根据损伤部位分为头面部损伤、脊柱脊髓损伤、颈部损伤、胸部损伤、腹部损伤及四肢损伤等。

根据病理基础和机制分为：原发性损伤（直接造成的损伤）、继发性损伤（损伤后继发出血、感染、栓塞等）以及经过一段时间后才出现原发性损伤或继发性损伤的迟发性损伤。

二、临床表现

活体损伤后机体会出现相应改变，经过炎症反应、机体修复过程。损伤可引起局部出现红肿、热痛、出血等改变，也可能引起全身如神经系统、内分泌系统和免疫系统的反应。损伤在不同时期表现有所不同。损伤早期主要表现为肿胀、疼痛和局部功能障碍，局部皮肤表皮剥脱、皮下出血、血肿以及创等。

（一）损伤早期表现

1. 表皮剥脱：表皮和真皮剥脱，真皮外露，可伴有真皮下血管破裂。损伤可伴有透明的组织液渗出，经过一段时间表皮剥脱处可形成黄色或黄褐色痂皮，痂皮一般 7 天~12 天脱落而痊愈、不留瘢痕。

2. 皮下出血：皮下组织血管破裂、血液聚积在皮下组织内，皮下疏松部位容易形成皮下出血。皮下出血随时间推移出现不同的颜色改变：通常早期为红色，1 天~3 天变为青紫色，3 天~9 天变为绿色，之后逐渐呈黄褐色，经过 2 周~3 周颜色才完全消退。但需要注意，球结膜下出血始终保持红色。

3. 创：指黏膜、皮肤或被膜的破裂，可伴神经、血管、肌肉、肌腱等损伤或断裂。创由创口、创缘、创角、创壁、创底、创腔等六个部分组成，钝器和锐器所形成的创有所不同，可根据上述创的部分形态进行区分。

4. 骨损伤：骨是坚硬而有一定韧性的结缔组织，由有机物和无机物组成。人在不同年龄，骨的有机物与无机物的比例不同，随着年龄增长，有机物含量不断下降、无机物含量增大，骨的柔韧度和可逆性逐渐下降，硬度不断增长、容易发生骨折。骨挫伤是指骨外膜的水肿、出血，MRI 检查可清晰显示损伤部位、范围。

5. 关节损伤：关节由关节面、关节囊、关节腔、关节软骨等四个部分组成。损伤可造成关节脱位、关节面、关节囊及其韧带的损伤，MRI 和关节镜等检查有助于判断关节的损伤类型和损伤程度。

6. 内脏器官的挫伤与破裂：内脏器官挫伤主要表现为水肿、疼痛和功能障碍。内脏器官的破裂主要为损伤器官的组织结构和完整性破裂，超声、CT 和 MRI 等影像学检查有助于内脏器官损伤的确定。

（二）机体修复

1. 机体在损伤后机体开始进行修复，从炎症开始，经历渗出、细胞增殖和组织再成型三个阶段。

闭合性损伤的修复基本属于结缔组织修复，细胞增殖与瘢痕形成约1周~2周，随后将瘢痕分解、吸收，进行再成型，一般需要3个月~12个月才能恢复原有形态；损伤组织的神经、血管一旦断裂，如无神经纤维再生和血管再通将丧失其功能；肌腱、韧带的断裂靠瘢痕连接，虽然功能有所恢复，但一般不能完全恢复。

开放性损伤通过结缔组织修复，伤口收缩和上皮再生达到愈合，创面不大者一般1周~2周即能将创面覆盖。愈合时有瘢痕和上皮两种组织，瘢痕愈少，功能愈好，如损伤和炎症反应强烈（存在异物、感染等因素）会使胶原纤维生成增多、瘢痕形成明显。少数因个人体质原因，可形成瘢痕疙瘩。

根据瘢痕形态可分为以下五种类型：

（1）浅表性瘢痕：瘢痕浅表，局部平软，与皮下组织无黏连。

（2）增殖性瘢痕：瘢痕肥厚，质地较硬，常突出皮肤表面。多因伤口感染或异物刺激，肉芽组织生长过多所致。

（3）萎缩性瘢痕：瘢痕菲薄，表面平坦，易发生磨损破溃，与深部肌肉、肌腱、神经、血管连接紧密，具有一定的收缩性。多见于皮肤大面积缺损，特别是创面达皮下脂肪层的损伤。

（4）凹陷性瘢痕：瘢痕低于皮肤表面，瘢痕与周围的肌肉、神经、血管，甚至骨膜相粘连。多见于皮下深部组织缺损的严重损伤。

（5）瘢痕疙瘩：瘢痕质地较硬，边缘隆起，增生明显，并超出原有的创面，向周围正常皮肤扩张，多与瘢痕体质有关。

另外，鉴定实践中，可通过瘢痕的颜色大致推断损伤的时间：瘢痕早期（1个月~6个月），由于肉芽组织中新生毛细血管较多，颜色较红；中期（6个月~18个月）纤维结缔组织增多，毛细血管减少，颜色逐渐变成棕色；晚期（大于18个月）纤维结缔组织进一步增多，毛细血管数目进一步减少，瘢痕一般呈白色。

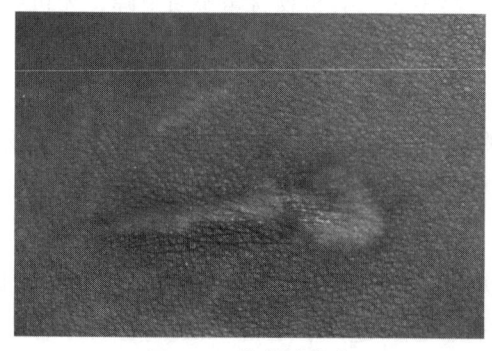

图3-1　浅表性瘢痕

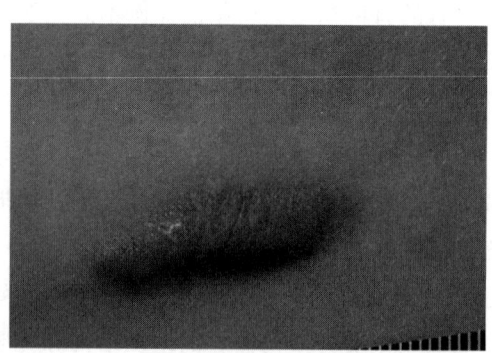

图3-2　增殖性瘢痕

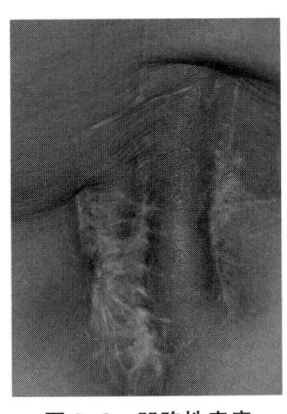
图 3-3 凹陷性瘢痕

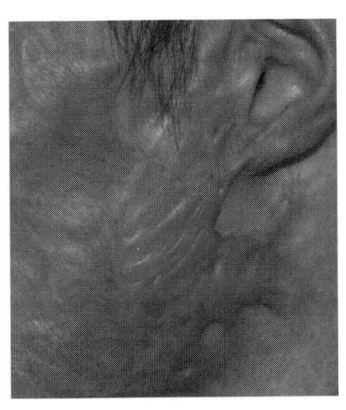
图 3-4 瘢痕疙瘩

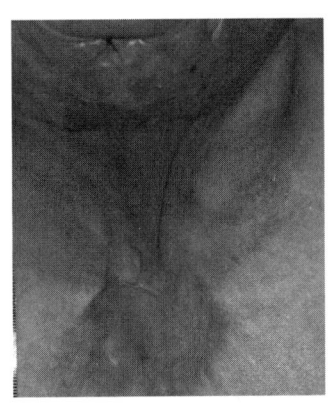
图 3-5 疤痕增生致颈部活动受限

2. 由于损伤的组织不同、损伤程度不同、损伤类型不同以及机体因素不同等，修复结果有所不同。机体对损伤修复受机体的状态以及组织分化程度的影响，一般来说，年纪轻、营养状态良好、局部血液循环好，修复得好且快；分化程度低的组织再生能力强，已分化和功能复杂组织再生能力弱、甚至无再生能力。

组织分化程度不同，组织再生能力不同，各种组织再生能力情况如下：

（1）结缔组织：再生能力强，创伤的愈合都有结缔组织的再生过程。

（2）血管：主要是毛细血管和小静脉的再生。

（3）脂肪组织：再生能力强，可完全再生。

（4）骨组织：扁平骨（如肋骨）与不规则骨主要以膜内成骨，骨折愈合时间长，骨痂形成不明显。管状骨（如肱骨、尺桡骨）主要以膜外成骨，约在骨折后 2 周，骨母细胞性肉芽组织即构成骨痂，断端接合后逐渐形成骨性骨痂。

（5）肌组织：心肌无再生能力，平滑肌与骨骼肌轻微的损伤通过再生可以恢复。严重的损伤形成瘢痕，会影响收缩能力。

（6）神经组织：脑与脊髓中枢的神经元细胞基本无再生能力，多以周围神经胶质细胞充填，形成胶质性瘢痕。周围神经纤维损伤，通过神经元的轴芽可以再生，神经纤维断裂可手术吻合神经鞘以防止神经纤维瘤形成、有助于神经细胞轴突生长。

（7）皮肤与黏膜上皮细胞：皮肤与黏膜上皮细胞具有很强的再生能力，但皮肤附件（如毛囊）一般不能再生，损伤到真皮则以结缔组织修复而形成瘢痕。

三、损伤的转归

损伤的预后与损伤部位、损伤类型、损伤程度、损伤范围、损伤延续的时间以及伤者年龄、营养状态和治疗等因素相关，可出现完全性康复，或当损伤破坏严重、范围比较广泛以及组织器官不能完全再生而出现不完全性康复，或因损伤严重、机体功能不能恢复且进一步恶化而致死亡等三类结果。

项目二　机械性损伤与法医鉴定

机械性损伤是指机械性外力作用于人体所形成的损伤，是日常生活中最常见的损伤。外力形式主要有压力、拉力、剪力和扭力等四种。一般情况，动能越大、作用时间越短，损伤越重；作用面积越小，局部作用强度越大，损伤越重。根据致伤物的种类不同，可分为钝器伤、锐器伤及火器伤。

一、钝器伤

钝器伤是指由钝器所形成的损伤，钝器一般指无刃、无尖、质硬、作用面积比较大的物体，如砖头、木棒、拳脚等，种类很多，可形成挫伤、挫裂伤、骨挫伤、骨折和内脏器官的挫伤和破裂。挫裂伤多发生在皮下组织较少、骨质相对凸起或有坚硬的骨质衬垫的部位，如头皮等。

挫伤：主要表现为局部组织肿胀、疼痛与功能障碍。局部皮肤可见肿胀、表皮剥脱、皮下出血等。

挫裂伤：创口常呈不规则形，创角较钝，可多于两个，创缘、创壁不整齐，创腔内有组织间桥，在体表挫裂伤多伴有表皮剥脱和皮下出血。撕裂创的创缘相对整齐，一般表皮剥脱和皮下出血不明显，创口的方向与皮肤纹理相一致，创角锐利，但创壁间有组织间桥。

骨折：绝大多数为闭合性损伤，但有时骨折断端可以刺破皮肤形成开放性损伤。

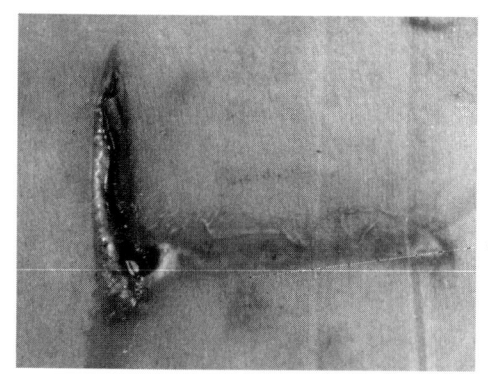

图 3-6　挫裂伤

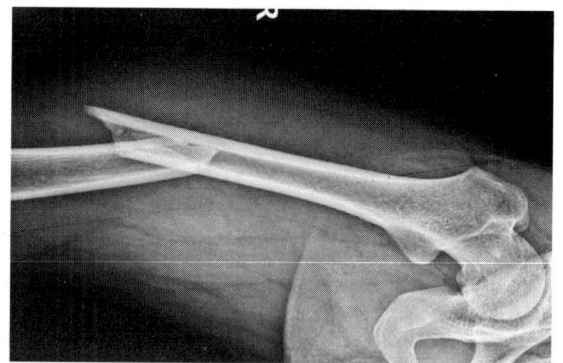

图 3-7　骨折

二、锐器伤

锐器伤是指具有锋利刃缘或尖端的锐器所形成的损伤，一般形成切创、砍创、刺创和剪创四类。局部皮肤全层及皮下组织被锐器分离，创壁整齐、创壁间一般无组织间桥，损伤严重时可造成骨折、内脏器官破裂。

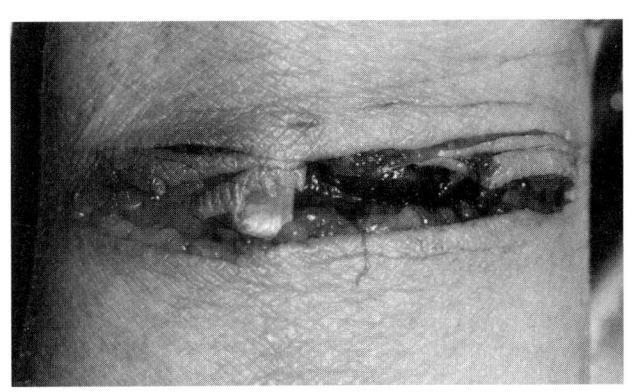

图 3-8　切创创缘整齐，创口两侧见平行的浅裂创为试切创，多见于自伤、自杀

三、火器伤

火器伤是指以火药为动力的武器所造成的损伤，包括枪弹创和爆炸伤。除体表损伤外，往往合并骨折和内脏器官的损伤。枪弹创可分为盲管创或贯通创，盲管创仅可见射入口、枪弹留存于体内。贯通创可见典型的射入口、射出口，射入口的形态特点与枪弹类型、射击距离、衣着情况等有关。

爆炸伤主要是爆炸物所产生的火焰、高热和冲击波及其夹杂物对人体所造成的损伤，爆炸伤可以同时合并钝器损、锐器损以及烧伤等特点，但不一定在每起爆炸伤中均能见到，主要与爆炸物的性质、周围环境和距离有关。

四、法医学鉴定

法医学检查时，体表软组织损伤的记录应按解剖位置和体表标志记载，对损伤机制具有重要意义，比如后枕部皮下出血同时伴有额叶对冲性挫伤、出血。损伤形态描述一般采用几何用语，比如圆形、三角形、弧形等，对推断致伤物具有重要意义。损伤大小的记载要用标尺测量，一般以厘米计算。对于表皮剥脱、皮下出血、损伤周围的炎症反应、损伤所遗留的瘢痕以及颜色均应详细记载。在法医临床学鉴定时，一些损伤已是陈旧性损伤，损伤当时的情况只能通过临床病历或当时所拍的照片间接获悉。

（一）致伤物的判断

机械性损伤根据外伤史与体表损伤所见不难判定钝器损伤、锐器损伤和火器损伤。一般来说，体表软组织闭合性损伤为钝性外力作用所致，开放性损伤可以是钝器、锐器和火器损伤所致。如果钝性外力作用面积较大，受力部位缺少骨组织衬垫或被覆较厚的其他物质的情况下，体表损伤征象可能不明显。

表皮剥脱可提示损伤的位置、性质、暴力作用方向、凶器种类，并可根据愈合情况估计损伤的时间。皮下出血可提示受力的部位，皮下出血颜色的变化可推断损伤时间。创的形态特征是推断致伤物种类的主要依据。

挫裂创多伴有表皮剥脱和皮下出血，创口常呈不规则形，创角较钝可多于两个，创缘、创壁不整齐，创腔内有组织间桥；锐器创一般创口规整，创角锐利，创缘、创壁整齐，创腔内无组织间桥。

钝器所致的皮下出血，挫裂创和损伤的形态特征一定程度上可以反映致伤物的性状，如棍棒常表现出条状出血、条状挫裂创或线状骨折。

骨损伤可反映外力性质和外力大小，骨折的类型可以帮助分析、判断外力作用的方式；关节脱位方向和程度也可以帮助分析外力作用的大小和外力作用的方式。

（二）损伤程度与伤残等级

损伤程度主要根据具体损伤的部位以及组织结构破坏程度与功能障碍的程度进行评定，对于多部位体表软组织损伤程度可以依据《人体损伤程度鉴定标准》6.17 之规定进行评定；盲管创、贯通创的创道长度可视为皮肤创口长度。伤残等级主要根据损伤愈合后是否遗留结构改变与功能障碍进行评定。

项目三 烧伤、冻伤、电击伤与法医鉴定

一、烧伤

烧伤是指热力（高温）所引起的损伤。可由电能、化学物质、放射线等所致，其病理和临床过程与热力烧伤很接近，因此，临床上习惯将电能、化学物质、放射线等都归于烧伤一类。烧伤有时不仅损伤皮肤，还可伤及肌肉、骨骼，严重者引起一系列全身变化。如大面积烧伤后常并发严重的休克与感染，死亡率高。

（一）临床表现

烧伤后局部可出现红、肿、热、痛、感觉过敏等表现，严重者可出现水泡、感觉迟钝甚至消失，皮肤呈皮革样，甚至出现炭化。全身可出现体液渗出等炎症反应以及创面修复等，不同时期出现不同的表现。

1. 体液渗出期：严重的烧伤者，烧伤区及周围组织内毛细血管渗透性增强、体液渗外渗，6 小时~12 小时达高峰，致使血容量不足，出现休克和低血钠性酸中毒以及一系统的并发症。

2. 急性感染期：烧伤创面的细菌和周围正常组织的细菌侵入创面，出现局部急性炎症，甚至出现全身毒血症症状，此时也容易并发其他部位的感染。

3. 创面修复期：Ⅰ度烧伤不形成痂皮，无感染的浅Ⅱ度烧伤可在痂下愈合，深Ⅱ度烧伤痂皮和Ⅲ度焦痂在伤后 2 周~3 周左右开始自溶脱痂。

4. 康复期：深Ⅱ度和Ⅲ度烧伤的创面愈合均可产生瘢痕，并发生挛缩、畸形，功能恢复需要锻炼或手术整形。

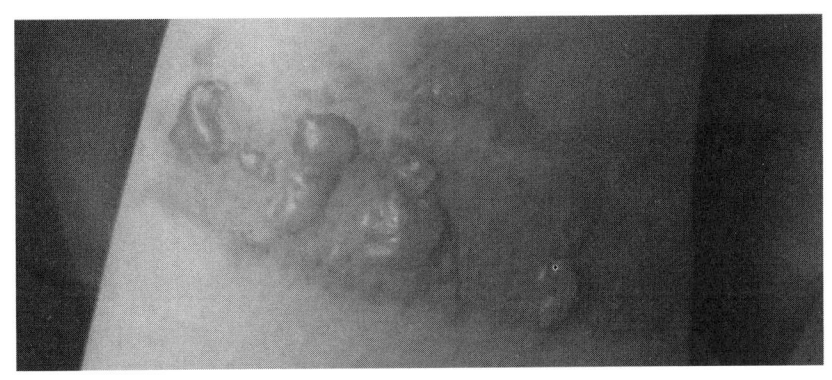

图 3-9　烫伤水泡形成

（二）法医学鉴定

根据外伤史和临床所见不难认定。损伤程度主要是依据烧伤的部位、烧伤的深度和烧伤面积进行评定，烧伤早期需要注意是否危及生命，晚期主要注意瘢痕和功能障碍。

1. 烧伤深度判断。因烧伤程度不同，伤及皮下组织深度不同，导致愈合后情况不同，目前主要采用"三度四分法"划分，具体见下表：

表 3-1　烧伤深度分度表

程度		损伤组织	烧伤部位特点	愈合后情况
Ⅰ度		表皮	皮肤红肿，有热、痛感，无水疱，干燥，局部温度稍有增高	不留瘢痕
Ⅱ度	浅Ⅱ度	真皮浅层	痛感；表皮有大而薄的水疱，疱底有组织充血和明显水肿；组织坏死仅限于皮肤的真皮层，局部温度明显增高。	不留瘢痕
	深Ⅱ度	真皮深层	痛感；损伤已达真皮深层，水疱较小，表皮和真皮层大部分凝固和坏死，将已分离的表皮揭去，可见基底微湿，色泽苍白上有红出血点，局部温度较低	可留瘢痕
Ⅲ度		全层皮肤或皮下组织、肌肉、骨骼	没有痛感；皮肤全层坏死，干燥如皮革样，不起水疱，蜡白或焦黄，炭化，知觉丧失，脂肪层的大静脉全部坏死，局部温度低	需自体皮肤移植，留有瘢痕或畸形

2. 烧伤面积计算。临床上主要用三种方法：中国九分估算法、十分法和手掌法。一个人手掌（五指并拢）的面积相当于自身体表面积的1%，成年人和儿童不同部位的表面

积所占体表总面积的比例并不相同。

表 3-2 中国九分法

部位		成人体表面积（%）	合计（%）	12 岁以下儿童（%）
头颈	发部	3	9	9+（12-年龄）
	面部	3		
	颈部	3		
上肢	双上臂	7	18＝9×2	18＝9×2
	双前臂	6		
	双手	5		
躯干	躯干前	13	27＝9×3	27＝9×3
	躯干后	13		
	会阴	1		
下肢	双臀	5＊	46＝9＊5+1	46-（12-年龄）
	双大腿	21		
	双小腿	13		
	双足	7＊		

注：＊成年女性的臀部和双足各占 6%。

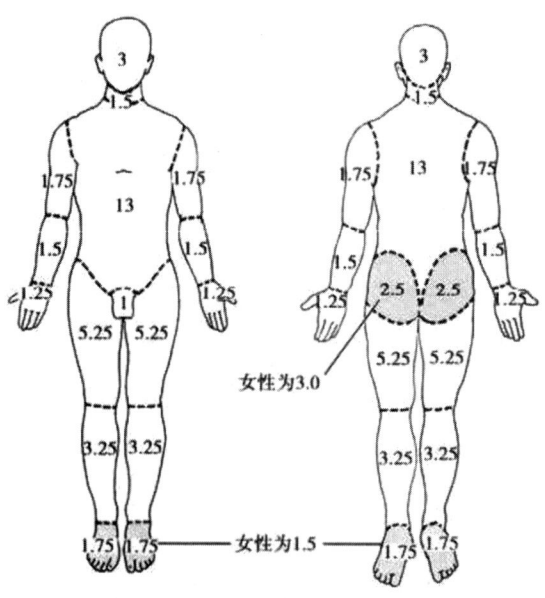

图 3-10 人体各部分体表面积的估计（%）

3. 随着检验技术的发展，可用薄膜法、3D 扫描成像法计算瘢痕总面积，根据身高、体重数据计算体表总面积，再求得瘢痕面积占体表总面积的比例。

体表总面积公式：S（平方米）= 0.0061×身长（cm）+0.0128×体重（kg）-0.1529。

（三）损伤程度与伤残等级鉴定条款

一般情况下，Ⅰ度和浅Ⅱ度烧伤不遗留瘢痕；深Ⅱ度及Ⅲ度烧伤愈合后遗留瘢痕，需根据瘢痕面积进行评定，另外烧伤面瘢痕存在挛缩畸形，如在关节处形成瘢痕，可影响关节活动功能，需要结合活动功能丧失程度进行评定。

二、冻伤

冻伤是指人体受低温侵袭所引起的损伤。正常人体自身体温调节系统保持体温的相对稳定，在人体热量不断丢失、体内所产生的热量不足以抵偿丧失的热量时，体温显著下降而发生局部或全身的冻伤。

（一）临床表现

局部冻伤皮肤苍白、冰冷、疼痛、麻木，复温后局部表现与烧伤相似。根据其冻伤程度、组织深度及愈合后情况不同，分为四度，具体如下：

表 3-3　冻伤分度表

冻伤分度	损伤组织	冻伤部位特点	愈合情况
Ⅰ度	皮肤浅表	局部皮肤红肿、发痒、刺痛和感觉异常，从苍白色转为斑块状的蓝紫色，以后红肿、疼痛，约 1 周后症状消失。表皮逐渐脱落。	不留瘢痕
Ⅱ度	皮肤浅层及部分深层	局部红肿、发痒、灼痛。早期有水疱出现，如无继发感染，经 2 周~3 周水疱逐渐干枯，形成黑色干痂，脱落后的创面有角化不全的新生上皮覆盖。	一般不留瘢痕
Ⅲ度	皮肤全层和皮下组织	皮肤由苍白逐渐变为蓝色，再变成黑色，感觉消失。冻伤周围组织可出现水肿和水疱，有较剧烈的疼痛。	坏死组织脱落后，留有的创面容易发生感染，愈合缓慢，遗留的瘢痕，可影响局部功能
Ⅳ度	皮肤、皮下组织、肌肉，甚至骨骼	冻伤部位的感觉与运动功能完全消失，呈暗灰色。冻伤与健康组织交界处可出现水肿与水疱，2 周~3 周之内有明显的坏死分界线出现。如有静脉血栓形成，可导致周围组织水肿，继发感染。	遗留较严重的伤残和功能障碍

全身冻伤的主要变化是血液循环障碍和细胞代谢障碍。损伤一般由四肢远端开始，逐渐波及躯干和内脏，体温下降至27℃以下时，可引起主要器官的损害，如神经系统的抑制和损害，表现为头晕、四肢乏力、知觉消失，进而呼吸循环衰竭。复温后，伤者虽可复苏，但往往会遗有严重的心、肾功能损害。

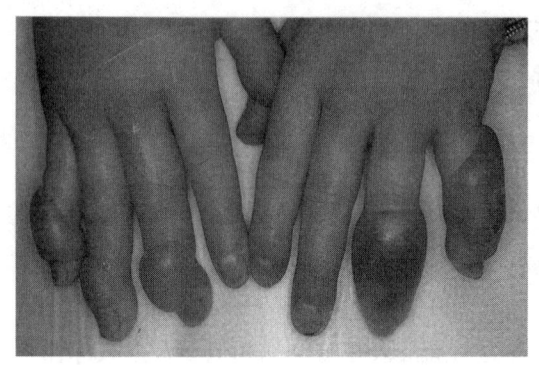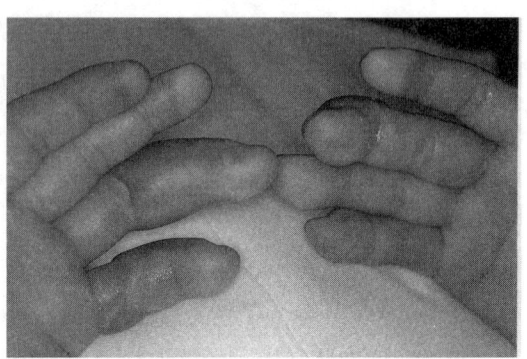

图3-11　手指Ⅱ度冻伤

（二）法医学鉴定

根据外伤史和临床表现可认定冻伤。鉴定损伤程度时需要依据冻伤的部位、冻伤的程度和冻伤的面积进行评定，早期注意是否危及生命，晚期注意愈后的瘢痕、组织结构的破坏和功能障碍。损伤程度及伤残等级比照烧伤有关的条款进行评定。

三、电损伤

电损伤是指电流通过人体引起的全身或局部损伤。损伤程度与电流的强度、电压大小、接触部位的电阻和接触时间长短有关。

（一）临床表现

局部损伤主要因电流在传导受阻的组织产生热力，造成组织的变质、坏死，组织蛋白凝固或炭化、血栓形成等，也称电烧伤。不同电压对机体所造成的损伤有所不同，如低压电造成的烧伤比较轻，一般造成受伤处皮肤呈焦黄色或褐黑色，伤口面小而干燥，边缘清晰，有时可见水疱；而高压电、电弧造成的烧伤、面积较大，皮肤烧伤呈特有的蜘蛛样或树枝样斑纹，可深达肌肉、骨骼，但有时由于电离子穿透作用，深部组织可受到严重的烧伤，而体表无明显的烧伤。此外触电后可伴随肌肉强烈的收缩造成骨折、关节脱位，甚至发生跌落导致其他损伤。

全身损伤又称为电击伤，主要损伤神经系统和心脏，引起血液动力学的改变，甚至出现心跳、呼吸骤停。轻者表现为恶心、心悸、头晕或短暂的意识丧失，严重者可引起电休克、心室纤颤或呼吸心搏骤停，如抢救不及时可导致死亡。根据其严重程度不同，分为三度。

Ⅰ度：全身症状轻微，只有轻度心悸。触电肢体麻木，全身无力，如极短时间内脱离电源，稍休息可恢复正常。

Ⅱ度：触电肢体麻木，面色苍白，心跳、呼吸增快，甚至昏厥、意识丧失，但瞳孔不散大，对光反射存在。

Ⅲ度：呼吸浅而弱、不规则，甚至呼吸骤停。心律不齐，有室颤或心搏骤停。

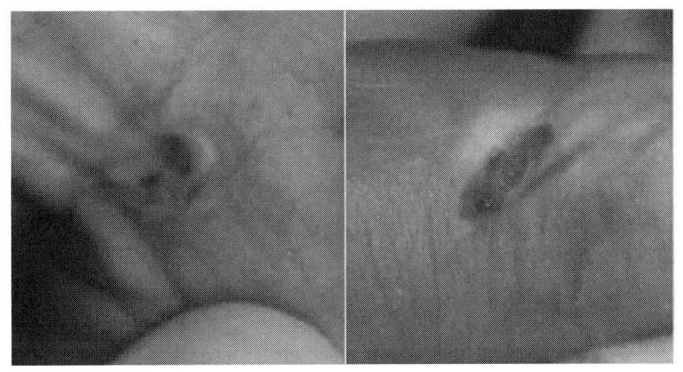

图 3-12　电流斑

（二）法医学鉴定

可根据外伤史和临床表现进行电击伤认定。《人体损伤程度鉴定标准》相关条款包括5.12.2.h）的电击伤Ⅱ°为重伤二级和5.12.4.d）电击伤Ⅰ°的轻伤二级；另外，该标准的附录B8.2规定电击伤分级。《人体损伤致残程度分级》对于电损伤没有具体规定，主要根据愈合遗留的功能障碍进行评定。

项目四　常见损伤并发症

损伤并发症是指一种损伤引起另一种疾病或综合征的发生，或合并发生了几种疾病或综合征。损伤并发症种类繁多，本节主要介绍休克、呼吸困难、挤压综合征、脂肪栓塞综合征和急性呼吸窘迫综合征五类常见并发症。

一、休克

休克是由于各种原因引起的有效循环血量急剧减少，致全身微循环障碍，生命重要器官（脑、心、肺、肾、肝）严重缺血、缺氧而引起的代谢障碍、功能减退与细胞损害的病理状态。

（一）临床表现

1. 休克早期（代偿期），中枢神经系统兴奋性提高，交感神经活动增加，患者神志清楚，精神紧张或有烦躁不安，面色、皮肤苍白，口唇和甲床发绀，四肢湿冷，血压正常或偏高或稍偏低，脉压差减小（一般为30mmHg），脉搏增快（>100次/分），呼吸深而快，尿量正常。

2. 休克中期（失代偿期），患者神志淡漠，反应迟钝，血压下降，脉压差明显缩小（<30mmHg），脉搏细速（>120 次/分），呼吸急促，尿量少（<20ml/h）。

3. 休克晚期（微循环衰竭期），患者神志不清，全身青紫，四肢厥冷，血压明显下降甚至测不出，脉搏细弱不能触及（>140 次/分），体温不升，无水。本期可发生 DIC 和广泛的内脏器质性损害。

4. 辅助检查。临床上一些辅助检查虽然不是休克必须的检查项目，但有助于血容量的判定。如中心静脉压、肺毛细血管楔压、动脉血气分析、动脉血乳酸盐测定。

（二）休克的分类

根据引起休克的原因和机制，可以分为低血容量性休克、创伤性休克、感染性休克、神经源性休克、神经源性休克、过敏性休克、心源性休克。

1. 低血容量性休克：当机体急性失血超过全身血容量的 20%（成人约 800ml）即可发生休克，40% 濒于死亡。可因血管破裂引起大失血、烧伤引起大量组织液的丢失、严重腹泻或呕吐引起大量失水。

2. 创伤性休克：多因严重损伤，导致血浆或全身丧失至体外，同时由于损伤部位的出血、水肿和渗出，到组织间隙的液体不能参与循环，使循环血量明显减少。又因受伤组织逐渐坏死或分解，产生具有血管抑制作用的蛋白分解产物，引起微血管扩张和管壁通透性增加，有效血量进一步减少。

3. 感染性休克：严重感染，特别是革兰阴性细菌感染可引导起感染性休克，其中细菌的内毒素可损伤血管内皮细胞、引起全身炎症反应，导致微循环障碍、代谢紊乱及器官功能不全。另外常伴有败血症。

4. 神经源性休克：由于创伤剧烈的疼痛，神经系统特定部位的损伤以及过度悲伤、愤怒、恐惧等强烈的精神刺激，反射性引起血管舒缩中枢抑制，失去对周围血管的调节作用，从而使周围血管扩张、血液淤积于扩张的微血管中，造成有效循环血量突然减少而休克。通常为一过性，并无有效循环血量的显著不足。颈部、阴部等部位神经纤维丰富，外力作用可引起神经源性反应休克。

5. 过敏性休克：过敏体质者注射或接触某些药物、血清制剂、疫苗以及一些致敏原而引起的休克。

6. 心源性休克：由于心脏损伤、包性心肌梗死、急性心肌炎、心包填塞等导致急性心脏泵血功能衰竭而引起休克。

（三）法医学鉴定

1. 休克认定。临床诊断的目的是及时预防和救治，并不强调诊断依据的充分和完备性，但在法医鉴定过程中涉及休克时需要根据休克的病理基础、临床表现和救治过程及其临床转归综合判断。

临床表现是休克认定的重要依据。而休克指数是一项判断有无休克及其程度的指标。休克指数=脉率/收缩压。一般而言，休克指数为 0.5 多提示无休克；休克指数>1.0~1.5

提示有休克；休克指数>2.0为严重休克。另外可根据收缩压、脉搏、尿量等亦可估计失血量。休克指数为0.5，一般表示血容量正常；休克指数为1.0，表示失血量为20%~30%；休克指数为1.0~2.0，表示失血量为30%~50%；休克指数为>2.0，表示失血量为>50%。

表3-4　休克程度分级表

程度	收缩压（mmHg）	脉搏（次/分）	尿量	估计失血量（ml）
轻度	90~100	90~100	正常或略减	800以下
中度	75~90	110~130	尿少	800~1600
重度	<75	120~160	尿少或无尿	1600以上
垂危	测不出	测不出	—	—

2. 损伤程度与伤残等级鉴定。《人体损伤程度鉴定标准》条款涉及休克内容见下表：

表3-5　休克损伤程度划分

等级	条款编号	条款内容
重伤二级	5.7.2.f)	腹部损伤引起弥漫性腹膜炎或感染性休克
	5.8.2.h)	损伤致胎盘早剥或者流产，合并轻度休克
	5.12.2.d)	各种原因引起休克（中度）
轻伤二级	5.12.4.f)	各种原因引起休克（轻度）

但要注意的是，"神经源性休克""过敏性休克"不宜援引《人体损伤程度鉴定标准》有关重伤条款直接评定。而在《人体损伤致残程度分级》条款中主要根据原发损伤所引起机体的组织结构破坏和/或遗留的功能障碍情况引用相关条款进行评定。

二、呼吸困难

呼吸困难是呼吸功能不全的一个重要症状，主观上感到呼吸过程不适或不畅、空气不足、呼吸费力，客观上表现为呼吸频率、深度和节律改变，严重时出现鼻翼扇动、发绀、端坐呼吸，辅助呼吸机参与呼吸运动。可分为肺源性呼吸困难，心源性呼吸困难、血源性呼吸困难、神经源性呼吸困难以及中毒性呼吸困难。

（一）临床表现

呼吸困难主要表现为自觉呼吸费力、气促，有胸闷不适感，同时呼吸频率增快（>28次/分），幅度加深或变浅，或伴有周期节律异常，鼻翼扇动，辅助呼吸肌参与呼吸运动，发绀等。严重呼吸困难长时间得不到纠正，可导致重要脏器的缺氧性病变，如缺氧性脑病等。

(二) 法医学鉴定

1. 呼吸困难认定。根据病因、病理基础和临床表现综合判断，但需要排除短暂的创伤后应激性呼吸浅快或情绪性呼吸波动以及癔症性呼吸困难。

呼吸困难认定要点：①呼吸频率加快至 28 次/分~35 次/分，伴有呼吸深度和呼吸节律异常，并呈持续状态，同时伴有缺氧症状和体征（检测时间不少于 30 秒，并且多次呼吸检测结果相符）；②血气分析 $PaO_2 < 60mmHg$，$PaCO_2 > 50mmHg$；③肺功能测验提示呼吸功能不全；④影像学等检查可见导致呼吸困难的器质性损伤或病变，其病变程度与呼吸困难程度相一致。

表 3-6 呼吸困难分级

等级	临床表现
0 级	只在剧烈运动时呼吸困难
1 级	平路快走或上坡时呼吸困难
2 级	由于呼吸困难，平路行走比同龄人慢，即使按照自己的节奏行走，也要停下来喘气
3 级	平路行走几分钟或 100m，要停下来喘气
4 级	呼吸困难严重，出不了出家门；穿衣、脱衣都呼吸困难

2. 损伤程度与伤残等级鉴定。《人体损伤程度鉴定标准》规定，呼吸功能障碍，出现窒息征象的为轻伤二级。伤残等级根据原发性损伤及其后遗症进行评定。

三、挤压综合征

挤压综合征是指肌肉丰富的部位受到重物长时间挤压造成肌肉缺血、坏死，继而引起局部组织渗出、肿胀，全身微循环障碍，肾小球滤过率降低，肾小管阻塞、变性、坏死，出现肌红蛋白尿和急性肾衰竭为主要特征的临床症候群。可出现在意外事故、自然灾害、医源性损伤以及各种原因导致机体长时间压迫后，在上述损伤后，出现肌肉的变性、坏死、出血、肿胀，钾、镁等离子以及肌红蛋白、有害物质大量释放进入血液，造成肾损害；另外创伤后全身应激引起血管痉挛、肾小球滤过率下降，加之肌红蛋白在肾小管内沉积促使急性肾衰竭的发生。

(一) 临床表现

受压部位有广泛压痕、疼痛，迅速肿胀、并持续加重，皮肤发硬，有水疱，片状红斑及皮下淤血，远端皮肤发白、发凉。受伤肢体感觉减退或麻木，被动伸展可引起疼痛加剧，严重时可出现休克。在解除压力后可出现茶色或棕红色肌红蛋白尿，酸中毒和氮质血症、高钾血症等。

挤压综合征的分级：

Ⅰ级（挤压伤）：尿肌红蛋白试验阳性，CK（肌酸激酶）>10000U/L（正常值 24U/L~

170U/L），无急性肾功能衰竭临床表现。

Ⅱ级（休克加早期肾功能损害）：尿肌红蛋白试验阳性，CK>20000U/L，低血压、休克、血肌酐和尿素氮增高，少尿，有明显血浆渗入组织间隙，致有效血容量丢失，出现低血压。

Ⅲ级（肾衰竭）：尿肌红蛋白试验阳性，CK明显增高，出现水尿甚至无尿、代谢性酸中毒及高血钾等肾衰竭表现。

挤压综合征病情变化快，对机体损伤严重，治疗复杂，死亡率高，如能早期诊断、及时治疗，防止急性肾衰竭及其并发症的发生、发展，多数患者能部分恢复，或者完全恢复肾功能。尽管抗压综合征的救治水平不断提高，但是发生急性肾衰竭的死亡率仍高达40%~50%。

（二）法医学鉴定

1. 挤压综合征认定。凡挤压伤后出现肌红蛋白尿、少尿或者无尿、高血钾、代谢性酸中毒及氮质血症等急性肾衰竭的一系统临床表现，持续2天以上，即可诊断挤压综合征。

认定要点：①外伤史和体表大面积软组织损伤；②尿液呈棕褐色或酱油色，含肌红蛋白或血红蛋白、红细胞、色素管型，尿比重<1.018；③经补液及利尿激发试验排除肾前性少尿；④血肌酐和尿素氮每日递增44.2μmol/L和3.57mmol/L，血钾每日以1mmol/L上升；⑤血氧分析提示代谢性酸中毒。其中肌红蛋白尿是重要诊断依据，也是与其他原因引起急性肾衰竭的区别点。

2. 损伤程度与伤残等级鉴定。《人体损伤程度鉴定标准》规定，挤压综合征（Ⅰ级）评定为轻伤二级，挤压综合征（Ⅱ级）为重伤二级。伤残等级主要根据原发性损伤及其遗留的功能障碍进行评定。

四、脂肪栓塞综合征

脂肪栓塞综合征是指脂肪颗粒阻塞血管腔而引起的一系列病理生理改变致低氧血症、神经系统病变和皮肤黏膜出血为主要表现的一组症候群。脂肪栓塞是病理学诊断名词，与脂肪栓塞综合征是两个不同的概念，脂肪栓塞综合征是继发于脂肪栓塞的一组临床综合征。

脂肪栓塞综合征常发生于骨创伤及骨手术病人（占脂肪栓塞综合征总病例的90%以上），但也继发于机体及其他脂肪组织的创伤，甚至与创伤无关。与创伤的严重程度及长骨骨折的数量成正比，多发于在体质较好的年轻人群，而老年和儿童人群很少发病。最常见于长骨和骨盆、骨关节矫形手术、脂肪肝挤压伤等，闭合性骨折多于开放性骨折，特别是多发骨折合并休克时发生率更高。60%在伤后24小时内发病，72小时内发病占90%。也可以发生在心肺复苏后胃肠营养中脂肪剂的输入、抽脂术、急性胰腺炎、糖尿病、高原病等患者身上。

（一）临床表现

脂肪栓塞综合征好发于骨创伤后12小时~48小时，可出现呼吸功能、脑功能障碍以及皮肤瘀斑（常出现在头颈部、前胸部及腋下）三联征。另外胸片可见双肺密度影增高，表现为广泛的粟粒状、绒毛状、斑点状，或所谓"暴风雪"状阴影。

从脂肪栓塞综合征出现到完全恢复一般需要 2 周~4 周，但有神经系统症状体征的可能持续 3 个月以上，有些病人可以完全康复，有些病人可能存在永久性神经损害。

（二）法医学鉴定

1. 脂肪栓塞综合征认定。主要根据外伤史、临床表现和辅助检查结果综合判定脂肪栓塞综合征，有时高热和不能解释的血红蛋白下降即是脂肪栓塞综合征的开始。

脂肪栓塞综合征的认定要点：①有闭合性股骨、胫骨或骨盆骨折等外伤史；②伤后 2 天~3 天内头颈部、前胸部及腋下出现皮下出血点，并发生非胸部外伤引起的呼吸困难和（或）非颅脑外伤引起的脑部症状；③胸部 X 线片可见双侧肺部密度影增高，广泛的粟粒状、绒毛状、斑点状或所谓"暴风雪"状阴影；④经皮穿刺肾组织活检，可发现肾小球脂肪栓子。

2. 损伤程度与伤残等级鉴定。《人体损伤程度鉴定标准》规定，损伤引起脂肪栓塞综合征不完全型、完全型分别为轻伤一级及重伤二级。伤残等级根据原发性损伤以及遗留的功能障碍程度进行评定。

不完全型：骨折后出现胸部疼痛，咳呛震痛，胸闷气急，痰中带血，皮肤出现瘀血点，四肢无力，脉搏细弱，实验室检查有明显低氧血症。

完全型：创伤骨折后出现神志恍惚，口唇发绀，呼吸和心动过速、呼吸窘迫以致昏迷等；眼结膜、肩及胸部皮下可见散在瘀血点，实验室检查可见血色素降低，血小板减少，血沉增快以及出血低氧血症。肺部 X 线检查可见多变的进行性肺部斑片状阴影改变和右扩大。

五、急性呼吸窘迫综合征

急性呼吸窘迫综合征（ARDS）是指非心源性的各种肺内外致病因素导致的急性进行性呼吸衰竭，临床上以进行性呼吸窘迫、顽固性低氧血症和非心源性肺水肿为特征。致病因素主要有：严重肺部感染、胃内容物误吸、吸入有毒气体、淹溺、中毒、肺挫伤及肺部脂肪栓塞以及严重的非胸部创伤、重症急性胰腺炎、大量输血、体外循环、DIC 等，上述因素导致肺泡上皮和肺毛细血管内皮通透性增加，出现非心源性肺水肿，从而导致严重的低氧血症。

（一）临床表现

症状最早可出现于伤后数小时，一般是在创伤后 24 小时发病，也有 48 小时~72 小时后突然出现呼吸困难、呼吸频率加快，35 次/分以上，通气过度，发绀，PaO_2 进行性下降，吸氧治疗一般难以纠正缺氧状态。开始表现为通气过度，为呼吸性碱中毒，后期出现混合性酸中毒，病情逐渐加重，甚至死亡。

（二）法医学鉴定

1. 急性呼吸窘迫综合征认定。根据外伤史、临床表现、血气分析和胸部 X 线检查进行判定，但需要与中枢抑制、胸壁损伤、气胸以及慢性肺部疾患所致的呼吸困难相鉴别。

认定必备条件：①有发病的高危因素；②急性起病；③低氧血症，$PaO_2/FiO_2 \leqslant$ 200mmHg；④胸部 X 线检查两肺浸润影；⑤肺毛细支管楔压（PCWP）$\leqslant$18mmHg，或者临床上除外心源性肺水肿。凡符合以上 5 项可诊断为 ARDS。

急性呼吸窘迫综合征是一个连续的病理过程，早期阶段为急性肺损伤，晚期多诱发或合并多器官功能障碍综合征，甚至多脏器功能衰竭，病情凶险，预后恶劣，病死率高达 50%~60%。急性呼吸窘迫综合征大多数的死亡归因于脓毒血症和多器官功能不全，而不是原发性呼吸衰竭。如能迅速得到缓解，大部分病人能恢复正常。

2. 损伤程度与伤残等级鉴定。《人体损伤程度鉴定标准》规定，各种损伤致急性呼吸窘迫综合征（重度）为重伤二级。伤残等级主要根据原发性损伤及其遗留的功能障碍进行评定。

启发与思考

1. 损伤的定义与损伤的分类？

2. 疤痕的种类与表现？

3. 烧伤深度与面积判断的方法？

4. 损伤常见并发症及其主要表现？

法医影像学检查

📖 学习目标

1. 知识目标：掌握法医常见人体损伤影像学检查的技术方法的适应证和禁忌证、鉴定过程，了解其成像原理，正确评价其法医鉴定的意义。

2. 能力目标：熟悉法医常见人体损伤影像学检查的基本理论，初步掌握影像学检查在法医人体损伤鉴定的应用。

📖 内容结构

1. X 线检查。

2. CT 检查。

3. MRI 检查。

4. 超声检查。

5. 案例分析训练。

📖 导读

法医影像学是法医临床学的重要组成部分，在法医临床鉴定中具有重要作用。随着科学技术的发展，各种影像学设备和技术更新迅速，影像学检查手段得以充实和完善，X线、CT、超声、MRI、核素和介入放射学等相互补充，提供了人体解剖、生理、病理、生化和代谢等丰富的影像学信息，为防治疾病、保障健康提供了很好的服务。同时，随着法制建设的完善和司法鉴定改革的深入，需要采用必要的影像学检查，为法医人体损伤鉴定提供客观、准确的影像学证据。例如，X线照片可对被检查对象的年龄、性别、身高以及损伤特征进行推断。

项目一　X 线检查

一、概述

（一）X 线成像原理

X 线是由高真空球管内高速行进的电子流轰击钙靶，通过能量转换而产生的一种能穿透物质的电磁辐射波。利用 X 线的穿透特性及其荧光效应、感光效应等特性可形成 X 线影像，医学上用以人体疾病诊断、人体创伤法医临床鉴定等用途。

X线影像形成的三个基本条件：①具有适当质量的X线，以穿透预检部位的组织和器官；②预检部位具有良好的组织密度和厚度差；③穿透后的剩余X线不均匀，且能有效作用于成像物质，如X线胶片内的感光物质等。经过X线拍摄后的X线胶片，经显影、定影、冲洗后，即可形成黑白对比、层次分明的X线影像，即X线照片。它能客观、真实地记录人体创伤后的解剖、生理、病理等改变，结合创伤史和临床表现，即可作出相应诊断。

（二）X线检查方法

具有黑白对比、层次分明的X线照片，是进行X线诊断以及临床法医学鉴定的基础。因此，根据人体创伤情况，选择合适的X线检查方法非常重要。传统的X线检查方法很多，包括普通检查、特殊检查和造影检查三大类。目前在对创伤的诊断中，由于CT、MRI等的广泛应用，检查过程复杂的X线特殊检查和X线造影检查两大类已很少使用。但是，普通检查中的X线照片，因其简便、经济和易保存等优点，对各种急性创伤，特别是骨骼系统的急性创伤等最为适用，常作为首选。

二、创伤X线诊断

（一）颅骨创伤

在人体创伤中，头部创伤常居首位或仅次于四肢创伤，且多数伤者病情危重。头部创伤后，在病情允许下，应及时采用X线检查。对颅骨创伤而言，因简便、经济和准确，颅骨X线照片常作为首选。目前，X线检查技术在颅脑损伤中的应用范围存在局限性，仅可以观察颅骨明显骨折、颅内异物及积气情况，对于细微骨折及颅内损伤或病变情况无法准确诊断。有条件者，可直接采用CT检查，以同时显示颅骨和脑组织创伤情况。

颅骨X线照片采用常规正、侧位，以显示颅腔骨壁结构，确定颅骨骨折的部位、类型和程度。对易被遮掩重叠的部位，如枕骨、视神经管、岩锥等，可加照汤氏位（Towne's position），视神经孔位、斯氏位、切线位等。

（二）头颈部创伤

头颈部创伤是指眼、耳、鼻、咽、喉和口腔颌面部等损伤的总称，可单独或复合发生，并可伴颅脑及其他部位创伤。五官颌面部创伤可致功能障碍和畸形，甚至毁容，重者可危及生命。

1. 眼部创伤。X线照片上，眶壁连续性中断呈透明影，筛骨垂直纸板或眶下壁向眶外窦腔凹陷或外膨，筛窦蜂窝变窄，密度增大，或有上颌窦顶壁下突软组织影，呈"泪滴状"。同时，该类骨折可伴眶窝积气。

眼部软组织损伤包括眼球出血、视神经挫裂伤等，X线照片均难以显示，应借助CT或MRI检查助诊。

2. 耳部创伤。耳部创伤即颞骨创伤，是颅底骨折易发部位之一。X线照片上，颞骨骨折呈纵形、横形或粉碎状透明影。两侧对照有助显示，但细小而隐蔽于乳突蜂窝区的骨折线，确诊较难，仅表现为乳突蜂窝内创伤性出血、水肿所致密度增大影。颞乳突高分辨CT薄层扫描，对额骨骨折，包括听小骨骨折与脱位、面神经管骨折等，常能清楚显示并确诊。

3. 鼻部创伤。侧位X线照片上，单纯线状骨折呈骨皮质中断线状透明影，骨折端常无明显移位，鼻背软组织肿胀。仅发生单侧鼻骨骨折者，可见骨折片下塌移位或鼻骨中下段分叉状畸形。应注意鼻骨线状骨折影与正常骨缝或血管神经沟线状透明影像的鉴别。照片过黑显示不清者，可在强白光灯下仔细观察；仍有困难者，采用CT扫描确定。粉碎性鼻骨骨折，常呈多折段线状透明影，且鼻骨畸形明显，易于确定。

4. 咽喉部创伤。咽喉部创伤可为挤压伤、切割伤、刺伤和扼伤等所致。侧位X线照片上，可显示已骨化的甲状软骨和环状软骨骨折，骨折端常向后移位，并使喉部气道变形（狭窄）、左右不对称、喉部软组织肿胀模糊、软组织积气等。例如，误食鱼刺、骨片等，在喉咽部、梨状隐窝或食管颈段等处有高密度不规则异物停留，且软组织肿胀增厚。如果继发感染，可显示咽壁软组织内气液面等。火器伤者，可见金属异物在喉部或颈部软组织内存留，正、侧位X线照片有助于异物定位。

5. 颌面部创伤。颌面部创伤主要为颌骨骨折、颧骨骨折和颞下颌关节脱位等。下颌骨骨折，可发生于下颌骨的任何部位，可单侧或双侧发生。由于升降颌肌群平衡关系失调，下颌骨骨折后，常有移位，使牙咬合不正及咀嚼困难。X线照片上，下颌正中联合骨折，可为单发、双发或粉碎性骨折。单发者，骨折线可垂直纵形或斜形；双发或粉碎性者，骨折前段向后下移位或向中线移位。

（三）脊椎创伤

脊椎创伤较常见，可发生于脊椎任何节段及任一椎骨，以胸腰段最多见，颈段次之，骶尾段较少。脊椎骨折后，可合并脱位或椎管狭窄，压迫脊髓及马尾神经等。

1. 颈椎骨折。X线照片上，枢椎与环椎侧块间距加宽，双侧不对称。枢椎齿状突横形骨折，易伴寰枢椎脱位，环椎前结节与枢椎间距加宽。

2. 胸椎骨折。最常见者为胸、脊椎骨折，脊椎前部楔形改变。X线照片上，表现为压缩性骨折，可伴横突、肋骨骨折。压缩性骨折明显者，可呈后弓畸形，骨折片向后移位，使椎管狭窄。其余胸椎骨折少见，可单一或多数性压缩骨折，常在骨质疏松基础上发生，应注意鉴别。

3. 腰椎骨折。最常见者为腰1、2脊椎骨折，可同时与胸11、12脊椎骨折伴发。X线照片上，表现为椎体变扁或楔形改变。椎体骨折片可突向后方椎管内，使脊髓受压。此外，可发生椎弓根、椎板、椎弓关节及横突骨折等。直接暴力作用者，可发生腰2-5脊椎骨折。

4. 骶尾椎骨折。骶尾椎骨折常为直接暴力所致，如臀部着地所致尾椎骨折。X线照片上，可显示尾椎横形或粉碎性骨折，常伴尾椎下端过度弯曲及关节脱位。由于直肠内容物重叠干扰，正位的X线照片对尾椎骨折线，常显示不佳，以侧位的X线照片最清楚。骶椎骨折可为横形、斜形，常伴髂骨骨折或骶髂关节脱位等，但较少见。

5. 椎间盘突出。X线照片上，一般难以直接显示椎间盘髓核膨出或突出影，主要表现为脊椎生理曲度异常，如前弓消失、侧弯畸形、相应椎间隙不对称或狭窄、椎体边缘唇状增生等间接 X 线征象，椎管造影可显示硬膜外椎间盘压迹加深。采用 CT 或 MRI 扫描，对椎间盘膨出或突出的诊断，准确可靠，应为首选。

（四）四肢损伤

四肢创伤以骨折及关节脱位最多见，居全身创伤首位。单纯 X 线照片检查，多数可明确诊断，且简便、经济，应为首选。

四肢骨骼骨折，在 X 线照片上表现为骨皮质或骨小梁中断、扭曲与错位，呈透明线状影；对压缩性或嵌入性骨折者，骨折处常呈密度增大的线状或带状影。

根据四肢骨折线的形态及走向，可分为线形、横形、斜形、星形、螺旋形等。若为复杂性骨折，可为撕脱性、嵌入性和粉碎性等改变。

儿童期，四肢创伤累及骨骺，可发生骺离骨折。X 线照片上，骨骺属软组织密度，故骺离骨折线不显影，容易漏诊。对此应采用双侧 X 线照片做对比，如有伤侧骺线增宽、骺与干骺端错位畸形，提示骺离骨折。此外，儿童骨骼有机质较多，柔韧性较大，四肢骨折可不完全，常有一定骨皮质相连的征象，称为青枝骨折。X 线照片上，仅有一部分骨皮质或骨小梁呈局限扭曲、折叠或隆突，未累及整个管状骨，为不完全性骨折，故其愈合良好。

（五）胸部创伤

胸部创伤，常为暴力对胸部的撞击、割裂、穿通、震荡等所致。以肋骨骨折、气胸、液（血）气胸多见，胸骨骨折及肺挫伤、锁骨下创伤性动脉瘤等较少。

1. 肋骨骨折。肋骨骨折常发生于腋部或背部，亦可为前部，可为单一肋骨骨折、多数肋骨骨折和同一肋骨多处骨折。X 线照片上，常为横断或斜形透明影。骨折端移位者，易于确定；无移位者或有其他肋骨、肺纹和膈影等彼此重叠者，常难以显示骨折透明影。对此应辅以局部放大摄影，以及多方位（左、右斜位）拍摄，并逐一对双侧肋骨对比观察，以确定骨折与否。

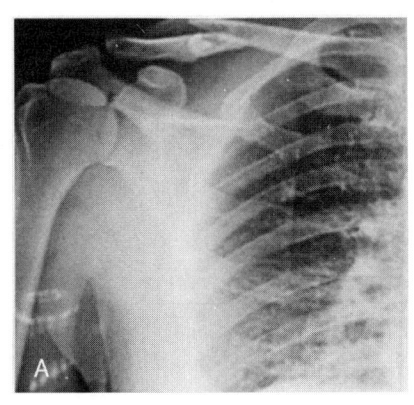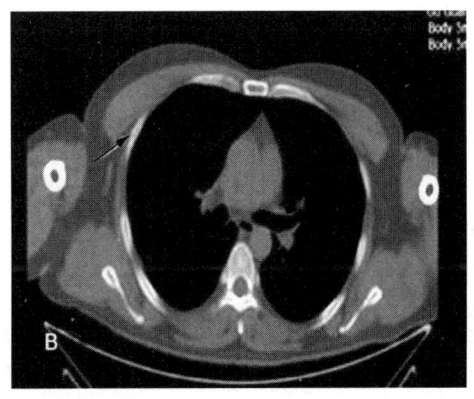

图 4-1　右侧第 4 肋骨骨折

A. 平片正位存在肋骨自身及其相互重叠干扰，骨折显示欠佳；

B. CT 片更直观显示右侧第 4 肋骨骨折。

2. 胸骨骨折。胸骨骨折由暴力直接撞击所致。X 线照片是利用侧位和斜位拍摄的，以易于显示其胸骨骨折。在 X 线照片上，胸骨骨折呈横形或斜形透明影。

3. 气胸、液（血）气胸。胸壁开放性损伤或肋骨骨折刺破胸膜，产生外伤性气胸或液（血）气胸。站立正位的 X 线照片上，少量气胸见于胸腔顶部，呈紧贴胸壁的新月形或弧形透明影，内无肺纹理。气胸量多者，可见纵隔向对侧推移，胸腔中外带为无肺纹的含气带，肺脏层胸膜弧线状影与侧胸壁间距增大。

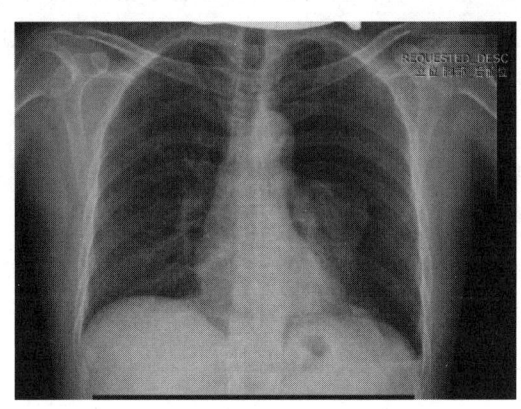

图 4-2　左侧气胸

4. 肺挫伤。胸部受到冲击或爆炸，可致肺实质挫伤。X 线照片上，肺叶内呈不规则形斑片状影，肺纹理增多模糊。X 线胸部照片复查，病变多在 1 天~3 天吸收消失。CT 可直观显示肺挫裂伤部位。如果出血聚集，可形成肺内血肿。

（六）腹部创伤

腹部创伤可为闭合性和开放性，可累及腹部实质脏器或空腔脏器，常见有脾破裂、肝破裂、肾破裂、胰腺破裂、胃肠破裂、外伤性膈疝、肠系膜及腹膜后血肿等，呈单一或复合性损伤。X 线检查对腹部脏器创伤价值有限，主要应采用超声和 CT 检查助诊。

三、X 线照片同一认定原则

X 线照片是法医临床学鉴定中常用的影像学检查资料，也是案件审判处理的重要证据。人体创伤后，常就地进行 X 线检查和救治，其 X 线照片及相关资料可能不很完备。为此，应对提供的 X 线照片资料真实性，如受伤者姓名、性别、年龄、职业、籍贯，以及 X 线照片的医院、日期、编号、部位、方法、规格、张数、报告等，逐项核实无误，认定为同一受伤者时，方能按法医临床学鉴定规定，进行 X 线照片的伤情诊断鉴定。

对受伤者可能接受的各种影像学检查，如果既有 X 线照片，又有 CT 照片等，则应根据创伤伤情，即骨折的程期、部位以及某些特征性异常进行对比分析及核实，相互印证，防止张冠李戴。

总之，根据创伤个体同一认定原则，以及上述资料核实无误后，对所提供的 X 线照片资料，若发现仍有疑问，难以进行伤情诊断鉴定时，应对受伤者重新做 X 线检查，作为判断伤情诊断鉴定的依据，以保证其真实、客观和科学性。

四、创伤性骨折愈合程期判断

创伤性骨折发生后，随着病程的进展，骨折端可发生一系列生理、生化、组织和解剖学演变，可从不同时期复查的 X 线照片上得到显示，从而提供其伤情新旧程度等鉴定依据。正常情况下，创伤性骨折愈合是一个渐进的、连续的复杂过程。其基本病理表现，可归纳为骨折端血肿机化肉芽组织形成、原始骨痂纤维组织形成和骨性骨痂骨骼塑形等三期。从 X 线照片上，掌握创伤性骨折愈合的过程及分期，正确判断是新鲜骨折，抑或是陈旧性骨折，对是否符合受伤者创伤性骨折的诊断鉴定，具有重要的现实意义。

（一）四肢骨折愈合程期

新鲜性骨折是指创伤性骨折后 3 周以内者。陈旧性骨折是指创伤性骨折后 3 周以上至 12 周者。骨痂塑形是创伤骨折愈合的最后过程，一般在 3 个月以上至数年间，随个体而异。

四肢骨折的愈合过程和终结，受诸多因素影响，主要与受伤者的年龄、部位、骨折类型、治疗方法、营养状况、血液供应和有无感染等相关。除按骨折正常愈合程期进行外，可发生骨折延迟愈合或不愈合。一般而言，青少年（对位好、营养佳、血供丰）较中老年（移位重、营养差、血供少）的骨折愈合快、愈合好。

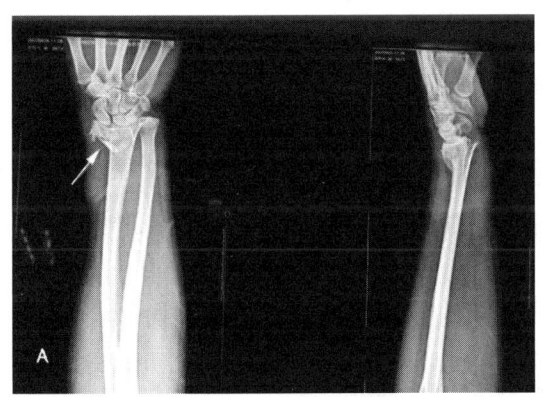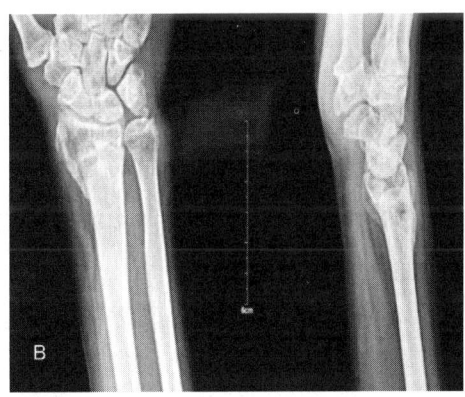

图 4-3　桡骨远端粉碎性骨折

A. 受伤当天 X 片显示桡骨远端粉碎性骨折，新鲜性骨折征象；表现为多条透亮线，骨折断端锐利。

B. 伤后 3 月 X 片显示桡骨远端陈旧性骨折，表现为骨折断端处见大量骨性骨痂形成，骨折线模糊。

（二）颅骨骨折愈合程期

颅骨骨折的愈合过程，较四肢骨折愈合缓慢，一般需 1 年~2 年以上，才能完全骨性愈合，甚至也可终生不愈合。在 X 线照片上，颅骨呈带状或洞形缺损区，骨折边缘硬化清楚，结合头部受伤史，诊断不难。

（三）脊椎骨折愈合程期

脊椎骨折多数为压缩性骨折，骨折片彼此嵌插，在 X 线照片上骨折线呈致密带状影，故一般骨痂生长及愈合良好。椎体边缘骨碎片骨痂生长愈合，可形成唇状骨赘。一般脊椎骨折后 3 个月~6 个月即可骨性愈合。

项目二　CT 检查

一、概述

（一）CT 成像原理

CT 是 computed tomography 的缩写，即计算机化 X 线断层扫描。CT 是利用 X 线束围绕人体一定厚度的断层扫描，而透过人体的剩余 X 线被探测器接收，并转变成光电流；由模/数转换器转变为数字信息，经计算机运算、处理并储存；再由数/模转换器以矩阵排列，并重建为数字图像。同时，利用监视器可显示 CT 影像或利用照相机可拍摄 CT 照片。因此，CT 成像不同于传统的 X 线成像，是一种崭新的划时代的数字成像技术。

CT 影像的形成，必须具备三个基本条件：①具有一定质和量的 X 线；②以一定厚度的扇形 X 线束对预检部位进行环绕扫描，由探测器接收并转换成数字信息；③用计算机进行运算处理，并重建成数字化断层影像，由照相机拍摄成 CT 照片。

CT 影像与传统 X 线影像相比，其组织密度的分辨率更高，无前后组织重叠，可随需要调节窗宽窗位，可做兴趣区组织密度的 CT 值测定，能重建任一方向或三维空间的图像。因此，对人体创伤后的解剖、生理和病理等改变，CT 影像能更好地显示，鉴定人从而结合创伤史和临床表现，作出更准确的诊断。

（二）CT 检查方法

CT 检查方法种类较多，主要有普通扫描、增强扫描和高分辨扫描。对人体创伤而言，最常用的是普通扫描。

1. 普通扫描。普通扫描又称平扫，是利用人体自身解剖结构及组织密度差的 CT 扫描方法。例如，头部 CT 扫描，在横断位上，可显示头皮、颅骨、脑灰白质、脑室系统及蛛网膜下腔等主要结构，且可调节窗宽窗位，测量组织密度大小，对病灶定位、定量、定性价值很大。因此，普通 CT 扫描对创伤的检查和诊断，具有简便、迅速、安全和准确等优点，在 X 线检查基础上，可提供更多的影像信息。

2. 增强扫描。增强扫描，是利用碘造影剂静脉注射后，增加预检器官组织与病变对比的一种 CT 检查方法。增强扫描对病变血供特点的强化表现，有助于定性诊断。例如，头部增强扫描，有助于对外伤性海绵窦动静脉瘘的诊断；又如，肾脏增强扫描，容易显示和诊断肾挫裂伤。

3. 高分辨扫描。利用小视野薄层（1.0 mm~1.5 mm）CT 扫描，并运用骨算法重建图像的检查方法，称为高分辨扫描。该法可提高预检部位组织和病变的空间分辨率，显示其细微结构和细小病变。例如，颅底骨折采用普通 CT 扫描，即使为骨窗像，也难以显示细小骨折线；采用高分辨扫描，则容易显示颅底骨质结构，如岩锥、乳突、蝶骨大翼、枕大孔周围、蝶窦、视神经管等处的细微骨折线，特别是对外伤性脑脊液漏的诊断价值更大。又如，采用高分辨扫描，对脊椎爆裂骨折及附件骨折，容易全面显示。若再行三维或多方位重建图像，还可了解脊椎骨折的三维结构表现，既直观、准确，又补充了普通 CT 扫描的不足。

二、创伤 CT 诊断

（一）颅脑创伤

颅脑创伤仅次于四肢创伤，十分常见，且病情多危重，致残率和死亡率均较高。

CT 检查是颅脑创伤最有效、最准确的影像学方法，可同时了解颅骨与颅内脑组织损伤情况，且便于复查比较，评估疗效和愈后，是目前法医临床影像学最常用的鉴定手段。

CT 平扫对于颅骨骨折、急性颅脑外伤、急性颅内出血（包括硬脑膜外出血、硬脑膜下出血、蛛网膜下腔出血、脑出血等）、脑梗死、脑积水等情况可以作出准确诊断。

增强扫描有利于评价颅内病变中血-脑屏障破坏程度以及颅内肿瘤血供情况，常用于平扫显示不清、疑有等密度病灶或病变定性困难病变，颅内肿瘤、血管畸形、炎症等病变大多需要进行增强扫描。

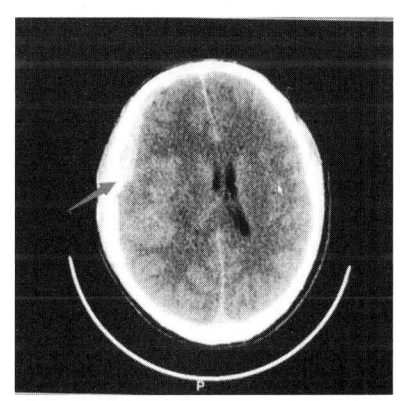

图 4-4　右侧额颞部硬膜下血肿

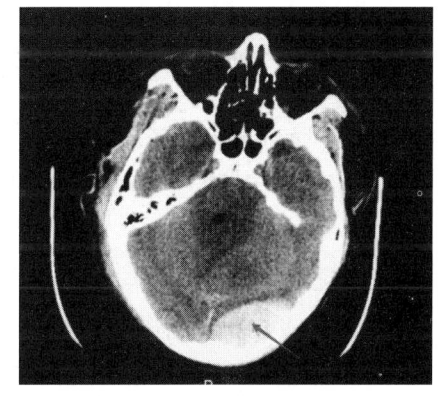

图 4-5　左侧枕部硬膜下血肿

（二）脊椎创伤

脊椎和脊髓创伤是较常见且必须重视的创伤。除 X 线检查以外，CT 是目前脊椎和脊髓创伤常用影像学检查方法之一。CT 检查，可进一步明确脊椎骨折部位和类型、骨折片移位和椎管狭窄程度、椎间盘膨出或椎间盘突出方向，以及脊髓损伤情况等；经三维重建图像和多方位重建图像，能进一步显示脊椎骨折的分布、走向及与椎管等三维空间关系，更直观形象，诊断也更准确有效。

多层螺旋 CT 对于脊椎良恶性骨折、脊椎结核、强制性脊柱炎、脊椎滑脱以及脊椎转移瘤等情况具有重要的诊断意义及临床应用价值。

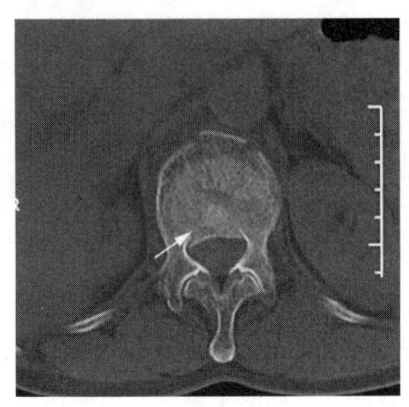 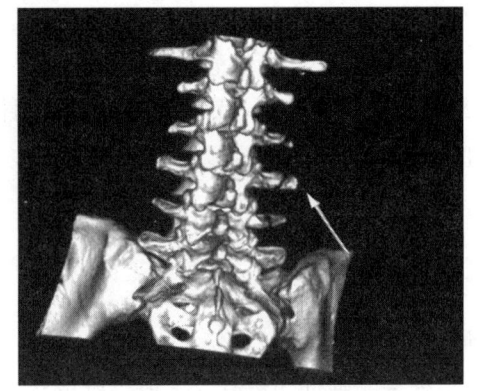

图 4-6　椎体粉碎性骨折并骨性占位　　　　图 4-7　椎体 2-4 右侧横突骨折

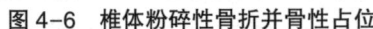

（骨折片向后移位、椎管狭窄）

三、CT 照片同一认定原则

CT 照片同 X 线照片一样，也是法医临床学鉴定中常用的一种影像学检查资料，同样是案件审判处理的重要证据之一。为此，应对所提供的 CT 照片资料的真实性，如受伤者的姓名、性别、年龄、职业、籍贯，以及 CT 照片的医院、日期、时间、CT 号、CT 检查号、CT 机型、扫描条件、断层图像序号、平扫或增扫、窗宽窗位、灰阶、比例尺、CT 值测量等，逐项核实，认定为同一受伤者时，方能按法医临床学鉴定规定，进行 CT 照片的伤情诊断鉴定。

总之，对所提供的 CT 照片资料，先经同一认定原则分析。发现仍有疑问时，应重新对受伤者进行 CT 检查，其检查结果作为判断伤情和鉴定诊断的依据，以保证其真实性、客观性和科学性。

四、颅脑创伤程期判断

颅脑创伤后，随着程期的推移，其病理生理演变常常十分复杂，CT 表现亦有所不同。从法医临床影像学角度看，除对早期颅脑创伤 CT 表现进行诊断外，还应注意颅内血肿、脑软化等程期的判断，以确定受伤者伤情的真实性；同时，还应对颅内出血、血肿大小作出判断，以确定伤情的轻重程度，为法医临床影像学鉴定提供依据。

（一）颅内血肿程期

颅脑创伤所致颅内出血，除确定其属脑内、硬膜下、硬膜外血肿外，还应按其急性、亚急性、慢性血肿，或大、小血肿等 CT 表现，作出血肿程期判断。

颅脑创伤开始至 7 天内，为急性血肿期。颅脑创伤后 8 天~28 天内，为亚急性血肿期。颅脑创伤后 4 周以上至数年，为慢性血肿期。

（二）脑软化程期

颅脑创伤后，由于脑挫裂伤、脑内血肿或外伤性脑梗塞等，可致脑软化。脑软化是一种渐进的不可逆过程，由脑组织损伤缺血后变性、坏死、液化形成。可局限，亦可弥漫；一叶或多叶；位置可在表浅处或在深处。脑软化灶一般常见于颅脑创伤后 7 天~28 天之间，呈较均匀的斑片状低密度影，CT 值约 20HU~40HU，边缘较清楚，轻度占位，无强化等。

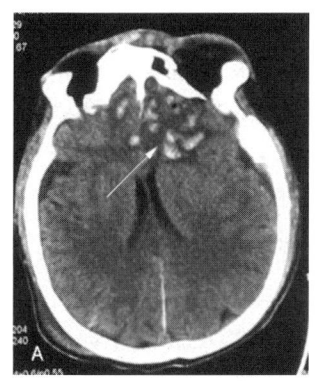 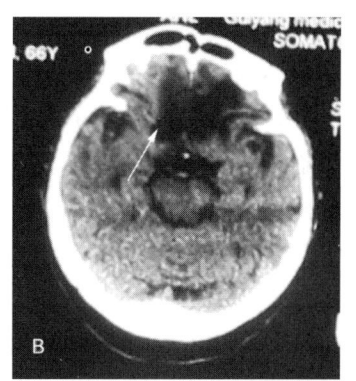

图 4-7　CT 显示多发性脑挫伤　　　　图 4-8　CT 显示脑损伤后遗脑软化灶

（三）颅内出血血肿测量

颅脑创伤后，可引起颅内各种形式的出血，CT 易于显示出血的部位、范围及演变过程。对较弥漫而分散的出血，如蛛网膜下腔出血，估计出血量是十分困难的；对较为局限或位于一定间隙中的出血，根据其血肿所占据的层面、形态及大小，一般能较准确地判断出血量。这对临床诊断及法医临床影像学鉴定来说，具有重要意义。

项目三　MRI 检查

一、概述

（一）MRI 成像原理

MRI 是 magnetic resonance imaging 的缩写，它是利用磁共振信号，进行图像重建的又一新型数字成像技术。任何物质，包括原子核，均有运动属性。人体组织内以氢原子核最多，具有良好的自旋性，无外加磁场时，无磁矩产生；进入外磁场后，受其作用，即被磁化，与外加磁场平行，继续自旋并绕此外磁场旋转，即进动。此时，若发射一射频脉冲，即可激发其氢原子核（氢质子），使其进动增大；中止射频脉冲，被激发的氢质子，又受外磁场作用，即刻恢复原来状态，并释放出与射频脉冲相同的电磁波信号，产生磁共振现象。这种恢复过程叫作弛豫过程，所用的时间叫作弛豫时间。在磁共振成像过程中，有两种弛豫过程，即纵向弛豫过程和横向弛豫过程。其弛豫时间亦有 T1 和 T2，前者称自旋-晶格弛豫时间，后者称自旋-自旋弛豫时间。

人体的不同组织与病理组织所含氢质子数量不同，氢质子所处状况各异，故各有不同的相对固定的 T1 和 T2 弛豫时间。这些差异特性，即是磁共振成像的物理学基础。由此可知，MRI 具有极其丰富的 T1 、T2 和质子密度等多种成像参数，反映的是 MRI 信号强度、T1 和 T2 状态。当主要体现组织间的 T1 时，为 T1 加权像，它比 CT 显示的解剖细节好；当主要体现组织间的 T2 时，为 T2 加权像，它比 CT 显示的病理特性好；当主要体现组织间的质子密度多少时，为质子加权像，它比 CT 显示的组织结构和状态好。所以，通常在同一磁共振扫描层面内，可同时获得上述三种加权像，极大地丰富了 MRI 成像内涵和诊断价值。此外，MRI 还具有直接多方位成像、无骨质伪影干扰、血管流空效应等特点，可进行三维成像、血管成像、脑功能成像、频谱分析等，极大地拓宽了 MRI 检查的领域。

（二）MRI 检查方法

1. 脉冲序列。MRI 检查时，根据人体组织与病变特点，常选用适当的脉冲序列及成像参数，以获得优良的 MRI 影像。目前 MRI 已有极为丰富的脉冲序列，如自旋回波序列（SE）、部分饱和序列、反转回复序列以及各种快速、超快速成像序列等。其中，对颅脑创伤来说，临床上常用自旋回波序列（SE）及相应的成像参数。

2. 扫描方法。对创伤的 MRI 检查方法，最常用的是普通扫描，很少用增强扫描，偶尔用磁共振血管成像等。

二、创伤 MRI 诊断

（一）颅脑创伤

MRI 检查对颅脑创伤虽不及 CT 常用，但在显示脑干、胼胝体、脑神经损伤，鉴别慢性硬膜下血肿与积液，判断脑内血肿期龄，确定脑弥漫性轴索损伤，评价颅脑损伤后遗症等方面，又比 CT 优越。因此，MRI 检查对颅脑损伤的诊治和法医临床影像学鉴定，仍具有重要价值。

平扫适用于绝大多数颅脑病变。MRI 显示大脑灰白质对比明显优于 CT，T1WI 上解剖结构显示较好，T2WI 上发现病变敏感，FLAIR 像较 T2WI 发现病变的敏感性较高，脂肪抑制序列图像常用于颅内含脂病变，对于小病灶如垂体微腺瘤需采用高分辨率 MR 成像。

增强扫描用于鉴别病变与正常组织、病变与水肿，显示微小病变如垂体微腺瘤及小转移病灶，了解病变的血供情况及血-脑屏障的破坏程度。增强扫描可提供更多的诊断信息，为病变定位诊断提供依据；然而，增强 MRI 并不是颅脑创伤检查的常规操作。早期研究表明，脑膜损伤（脑膜强化）可以通过 T2 加权像的 FLAIR 序列进行检测会更敏感。

（二）脊椎脊髓创伤

脊椎创伤性骨折与脱位、椎间盘膨出或椎间盘突出，主要靠 X 线照片和 CT 检查，即可准确诊断。在 MRI 上，脊椎骨折除显示楔形压缩、骨折片移位、椎管狭窄、椎间盘膨出或椎间盘突出改变，与 CT 相仿外，对脊椎椎体有无挫伤更为敏感，表现为 T1 加权像上呈低信号影，T2 加权像上呈高信号影。对脊椎骨折或椎间盘突出所致脊髓损伤，则 MRI 明显优于 CT。脊髓损伤依轻重不同，可分为脊髓震荡、脊髓挫裂伤、脊髓压迫或脊髓横断伤，以及椎管内血肿等。

三、颅内出血及血肿程期判断

颅内出血及血肿形成，随着程期的不同和血肿内血红蛋白及其含铁的物理性状，可有一系列演变，具有一定的规律性。这一系列演变主要为含氧血红蛋白→脱氧血红蛋白→正铁血红蛋白→含铁血黄素的转变过程，并在 MRI 上获得反映。根据 MRI 表现特点，反过来可以推断出颅内出血及血肿的程期，对临床诊治和法医临床影像学鉴定具有重要价值。

颅内出血及血肿的程期，可分为急性早期、急性期、亚急性期、慢性早期和慢性期。由于颅内血肿本身是由中心至外周变化的，又因血红蛋白成分不同，故颅内血肿可划分出中心层、周围层、边缘层和外周带。随着血肿在不同程期的病理演变，在 MRI 上亦应显示具有特征意义的表现。

急性早期为 1 天以内。从出血至血肿形成，主要为血肿内含氧血红蛋白凝集，并出现脱氧血红蛋白。T1、T2 加权像上，血肿中心层和周围层呈等信号，边缘层呈无信号。T2 加权像上，外周带呈高信号，脑水肿轻。

急性期为 2 天~7 天。血肿内主要为脱氧血红蛋白。T1 加权像上，血肿中心层和周围层呈等信号，边缘层呈无信号，外周带呈等信号。T2 加权像上，血肿中心层和周围层，呈更低信号或低信号，边缘层呈低信号，外周带呈明显高信号，脑水肿重。

亚急性期为 8 天~14 天。血肿内主要为正铁血红蛋白，且红细胞溶解，含铁血黄素开始在血肿边缘沉着。T1 加权像上，血肿从中心层至外周带呈等信号、高信号、无信号、低信号。T2 加权像上，血肿中心层和周围层呈低信号，外周带呈高信号，脑水肿重。

慢性早期为 15 天~28 天。血肿全部为正铁血红蛋白，且红细胞已完全溶解。T1 和 T2 加权像上，血肿中心层和周围层，均呈高信号，边缘层呈无信号，外周带呈等信号，脑水肿基本消失。

慢性期为 4 周以上。血肿完全溶解，正铁血红蛋白被稀释，但在 T1 和 T2 加权像上仍呈高信号。在 T2 加权像上，含铁血黄素沉着明显增多，血肿边缘带显示环状低信号影。进一步发展，血肿完全液化吸收。形成囊腔后，在 T1 加权像上呈低信号，T2 加权像上呈高信号，边缘清楚锐利，并有含铁血黄素沉着低信号环。继发周围脑萎缩和脑室、脑沟增宽。

项目四　超声检查

一、概述

（一）超声诊断的物理基础

1. 超声波的基本概念。人耳能听到的声音的频率范围为 20 Hz~20 000 Hz。超声波是指频率大于 20 000 Hz 的声波，是一种机械波，在弹性介质中以固有的速度传播，有频率（f）、波长（λ）和速度（c）3 个基本物理量，三者之间的关系是：$\lambda = \dfrac{c}{f}$。在同一介质中，声速相同，频率与波长成反比。超声波具有反射、折射、散射等波的特性，界面反射是超声诊断的基础。脏器内部的组织结构对入射超声波呈散射现象，从而可以获得来自脏器内部的回声信息。此外，超声波还具有多普勒效应，其用于超声诊断可以反映血流方向、速度和性质。

2. 超声波的分辨力和穿透力。分辨力是指超声波能够分辨两点间最小距离的能力。纵向分辨率是指超声波在纵向距离上能够分辨两点间的最小距离，它主要与超声波的频率有关。频率越高，波长越短，其纵向分辨率越高，对细小目标点就显示得更细腻清晰，声像图的质量就愈高。横向分辨率是指超声波在横向距离上能够分辨两点间的最小距离，它主要与超声束的直径有关。当声束直径小于两点之间的距离时，此两点则可以分别显示出来。穿透力是指能够产生有效反射回声的超声波传播距离。分辨率与穿透力是相互矛盾的，即频率越高，其纵向分辨率越高，而穿透力越小。超声检查需要在分辨率与穿透力之间作合理选择，对深部结构选用低频探头，如腹、盆腔和心脏超声检查的探头频率为2MHz~5MHz；对浅表结构选用高频探头，浅表组织和器官包括乳腺、甲状腺、阴囊和体表等，使用的探头频率通常大于或等于 7.5 MHz。

（二）超声诊断的仪器及应用

1. 超声诊断仪器。超声诊断仪器可分为 A 型、B 型、M 型和 D 型四类。其中，A 型即幅度调制型超声仪，又叫示波法，现已基本淘汰；B 型即灰度调制型，是实时灰阶二维显像，是超声诊断的主要方法，其声像图反映器官解剖和病理解剖的断面结构；M 型即回声调制型，是单声束扫描，主要用于心脏运动功能的分析；D 型即多普勒超声，包括彩色多普勒和频谱多普勒。频谱多普勒可以量化血流参数，频移大小反映流速高低，频移方向反映血流方向，频谱形态反映血流性质。彩色多普勒的血流成像是把彩色血流信号叠加在二维超声图像上，以不同颜色显示血流方向，红色代表血流运动朝向探头，蓝色代表血流运动背离探头；以颜色饱和度反映平均血流速度，色彩鲜亮表示流速高，色彩暗淡表示流速低；以彩色信号显示的方式表示血流性质，颜色单一表示方向一致，彩色混杂表示血流性质为湍流。M 型、D 型及三维超声成像技术都是建立在二维 B 型超声基础上的，故 B 型超声是超声诊断的基础。

2. 超声诊断的特点、应用范围和分类。

（1）超声诊断的特点：超声成像速度快，图像形象直观，对软组织有很好的分辨率和很高的灵敏度。超声检查操作简便、快捷、准确，且重复性好，是一种理想的非创伤性检查方法，且价格相对较低，有其广阔的发展前景。

（2）超声诊断的应用范围：随着超声仪器的不断改进和超声工作者检查技术的不断提高，超声检查人体组织器官的范围越来越广泛深入。①常规超声检查：肝、胆、胰、脾、胃、肠等消化系统的各器官病变，肾、输尿管、膀胱、前列腺、子宫、附件等泌尿生殖系统的各器官病变，以及胸腹腔积液情况，都能用常规超声进行检查。②高频超声检查：眼球、睾丸、乳腺及甲状腺等浅表器官，以及四肢血管、骨关节、肌肉等组织的病变，都能用高频超声进行检查。③多普勒超声能检测心脏大血管系统的结构功能及动力学改变。超声图像既能实时显示人体组织器官的大小、形态及轮廓有无改变，边缘是否连续，又能显示内部结构回声是否均匀，以及其毗邻的解剖结构关系是否清晰，从而判断各脏器有无病变，并能作出定位、定性及定量分析。超声检查操作简便、快捷、准确，便于病人的动态观察，便携式床旁B超对不能搬动的病人检查极为方便，可及时动态观察病人病情变化发展，为临床诊断与治疗提供了有价值的声像依据。

（3）超声诊断的分类。超声诊断一般可分为五级诊断。①一级诊断：有典型声像图表现，可作出明确的超声诊断，如结石、囊肿、积液（血）及胎儿等；②二级诊断：有明显声像图差异，可提示或符合某种临床诊断；③三级诊断：声像图有异常发现，但具体诊断较困难，可描述声像表现；④四级诊断：检查部位无异常声像图；⑤五级诊断：由于某些因素干扰，未能获得满意的能够提供诊断的声像图，应在诊断中予以说明。

二、超声诊断在创伤中的应用

（一）消化系统脏器损伤的超声诊断

1. 肝、脾损伤。

（1）真性肝、脾破裂：肝、脾不同程度增大和形态改变，损伤区可出现不规则形的液性暗区或低回声区，也可为不规则形的中等回声区或增强回声区。一些广泛性撕裂伤者，可显示液性暗区和增强回声混合在一起的杂乱声像图，并在肝肾间隙、脾肾间隙、膀胱直肠陷窝等处探及不规则形的液性暗区。

（2）包膜下血肿：在肝、脾的边缘实质内可见线、片状形弱回声区，并在其包膜下见椭圆形或不规则形的液性暗区或低回声区。

（3）肝、脾内血肿：肝、脾形态基本正常，包膜完整，实质内有单个或多个大小不等、不规则形的无回声区或弱回声区或杂乱回声区，腹腔无明显游离暗区。超声动态观察可见液性暗区逐渐缩小消失。

（4）迟发性肝、脾破裂：损伤在48小时内，肝、脾的形态和大小无明显改变，腹腔内无明显游离暗区，可超声动态观察病人病情变化发展；48小时后，肝、脾可有实质内血肿、真性破裂或包膜下血肿等声像改变，且腹腔内有明显游离暗区。

2. 胰腺损伤。

（1）胰腺断裂：胰腺形态失常，损伤处胰腺连续性中断，胰实质回声杂乱不均匀。

（2）胰周血肿：在损伤处周围出现不规则的无回声和弱回声，或杂乱回声团，并可在腹膜后间隙及腹腔内见到大小不等的液性暗区。

3. 胃肠道损伤。超声诊断虽很难确定损伤部位，但可提供破裂的可靠依据。

（1）在肝、脾前间隙及膈下可探及游离气体强回声；采用头低脚高位时，下腹部充盈膀胱前方可探及游离气体征象。

（2）腹、盆腔可见游离液性暗区，暗区内可见细弱回声区或漂浮回声区。

（3）在损伤部位加压探头，患者有明显局部压痛或反跳痛明显，并可见大网膜包裹而形成的边界不清楚、内部不均匀的增强回声团块。

（二）泌尿系统脏器损伤的超声诊断

1. 肾脏损伤。肾脏损伤包括肾挫伤、肾裂伤、肾粉碎伤、肾蒂撕裂伤。

（1）肾挫伤：肾脏大小形态基本正常，肾实质可有不规则形的无回声区、弱回声区或仅见局限性增强回声区。

（2）肾裂伤：肾脏形态失常，受伤区域明显肿大，肾包膜连续性中断，肾周见月牙形或不规则形的无回声区、弱回声区或杂乱回声区。

（3）肾粉碎伤：肾形态失常，体积明显增大，内部结构紊乱，肾周或腹膜后可见不规则形的无回声区或弱回声区。

（4）肾蒂撕裂伤：除具有粉碎伤的超声特征外，腹腔内、肾周或腹膜后见大片无回声区和弱回声区。

2. 膀胱损伤。膀胱破裂时，膀胱壁连续性中断，在膀胱后方或周围可见不规则形的液性暗区；探头在耻骨联合上有明显的压痛；经导尿管向膀胱内注入生理盐水，超声动态观察可见膀胱周围暗区不断增加。

3. 阴囊损伤。阴囊损伤时，阴囊肿大，囊壁增厚且回声减弱，层次结构紊乱不清楚。

4. 睾丸损伤。

（1）睾丸形态正常或失常，体积正常或增大。

（2）睾丸实质回声有不同程度的不均匀改变，呈弱回声区或杂乱回声区。

（3）在睾丸鞘膜内可见大小不等的杂乱回声团及液性暗区。

（三）胸部损伤的超声诊断

1. 肋骨骨折。肋骨表面的线状强回声连续性中断且错位，并可在骨折处的软组织内见到不规则形的无回声区、弱回声区或杂乱回声区（血肿）。若肋骨刺穿胸膜，可在胸腔内见到大小不等的液性暗区。

2. 胸腔积液（血）。肺组织损伤，超声诊断无法确定其部位，但超声诊断对胸膜腔内的液性暗区十分敏感。超声诊断能发现肋膈角的微量积液，能判断胸腔积液量的多少，还能定位标记以及引导穿刺胸腔积液，并可动态观察积液的变化情况。

（四）软组织损伤的超声诊断

1. 软组织闭合性损伤。受损伤部位软组织肿大、增厚、失去正常形态、解剖层次结构紊乱。局部瘀血或血肿形成时，可出现无回声区、低回声区或杂乱回声区。肌肉撕裂、肌腱断裂时，肌肉、肌腱与正常侧对比可见伤侧增厚、结构不清、连续性中断等声像图。

2. 组织内异物。超声诊断能迅速准确检测出体内异物的大小和位置。各种金属、非金属异物，因其密度较软组织高，常表现为强回声或增强回声，故易于发现。

（五）眼外伤的超声诊断

1. 眼球破裂伤。眼球轮廓失常，球壁连续性中断有裂口。严重者因眼内容物流出，眼球萎缩，眼轴径缩短，球壁增厚，球内结构紊乱。

2. 眼球内异物。异物可位于球内、球壁、球外等处，超声诊断能准确定位，并能显示异物与眶内重要组织结构关系及内部合并损伤情况。异物无论是金属或非金属，均可显示，呈强回声光点或光团伴慧尾征或声影。

3. 视网膜脱离。视网膜脱离可分为部分视网膜脱离、全部视网膜脱离和球内血肿。

（1）部分视网膜脱离：玻璃体暗区内可见线状稍强的回声带，其两端与球壁相连，眼球转动可见飘动。

（2）全部视网膜脱离：玻璃体暗区内可见线状稍强的回声带，呈"V"形，宽口向前，后端与视神经相连。

（3）球内血肿：在眼球后间隙内可见不规则形的无回声区、低回声区，内有点、片状形增强回声区。

（六）心脏和大血管损伤的超声诊断

1. 心室壁穿通伤。枪伤和刺创均可累及心室和心房壁。左室壁损伤因出血严重，心包迅速填塞或胸腔大量积血而休克死亡，创口小的可逐渐形成假性室壁瘤。

（1）断裂的腱索可附于乳突肌或瓣膜上，游离端呈条索状随心脏跳动而随意运动。

（2）局部瓣叶因失去牵拉而松弛，收缩期脱入心房，出现瓣叶对合不良而继发返流。

（3）收缩期在瓣口上方出现多普勒返流信号。

2. 室间隔穿通伤。室间隔穿通伤的超声诊断有以下几种情形：

（1）皮损可寻找观察室间隔损伤部位。挫伤所致室缺，其断端较杂乱而不整齐；刀伤所致室缺，其断端较为整齐光滑。

（2）心包腔可见大小不一的液性暗区；纵隔或胸腔也可有液性暗区，并可探测暗区的厚度和估计积液量。

（3）频谱多普勒超声和彩色多普勒超声显示收缩期在室缺口处，有自左室向右室分流的血流信号。

3. 三尖瓣及其腱索受损。三尖瓣及其腱索受损的超声诊断有以下几种情形：

（1）右房、右室均显著扩大，室间隔矛盾运动。

（2）三尖瓣活动度大，三尖瓣关闭时不能对合，前叶收缩期进入右房，呈连枷样运动。

（3）彩色多普勒显示三尖瓣不同程度返流。

4. 二尖瓣及其腱索受损。二尖瓣及其腱索受损的超声诊断有以下几种情形：

（1）左房、左室增大。

（2）二尖瓣瓣叶与腱索的连续性中断，瓣尖活动增大，二尖瓣前叶或后叶收缩期出现连枷样运动并脱入左房。

（3）彩色多普勒显示二尖瓣不同程度返流。

项目五　案例分析训练

一、案例分析训练一

1. 简要案情及病历摘录：李某系 8 岁儿童，某年 4 月 21 日，在公交车上摔倒受伤。

伤后医院检查发现：左肘关节青紫肿胀、压痛，扪及骨摩擦感，闻及骨摩擦音，左手部桡侧背侧及手掌部感觉稍减退，左手各指活动无受限，腕关节背伸、掌屈无受限，肢端感觉血循有。左肘关节正侧位片提示：左肱骨髁上骨折。予切开复位内固定术处理。诊断：左肱骨髁上粉碎性骨折。

2. 鉴定事项：对李某的损伤进行伤残等级评定。

3. 法医检查：伤后 1 年进行鉴定。检查见：左上臂下段外侧手术疤痕形成，愈合好，左肘关节活动度：伸 0°，屈曲 85°，右肘关节活动（健侧）：伸 0°，屈曲 140°，左上肢肌力 5 级，肌张力无明显增强或减弱，皮肤浅感觉无明显减退。

4. 问题：本例能否诊断为骨骺骨折？如能，骨折类型是什么？依据是什么？

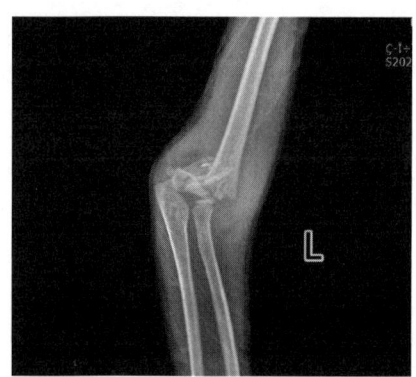

案例 1 图：左肘关节 X 片

二、案例分析训练二

1. 简要案情及病历摘录：某年 6 月 20 日，王某被他人用钢管击伤胸部，伤后医院检查发现：胸廓对称无畸形，右侧锁骨中线至腋前线 5-8 肋触压痛明显，未扪及明显骨擦感，胸廓挤压征（+），双肺呼吸动度一致，双肺叩诊音清，双肺呼吸音清，未闻及明显干湿性啰音。脊柱无明显侧弯畸形，全脊柱无明显压痛。6 月 20 日胸部 CT 示：①考虑右肺上叶陈旧性病灶。②右侧第 6、7 前肋骨皮质皱褶。诊断：右侧 6-7 肋骨骨折。

2. 鉴定事项：对王某的损伤进行损伤程度评定。

3. 法医检查：伤后 1 月进行鉴定。检查见：胸廓绷带固定，胸廓对称无畸形，胸壁体表皮肤未见明显异常青紫肿胀，胸廓挤压/分离征（+），以右侧 6、7 前肋疼痛明显，双肺呼吸动度一致，呼吸音清，余检无特殊。

4. 问题：本例肋骨骨折能否认定，认定原因？不能认定原因？

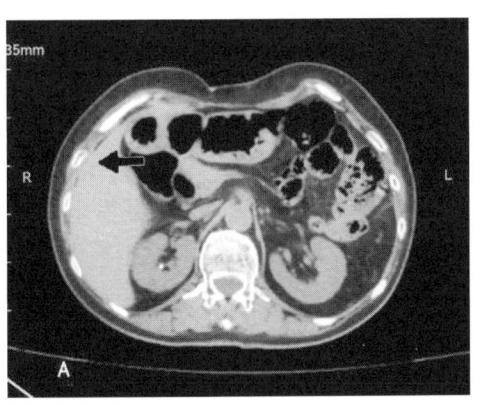 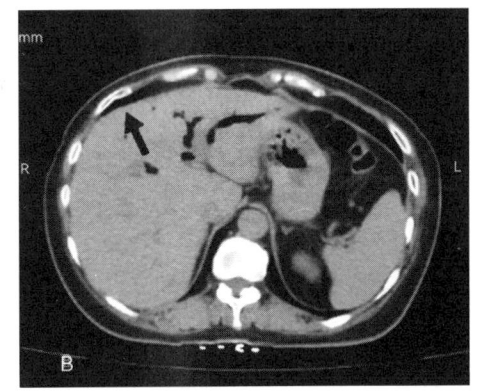

案例 2 图 1：右侧第 6、7 肋骨内缘皱褶

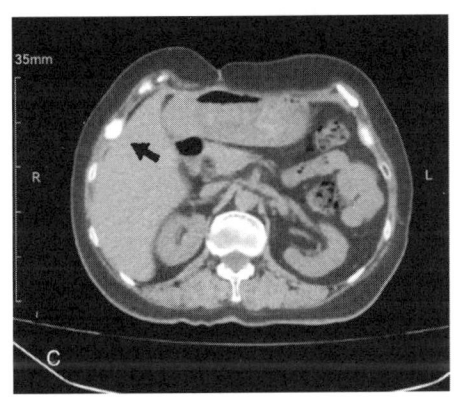 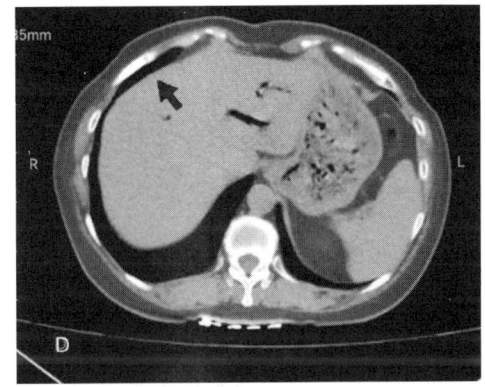

案例 2 图 2（伤后 1 月）：右侧第 6、7 肋骨见骨痂影形成

启发与思考

1. 常见的法医影像学检查包括哪些？

2. 急性期颅内血肿与慢性期颅内血肿在 MRI 检查中的区别？

人身损害民事赔偿

学习目标

1. 知识目标：了解人身损害赔偿的种类、原则、构成要件及相关的项目，掌握人身损害鉴定的时机与标准适用。

2. 能力目标：熟悉人身损害鉴定赔偿的基本理论，初步掌握道路交通事故、工伤及医疗侵权等所致人身损害赔偿项目的内容。

内容结构

1. 人身损害赔偿制度概述。

2. 人身损害鉴定的时机与标准适用。

3. 道路交通事故、医疗侵权及其他原因所致人身损害的赔偿。

4. 职工工伤与职业病致残人员人身损害的赔偿。

5. 人身损害赔偿案例分析。

导读

党的二十大指出，要"公正司法"。司法鉴定作为司法证明的一种重要手段，司法鉴定人工作人员在实践中按照"客观、科学、公正、独立"原则完成鉴定工作，维护社会公平正义，保障公正司法。

人身损害赔偿，是指自然人的生命、健康、身体遭受侵害，造成致伤、致残、致死的后果以及其他损害，要求赔偿义务人以财产赔偿的方法行救济和保护的侵权法律制度。为了适应诉讼的需要，保障诉讼活动的顺利进行，人身损害赔偿案件往往需要进行法医学鉴定，为诉讼提供鉴定意见的证据。人身损害赔偿案件涉及面广，本文主要从常见的道路交通事故、医疗侵权及工伤等人体损伤情形探讨人身损害赔偿的有关问题。

项目一　人身损害赔偿制度概述

人身损害赔偿制度，是指对各种原因导致的人身损害进行赔偿相关的法律规范的总和。在我国，赔偿制度属于民法范畴，损害赔偿关系是平等主体之间的关系，即使在刑事犯罪赔偿的情况下，行为人承担的赔偿责任仍属民事责任。

一、人身损害赔偿的分类

人身损害赔偿包含多个方面的损害和责任人对损害结果承担相应的赔偿责任。具体包括人身意外伤害赔偿、职工工伤与职业病赔偿、人身侵权损害赔偿、人身伤害刑事犯罪附带民事赔偿等。

1. 人身意外伤害赔偿。主要是道路交通事故所致的人身伤害赔偿，不仅要考虑伤害后果的严重程度，还要考虑当事人员的责任划分问题。

2. 职工工伤与职业病赔偿。主要是指在工作中意外受伤或长期从事某种工作出现的与职业密切相关的疾病所导致的人身伤害赔偿。一般而言，职工工伤与职业病由县级以上行政机构组成"劳动鉴定委员会"负责鉴定工作，评定伤残等级及劳动能力丧失程度，依据评定结果，赔偿费用由单位或社会保障机构支付。

3. 人身侵权损害赔偿。较多见于医疗侵权损害赔偿，包括医疗事故性人身损害赔偿和医疗过错导致的人身损害赔偿，前者适用《医疗事故处理条例》，后者适用《中华人民共和国民法典》[1] 及《最高人民法院关于审理人身损害赔偿案件适用若干问题的解释》所规定的赔偿制度。

4. 人身伤害刑事犯罪附带民事赔偿。指由于犯罪行为而使被害人及其近亲遭受人身损害时，犯罪分子在承担刑事责任的同时，对被害人及其近亲属的人身损害承担民事赔偿责任。一般通过刑事附带民事诉讼实现赔偿责任，而不单独通过民事诉讼实现。

二、人身损害赔偿的原则

我国的人身损害赔偿制度是一种补偿性赔偿，在人身损害赔偿中，要综合考虑多种因素，实践中常遵循以下原则：

1. 被害人的经济损失与加害人造成的损伤相适应的原则。

2. 对被害人的经济赔偿与加害人的赔偿能力相适应的原则。

3. 对被害人的经济赔偿来源一般仅限于加害人本人所有财产的原则。

4. 对被害人的经济赔偿与当地经济状况、人均生活水平相适应的原则。

5. 无民事行为能力或限制民事行为能力人的赔偿责任，一般由法定监护人承担的原则。

6. 按当事人双方在伤害案件中的过错，承担赔偿责任的原则。

7. 法人的民事活动，是通过它的机构、代表和工作人员的职务活动来实现活动人伤害的，就构成法人损害责任，应由法人负赔偿责任。

8. 饲养的动物误伤他人造成损害的，动物的所有人或管理人承担赔偿责任。

三、人身损害赔偿责任的构成要件

人身损害赔偿责任在本质上是一种典型的侵权责任。其构成要件主要是指行为人的行为应具备哪些条件才能成为侵权行为，并承担民事赔偿责任的主客观要件的总和，具体包括以下三个方面：

―――――――――――――――

〔1〕　为表述方便，本书下文涉及我国法律均省去"中华人民共和国"字样。

1. 违法行为。行为人因违反法律有关规定，实施了造成他人人身损害的行为。

2. 损害事实。指一定的行为致使权利主体的财产权、人身权受到非法侵害，并造成财产利益和非财产利益的减少或灭失的客观事实。人身损害事实，则是指一定的行为致使权利主体的生命、健康、身体受到侵害，并造成人身或精神损害的客观事实。

3. 因果关系认定。因果关系表现形式也复杂多样，有一因一果、一因多果、多因一果、多因多果等。因果关系分析中常依据不同标准对原因进行分类，例如，根据原因力大小可分为根本原因、主要原因、同等作用、次要因素、轻微因素等；根据事件发生发展过程分为直接原因、间接原因。

项目二　人身损害鉴定的时机与标准适用

一、概述

1. 人身伤害是指在侵权行为中，各种致伤因素作用于机体，从而引起组织结构破坏或器官功能障碍，人在身体上所遭受的伤害，包括致死、致残、致伤三种形式。人身损害除了躯体上损伤外，还包括精神损害、身份权损害等。本章主要围绕躯体损伤进行探讨。

2. 损伤程度是指损伤所致的程度。根据《人体损伤程度鉴定标准》分为重伤一级、重伤二级、轻伤一级、轻伤二级、轻微伤。

3. 工伤即职业伤害是指劳动者在工作中发生的意外事故损伤造成了死亡、伤、残等情况，或因职业病造成身体组织器官损伤或功能障碍的状况。工伤的认定，首先看是否存在劳动关系，即用人单位与劳动者之间有无签订劳务合同；没有签订劳务合同的是否形成了事实劳务关系。其次看是否存在损伤、残疾、死亡等损害后果。

4. 伤残是指损伤或其他原因引起人体组织结构或功能不同程度地丧失，从而造成人体不同程度地丧失生活自理能力、工作能力和社会活动能力，或造成生理上与心理上的缺陷。伤残是民事赔偿的主要依据。

5. 伤残评定是指评定人受有关部门委托，在受伤人员治疗终结后，依据有关法规，参照相关标准，对受伤人员的残疾程度进行评定，得出评定意见并书写鉴定报告的技术活动，鉴定主要内容包括伤残等级、劳动能力、生活自理能力、社会生活能力等。

二、鉴定时机

1. 损伤程度评定时机。以原发性损伤为主要鉴定依据的，伤后即可进行鉴定；以损伤所致的并发症为主要鉴定依据的，在伤情稳定后进行鉴定。以容貌损害或者组织器官功能障碍为主要鉴定依据的，在损伤90日后进行鉴定；在特殊情况下可以根据原发性损伤及其并发症出具鉴定意见，但须对有可能出现的后遗症加以说明，必要时应进行复检并予以补充鉴定。疑难、复杂的损伤，在临床治疗终结或者伤情稳定后进行鉴定。

2. 伤残等级评定时机。原发性损伤及其与之确有关联的并发症已经符合临床一般医疗原则的治疗与必要的康复，症状已经消失或者稳定，体征达到相对固定，经评估其组织器官结构破坏或功能障碍符合难以继续恢复的情形。治疗及康复期原则上不超过2年。在判定是否符合鉴定时机时，应以临床治愈或者好转标准作为是否符合医疗终结的判断依据。

以下为几种常见损伤的临床治愈和/或好转标准。

（1）体表损伤的治愈标准：创口愈合，缝线拆除，局部肿胀及皮下血肿消退，症状基本消失，无感染。

（2）头颅损伤的治愈好转标准：局部肿胀消退，伴随的皮肤损伤已经愈合，无感染；合并骨折的碎骨片去除或局部已经整复；出血吸收；神经系统症状、体征好转或消失，遗留后遗症的趋于稳定。

（3）眼、耳、口腔损伤治愈好转标准：局部肿胀和出血消失，刺激症状好转或消失，视、听及其他相应功能得到有效恢复或趋于稳定。

（4）骨折的治愈标准：骨折复位良好，骨折线消失，基本达到骨性愈合，功能得到有效恢复，局部症状消失。骨折的好转标准：骨折线消失或者不再出现动态变化，功能部分恢复，症状和体征趋于稳定。

（5）血、气胸及肺挫伤的治愈好转标准：局部出血消失，胸部症状好转或消失，X线或CT等检查显示胸腔无异常影像或趋于稳定。

（6）腹腔、盆部器官损伤的治愈好转标准：局部症状好转或消失，部分难以恢复的后遗症趋于稳定。

（7）脊髓损伤的治愈好转标准：相关肢体功能恢复或症状、体征趋于稳定。

（8）肌腱损伤、周围神经损伤的治愈好转标准：肢体功能恢复或症状、体征趋于稳定。

（9）肢体离断伤的治愈好转标准：损伤痊愈，残肢功能趋于稳定。

应根据个案情况判定是否符合鉴定时机的要求，自满足医疗终结起，直至作出终审判决以前，均可以进行致残程度等级的鉴定。对于个别难以达到医疗终结标准者，可视具体情况在伤情基本稳定时实施鉴定。

三、人身损害鉴定标准适用

工伤与职业病所致人身损害，标准适用原国家质量监督检验检疫总局发布的《劳动能力鉴定　职工工伤与职业病致残等级》。道路交通事故、医疗侵权损害及其他人身损害案件的残疾程度评定，一般参照国家两院三部联合发布《人体损伤致残程度分级》。

项目三　道路交通事故、医疗侵权及其他原因所致人身损害的赔偿

一、赔偿依据

1. 道路交通事故人身损害依据。根据《中华人民共和国道路交通安全法》的相关规定，机动车发生交通事故造成人身伤亡、财产损失的，由保险公司在机动车第三者责任强制保险责任限额范围内予以赔偿。超过责任限额的部分，按照不同的情形，有相关责任人承担赔偿责任。在实践中，对人身损害，赔偿由此引起的经济损失；对于精神上的损害，视具体情况也应赔偿一定的抚恤金。

2. 医疗侵权损害及其他原因所致人身损害的赔偿的依据。致他人丧失劳动能力的赔偿，包括使他人全部丧失和部分丧失劳动能力两种情形的赔偿，简称残疾赔偿。由于劳能力全部或部分丧失，使受害人无法继续工作以维持生计。《产品质量法》第44条第1款中规定："……造成残疾的，还应当支付残疾者生活自助具费、生活补助费、残疾赔偿金以及由其扶养的人所必需的生活费等费用……"《最高人民法院关于审理人身损害赔偿案件适用法律若干问题的解释》第1条第1款规定："因生命、身体、健康遭受侵害，赔偿权利人起诉请求赔偿义务人赔偿物质损害和精神损害的，人民法院应予受理。"

二、道路交通事故、医疗侵权及其他原因所致人身损害的赔偿项目

针对人身损害的赔偿项目，2021年颁布的《民法典》第1179条指出，侵害他人造成人身损害的，应当赔偿医疗费、护理费、交通费、营养费、住院伙食补助费等为治疗和康复支出的合理费用，以及因误工减少的收入。造成残疾的，还应当赔偿辅助器具费和残疾赔偿金；造成死亡的，还应当赔偿丧葬费和死亡赔偿金。2022年修订的《最高人民法院关于审理人身损害赔偿案件适用法律若干问题的解释》的相关规定明确了具体的人身损害项目：

1. 医疗费。根据医疗机构出具的医药费、住院费等收款凭证，结合病历和诊断证明等相关证据确定。赔偿义务人对治疗的必要性和合理性有异议的，应当承担相应的举证责任。

医疗费的赔偿数额，按照一审法庭辩论终结前实际发生的数额确定。器官功能恢复训练所必要的康复费、适当的整容费以及其他后续治疗费，赔偿权利人可以待实际发生后另行起诉。但根据医疗证明或者鉴定结论确定必然发生的费用，可以与已经发生的医疗费一并予以赔偿。

2. 误工费。误工费根据受害人的误工时间和收入状况确定。误工时间根据受害人接受治疗的医疗机构出具的证明确定。受害人因伤致残持续误工的，误工时间可以计算至定残日前一天。

受害人有固定收入的，误工费按照实际减少的收入计算。受害人无固定收入的，按照其最近 3 年的平均收入计算；受害人不能举证证明其最近 3 年的平均收入状况的，可以参照受诉法院所在地相同或者相近行业上一年度职工的平均工资计算。

3. 护理费。护理费根据护理人员的收入状况和护理人数、护理期限确定。护理人员有收入的，参照误工费的规定计算；护理人员没有收入或者雇佣护工的，参照当地护工从事同等级别护理的劳务报酬标准计算。护理人员原则上为一人，但医疗机构或者鉴定机构有明确意见的，可以参照确定护理人员人数。

护理期限应计算至受害人恢复生活自理能力时止。受害人因残疾不能恢复生活自理能力的，可以根据其年龄、健康状况等因素确定合理的护理期限，但最长不超过 20 年。受害人定残后的护理，应当根据其护理依赖程度并结合配制残疾辅助器具的情况确定护理级别。

4. 交通费。交通费根据受害人及其必要的陪护人员因就医或者转院治疗实际发生的费用计算。交通费应当以正式票据为凭；有关凭据应当与就医地点、时间、人数、次数相符合。

5. 住院伙食补助费。可以参照当地国家机关一般工作人员的出差伙食补助标准予以确定。受害人确有必要到外地治疗，因客观原因不能住院，受害人本人及其陪护人员实际发生的住宿费和伙食费，其合理部分应予赔偿。

6. 营养费。根据受害人伤残情况参照医疗机构的意见确定。

7. 残疾赔偿金。残疾赔偿金根据受害人丧失劳动能力程度或者伤残等级，按照受诉法院所在地上一年度城镇居民人均可支配收入标准，自定残之日起按 20 年计算。但 60 周岁以上的，年龄每增加 1 岁减少 1 年；75 周岁以上的，按 5 年计算。

受害人因伤致残但实际收入没有减少，或者伤残等级较轻但造成职业妨害严重影响其劳动就业的，可以对残疾赔偿金作相应调整。

8. 残疾辅助器具费。残疾辅助器具费按照普通适用器具的合理费用标准计算。伤情有特殊需要的，可以参照辅助器具配制机构的意见确定相应的合理费用标准。辅助器具的更换周期和赔偿期限参照配制机构的意见确定。

9. 丧葬费。按照受诉法院所在地上一年度职工月平均工资标准，以 6 个月总额计算。

10. 被扶养人生活费。被扶养人生活费计入残疾赔偿金或者死亡赔偿金。被扶养人生活费根据扶养人丧失劳动能力程度，按照受诉法院所在地上一年度城镇居民人均消费支出标准计算。被扶养人为未成年人的，计算至 18 周岁；被扶养人无劳动能力又无其他生活来源的，计算 20 年。但 60 周岁以上的，年龄每增加 1 岁减少 1 年；75 周岁以上的，按 5 年计算。

被扶养人是指受害人依法应当承担扶养义务的未成年人或者丧失劳动能力又无其他生活来源的成年近亲属。被扶养人还有其他扶养人的，赔偿义务人只赔偿受害人依法应当负担的部分。被扶养人有数人的，年赔偿总额累计不超过上一年度城镇居民人均消费支出额。

11. 死亡赔偿金。死亡赔偿金按照受诉法院所在地上一年度城镇居民人均可支配收入标准，按 20 年计算。但 60 周岁以上的，年龄每增加 1 岁减少 1 年；75 周岁以上的，按 5 年计算。

12. 精神损害抚慰金。赔偿权利人向人民法院请求赔偿精神损害抚慰金的，适用《最高人民法院关于确定民事侵权精神损害赔偿责任若干问题的解释》予以确定。

项目四 职工工伤与职业病致残人员人身损害的赔偿

一、认定工伤

工伤认定，必须符合一定的法律条件，首先看是否存在劳动关系，其主体有两个方面，即用人单位、劳动者。判断劳动关系是否存在，主要看用人单位与劳动者之间有无签订劳务合同；没有签订劳务合同的是否形成了事实劳务关系。其次看是否有伤情存在，如损伤、伤残、死亡等。

2011 年 1 月 1 日起施行的《工伤保险条例》规定，职工有下列情形之一的，应当认定为工伤：①在工作时间和工作场所内，因工作原因受到事故伤害的；②工作时间前后在工作场所内，从事与工作有关的预备性或者收尾性工作受到事故伤害的；③在工作时间和工作场所内，因履行工作职责受到暴力等意外伤害的；④患职业病的；⑤因工外出期间，由于工作原因受到伤害或者发生事故下落不明的；⑥在上下班途中，受到非本人主要责任的交通事故或者城市轨道交通、客运轮渡、火车事故伤害的；⑦法律、行政法规规定应当认定为工伤的其他情形。

同时还规定了可以视为工伤的情形，包括：①在工作时间和工作岗位，突发疾病死亡或者在 48 小时之内经抢救无效死亡的；②在抢险救灾等维护国家利益、公共利益活动中受到伤害的；③职工原在军队服役，因战、因公负伤致残，已取得革命伤残军人证，到用人单位后旧伤复发的。职工有①②情形的，按照《工伤保险条例》的有关规定享受工伤保险待遇；职工有③情形的，按照《工伤保险条例》的有关规定享受除一次性伤残补助金以外的工伤保险待遇。

二、工伤致残的赔偿原则

社会保险是保障劳动者基本生活需求的一种社会保障制度，带有一定的立法强制性，主内容包括养老保险、医疗保险、工伤保险等。工伤保险是对因工致伤或职业病致残造成劳动力丧失者给予工资补偿、医疗护理、伤残补偿及生活照顾；若因工伤（或职业病）死亡者，对其供养直系亲属给予丧葬、抚恤费等。它是社会保障体系中最基本的内容。

（一）工伤保险的原则

1. 无责任补偿原则。因工负伤，无论责任在雇主、个人或第三者，受伤者都应得到经济补偿。

2. 区别因工与非因工的工伤原则。非因公负伤基本上与工作无关，保险待遇属补助、救济性质，明显低于工伤。故区别因工与非因工是建立工伤保险的前提条件。

3. 补偿工资损失原则。

4. 工伤保险基金原则。工伤保险基金是通过立法强制征收的企业工伤保险费，而个人不缴费。这最大限度保障了劳动者的权利。

5. 补偿与预防相结合的原则。工伤保险的目的是工伤补偿，但更重要的是预防事故，以及进行医疗康复和职业康复。

职工因工负伤治疗，享受工伤医疗待遇，即所需的挂号费、住院费、医疗费、药费、就医路费全额报销。若住院治疗，还应给予住院伙食补助费。职工因工负伤需停止工作接受治疗的，实行工伤医疗期，在此期间内停发工资，按月发给工伤津贴（相当于本人受伤前 12 个月的月平均工资收入。一般为 1 个月~24 个月，最长不超过 36 个月）。工伤医疗期满或评定伤残等级后停发工伤津贴，改为享受伤残待遇。

（二）工伤致残的赔偿

《工伤保险条例》规定，职工因工作遭受事故伤害或者患职业病进行治疗，享受工伤医疗待遇。职工治疗工伤应当在签订服务协议的医疗机构就医，情况紧急时可以先到就近的医疗机构急救。治疗工伤所需费用符合工伤保险诊疗项目目录、工伤保险药品目录、工伤保险住院服务标准的，从工伤保险基金支付。职工住院治疗工伤的伙食补助费，以及经医疗机构出具证明，报经办机构同意，工伤职工到统筹地区以外就医所需的交通、食宿费用从工伤保险基金支付，基金支付的具体标准由统筹地区人民政府规定。工伤职工治疗非工伤引发的疾病，不享受工伤医疗待遇，按照基本医疗保险办法处理。工伤职工到签订服务协议的医疗机构进行工伤康复的费用，符合规定的，从工伤保险基金支付。

工伤职工因日常生活或者就业需要，经劳动能力鉴定委员会确认，可以安装假肢、矫形器、假眼、假牙和配置轮椅等辅助器具，所需费用按照国家规定的标准从工伤保险基金支付。职工因工作遭受事故伤害或者患职业病需要暂停工作接受工伤医疗的，在停工留薪期内，原工资福利待遇不变，由所在单位按月支付。停工留薪期一般不超过 12 个月。工伤职工评定伤残等级后，停发原待遇，按照有关规定享受伤残待遇。工伤职工在停工留薪期满后仍需治疗的，继续享受工伤医疗待遇。生活不能自理的工伤职工在停工留薪期需要护理的，由所在单位负责。

工伤职工已经评定伤残等级并经劳动能力鉴定委员会确认需要生活护理的，从工伤保险基金按月支付生活护理费。生活护理费按照生活完全不能自理、生活大部分不能自理或者生活部分不能自理三个不同等级支付，其标准分别为统筹地区上年度职工月平均工资的 50%、40% 或者 30%。职工因伤致残后，依据鉴定出的不同伤残等级，明确其享受不同待遇。

劳动、聘用合同期满终止，或者职工本人提出解除劳动、聘用合同的，由工伤保险基金支付一次性工伤医疗补助金，由用人单位支付一次性伤残就业补助金。一次性工伤医疗补助金和一次性伤残就业补助金的具体标准由省、自治区、直辖市人民政府规定。

项目五　人身损害赔偿案例分析

【案例一】王某，男，63 岁，因交通事故受伤，经交警确认肇事方负全部责任。王某的伤情为"①创伤性小肠破裂；②急性弥漫性腹膜炎；③腰 1 椎体骨折"，并行开腹探查术+小肠破裂修补术+肠系膜修补等治疗，共计住院 15 天。伤后 4 个月经司法鉴定机构鉴定，依照《人体损伤致残程度分级》评定其伤残等级为九级、十级伤残；护理期 60 天，误工期 120 天，营养期 60 天。现王某向肇事方及其保险公司提出索赔，其民事赔偿包括哪些常见项目？

1. 医疗费，根据其治疗实际花销情况，凭发票主张。

2. 住院伙食补助费：假设当地的伙食补助标准是 100 元/天，其损失即为 100 元/天×15 天＝1 500 元。

3. 营养费：一般根据受害人伤残情况参照医疗机构的意见确定，实践中往往按其医疗费用的 10%主张。

4. 护理费：假设当地的护理费标准是 200 元/天，其住院期间的护理费为 200 元/天×15 天＝3000 元；其出院后护理级别为部分护理依赖，赔偿按标准的 50%计算，为 200 元/天×（60 天−15 天）×50%＝4500 元。

5. 误工费：本案中王某虽年过六旬，但是其主张误工损失的主要因素是因不能正常工作而造成预期财产利益损失。误工费根据受害人的误工时间和收入状况确定，误工时间根据受害人接受治疗的医疗机构出具的证明确定。

6. 交通费：如有票据依票据主张，如没有票据，假设当地的赔偿标准为 10 元/天，即10 元/天×15 天＝150 元。

7. 残疾赔偿金：王某现年 63 岁，赔偿年限为即 17 年。其残疾等级为九级、十级，因此此处的赔偿系数即 21%[1]，假设当地标准为 50 000 元/年，其损伤即为 50 000 元/年×17 年×21%＝178 500 元。

以上，即王某的常见民事赔偿项目，另如精神损害抚慰金等，并没有统一标准，需根据各地的司法环境及赔偿政策具体分析。本案不涉及残疾辅助器具费、被扶养人生活费。

【案例二】黄某，男，35 岁，因交通事故死亡，事故经交警认定，黄某承担本事故主要责任。黄某父亲 68 岁，母亲 66 岁，黄某有七个兄弟姐妹，并育有一个儿子 15 岁。其民事赔偿包括哪些项目？

---

〔1〕 根据《人体损伤致残程度分析》将人体损伤致残程度划分为 10 个等级，从一级（人体致残率 100%）到十级（人体致残率 10%），每级致残率相差 10%。如每增加一个附加等级，赔偿系数增加 1%。

1. 死亡赔偿金：假设当地标准为 50 000 元/年，即 50 000 元/年×20 年＝1 000 000 元。

2. 丧葬费：假设当地标准为 90 000 元/年，即 90 000 元/年÷2＝45 000 元。

3. 被扶养人生活费：

（1）母亲：现年 66 岁，需赔偿 14 年，且黄某有七个兄弟姐妹，其承担的抚养义务为 1/7，假设当地标准为 30 000 元/年，即 30 000 元/年×14 年×1/7＝60 000 元。

（2）父亲：现年 68 岁，需赔偿 12 年，且黄某有七个兄弟姐妹，其承担的抚养义务为 1/7，假设当地标准为 30 000 元/年，即 30 000 元/年×12 年×1/7＝51 428 元。

（3）儿子：现年 15 岁，需赔偿 3 年，夫妻双方共同承担抚养义务，因此黄某承担的抚养义务为 1/2，假设当地标准为 30 000 元/年，即 30 000 元/年×3 年×1/2＝45 000 元。

4. 家属办理丧葬事宜误工费、交通费、住宿费，可按相应标准计算。

5. 精神损害抚慰金。

由于黄某承担事故的主要责任，肇事方承担次要责任，因此在计算赔偿总金额时，还要考虑责任比例问题。车辆强制保险（即交强险）的死亡伤残赔偿限额为 110 000 元，并不分责任比例。超出交强险部分则商业第三者责任险赔偿，该部分需按责任比例赔偿，次要责任一般赔付 30%。

启发与思考

1. 人身损害赔偿的分类？

2. 道路交通事故人身损害赔偿包括哪些常见项目？

颅脑损伤鉴定

📖 **学习目标**

1. 知识目标：了解颅脑的解剖生理特点，掌握头皮损伤、颅骨骨折、脑损伤及颅脑损伤后遗症的临床特点，熟悉颅脑损伤法医鉴定的基本程序及相关鉴定标准的运用。

2. 能力目标：熟悉颅脑损伤的特点，初步掌握颅脑损伤鉴定的工作能力。

📖 **内容结构**

1. 颅脑解剖生理概述。

2. 颅脑损伤的分类。

3. 头皮损伤及法医鉴定。

4. 颅骨骨折及法医鉴定。

5. 脑损伤及法医鉴定。

6. 颅脑损伤后遗症及法医鉴定。

7. 综合案例分析。

8. 技能训练。

📖 **导读**

颅脑损伤是法医临床鉴定中常见的损伤情形。头部不仅是斗殴时打击的目标，也是交通事故、生产事故和生活中意外损伤的常见部位。颅脑损伤包括头皮损伤、颅骨损伤和脑损伤，三者既同时存在，也可单独发生，其中以脑损伤最为复杂和重要。司法鉴定实践中涉及脑损伤遗留瘫痪、精神功能障碍、视觉功能障碍、听觉功能障碍、失语、性功能障碍等更是法医学鉴定的难点问题。掌握颅脑损伤的特点、机制、伤后表现及法医学鉴定是实践中解决相关问题的关键。

项目一 颅脑解剖生理概述

颅脑位于脊柱上方，颅脑由外向内，依次为头皮、颅骨、脑膜、脑组织。颅脑主要包括大脑、小脑、脑干、间脑，其中大脑又称为端脑，是人体神经中枢，管辖人体的躯体活动、精神活动以及感觉行为等；脑干和小脑位于后颅窝的位置，脑干自上而下分为中脑、脑桥、延髓，脑干又称为生命中枢，其是管辖呼吸和循环的初级生命中枢。其中大脑分为5个脑叶，分别是额叶、顶叶、颞叶、枕叶以及内侧面的岛叶。脑是人类产生意识、情感等高级思维活动的器官，也是调节全身各系统以适应外界环境的最高中枢。

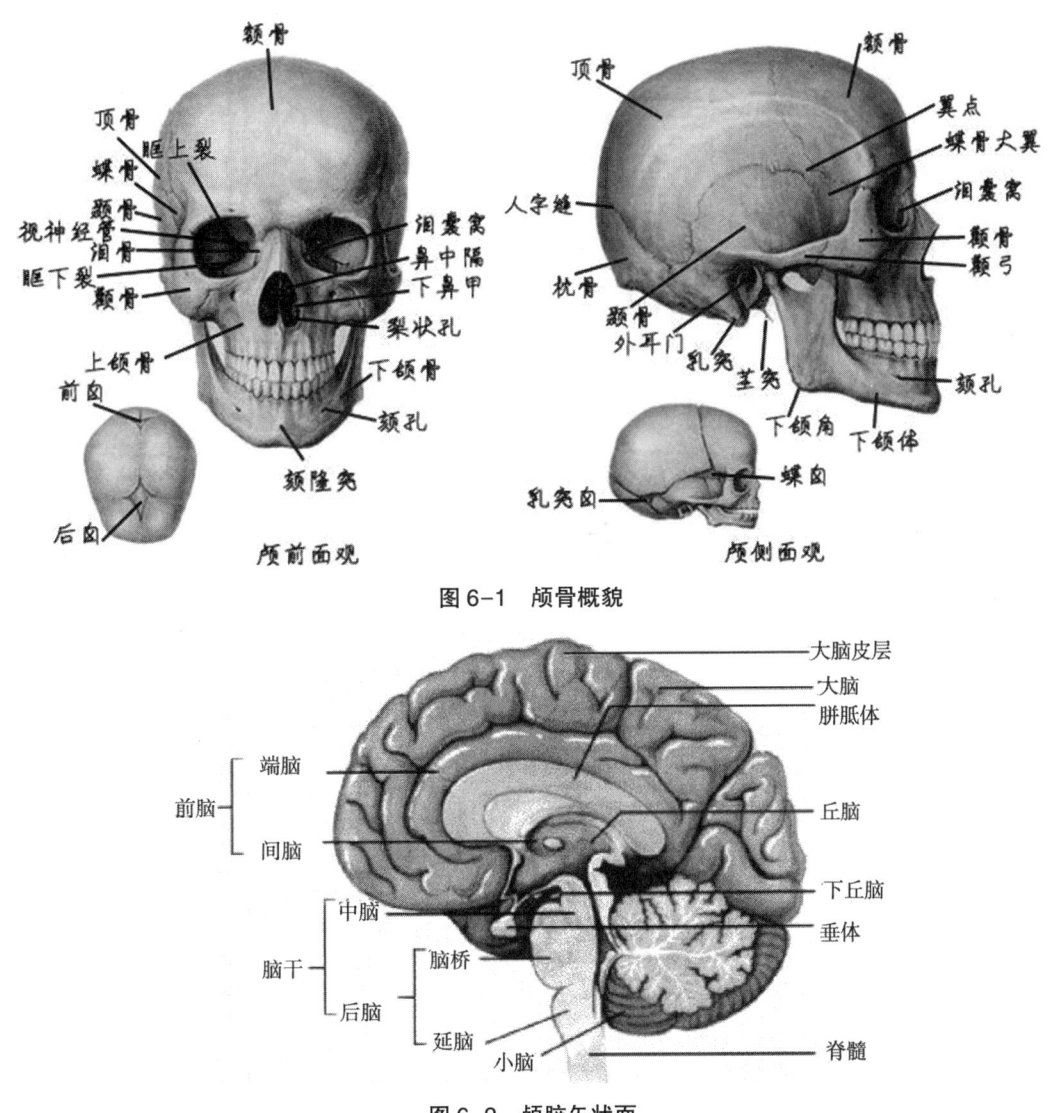

图 6-1 颅骨概貌

图 6-2 颅脑矢状面

项目二 颅脑损伤的分类

颅脑损伤常见的临床症状、体征有：头痛、意识障碍、呕吐、头晕与眩晕、失语、肢体瘫痪等。

按组织结构的完整性分为开放性和闭合性颅脑损伤，如颅骨骨折与外界相通称为开放性颅骨骨折，脑与外界相通称为开放性颅脑损伤。

由于颅脑损伤的复杂性，采用综合分类方法，分为原发性损伤、继发性损伤、颅脑损伤并发症和后遗症。

国际上，根据格拉斯哥昏迷评分法（GCS）判定颅脑损伤的轻重：轻型（13~15分）、中型（9~12分）、重型（3~8分）。

目前，国内临床上普遍采用的脑损伤分级方法，将脑损伤分为四型：①轻型：指单纯脑震荡，有或无颅骨骨折，昏迷在半小时以内，有轻度头痛、头晕等自觉症状，神经系统检查无明显改变。②中型：指轻型脑挫裂伤或颅内小血肿，有或无颅骨骨折及蛛网膜下腔出血，无脑受压征，昏迷在6小时以内，有轻度的神经系统阳性体征和轻度生命体征改变。③重型：指广泛颅骨骨折，广泛脑挫裂伤，脑干损伤或颅内血肿，昏迷在6小时以上，意识障碍逐渐加重或出现再昏迷，有明显的神经系统阳性体征和明显生命体征改变。④特重型：指原发性脑损伤特别严重，伤后立即深昏迷，呈去大脑强直状态，或伴有其他部位脏器损伤、休克等情况；或已有晚期脑疝表现，包括双侧瞳孔散大、生命体征严重紊乱，或呼吸已近停止等。

项目三　头皮损伤及法医鉴定

一、损伤原因与机制

头皮被覆盖于头颅骨的软组织，是抵御外界暴力的表面屏障，是最为常见的颅脑损伤之一。头皮从外至内依次为皮肤、皮下组织、帽状腱膜、帽状腱膜下层、骨膜。头皮损伤主要为机械性损伤，直接作用所致包括打击作用、撞击作用、挤压作用、牵拉作用和骨折断端的刺破作用。锐器造成头皮损伤少见，常见于伤害案件的刀砍伤、刺伤等。

二、临床表现

头皮损伤多位于颅脑表面保利直接作用部位，常见的损伤为擦伤、挫伤、裂伤、撕脱伤和头皮血肿。头皮血肿是闭合性损伤，多合并其他损伤，如头皮挫伤、颅骨骨折等，根据其解剖位置不同，可以分为皮下血肿、帽状腱膜下血肿和骨膜下血红三种类型。

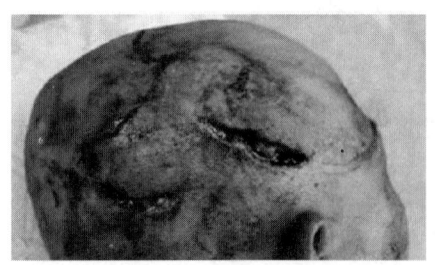
图6-3　头皮裂伤

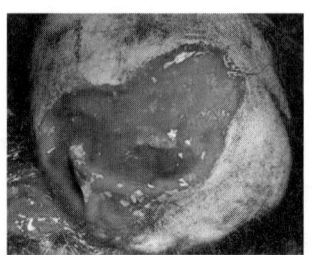
图6-4　头皮撕脱伤

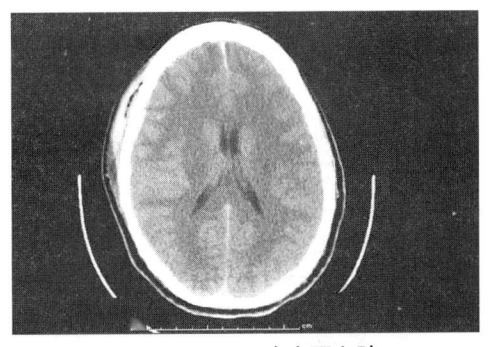

图 6-5　CT 示头皮下血肿

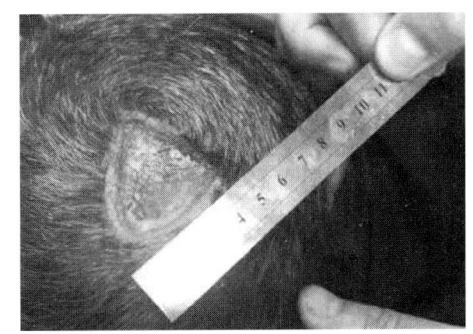

图 6-6　头皮缺失

三、法医学鉴定

1. 损伤认定：头皮损伤一般根据物理检查可明确，但头皮血肿、帽状腱膜下血肿则需结合 CT 或 MRI。开放性损伤局部可见创口或瘢痕，闭合性损伤主要根据损伤当时所见或临床病历资料记载分析判断。

2. 损伤程度鉴定：依据损伤的性质、损伤程度进行鉴定。如按《人体损伤程度鉴定标准》规定，头皮挫伤、创口或瘢痕、擦伤面积 5.0cm^2 以上或头皮下血肿均鉴定为轻微伤；头皮创口或瘢痕长度累计 8.0cm 以上、撕脱面积累计 20.0cm^2 以上、缺损面积累计 10.0cm^2 以上和帽状腱膜下血肿范围 50.0cm^2 以上鉴定为轻伤二级；等等。

3. 伤残等级鉴定：根据头皮瘢痕、缺损的大小及对体貌等影响程度进行鉴定。如按《人体损伤致残程度分级》规定，头皮瘢痕形成或者无发毛，累计面积达 40.0 cm^2 即构成十级伤残，若瘢痕累计面积达头皮面积 50% 则构成九级伤残。

项目四　颅骨骨折及法医鉴定

颅脑分为脑颅和面颅，脑颅骨包括额骨、颞骨、顶骨、枕骨、筛骨、蝶骨，构成颅腔。颅骨骨折根据发生的部位分为颅盖骨骨折和颅底骨折，其中，发生颅盖骨的骨折在头部损伤中较为常见。

一、颅盖骨骨折

（一）损伤原因与机制

颅骨具有一定的弹性，暴力作用于颅盖，着力部位颅骨发生弯曲变形，超过起弹性限度时，则可发生颅盖骨骨折。以额骨、顶骨骨折常见，颞骨、枕骨次之。

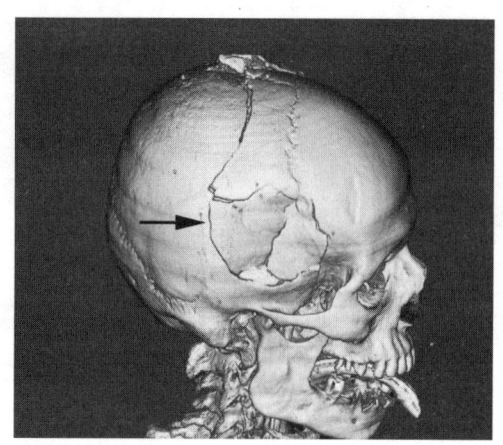

图 6-7　三维成像显示颅骨骨折

（二）临床表现

1. 线性骨折为暴力造成颅骨内、外板同时断裂而无塌陷，其存在多条骨折线时，第二次打击形成的骨折线不通过第一次打击形成的骨折线。

2. 凹陷性骨折见于接触面积小而暴力大且持续作用于颅骨的情况，颅骨骨折向颅腔内凹陷，大面积凹陷骨折导致颅内压增高或压迫重要脑功能区，引起神经系统症状或癫痫时，需手术治疗。

3. 粉碎性骨折常为较大暴力或重复打击形成，可伴有严重的或对冲性脑损伤。

4. 孔状骨折为弹头、刺器等作用面积较小、外力大作用于颅骨形成，常造成开放性颅脑损伤。

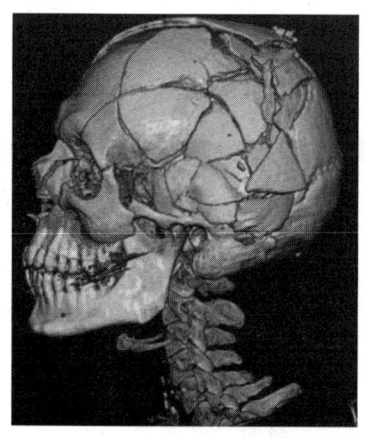

6-8　颅骨粉碎性骨折

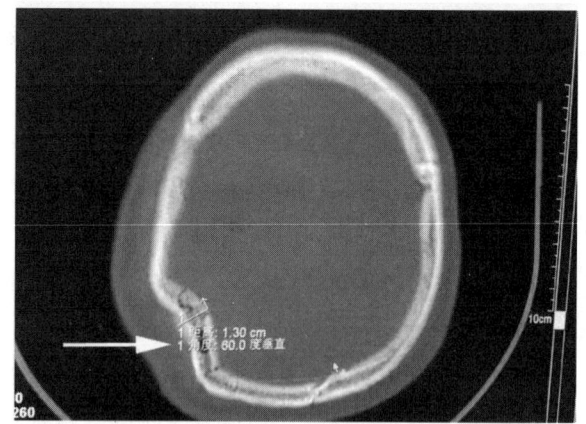

图 6-9　颅骨凹陷性骨折

二、颅底骨折

（一）损伤原因与机制

颅底骨折多由颅骨骨折延伸至颅底所致，或头部挤压造成颅骨变形使颅底薄弱处发生骨折。颅底骨折以线性骨折为主。

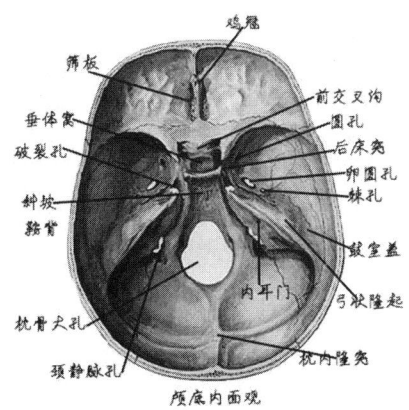

图 6-10　颅底骨解剖图

（二）临床表现

颅底骨折分为颅前窝、中窝、后窝骨折。

1. 颅前窝骨折。多为暴力作用于前额、面部，骨折累及眶骨和筛板时，出血可经鼻孔流出或流入眶内形成"熊猫眼"，伴有硬脑膜破裂时，可有脑脊液从鼻孔流出，形成脑脊液鼻漏；骨折累及筛板或视神经管，可出现嗅觉、视力功能障碍。

2. 颅中窝骨折。常见暴力作用颞部、耳后形成，骨折累及境内动脉的海绵窦破裂可形成动静脉瘘，骨折损伤面神经、听神经可出现面瘫、听力障碍，骨折累及脑膜、鼓膜破裂可形成脑脊液耳漏；空气可经骨折进入颅腔，形成颅内积气。

3. 颅后窝骨折。可见于来自脊柱的上传外力所致的骨折，造成枕骨大孔骨折并伤及颈髓、延髓、小脑和后组脑神经，而出现相应的临床表现。骨折累及颞骨岩部后外侧时，可引起乳突皮下出血（Battle 征）。

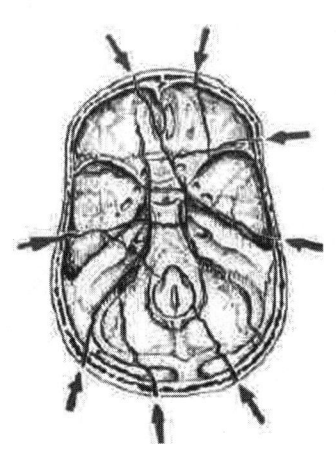

图 6-11　颅底骨折示意图

三、法医学鉴定

1. 损伤认定：根据颅脑外伤史、损伤后的临床表现及影像学检查结果作为损伤认定的主要依据。

2. 损伤程度鉴定：《人体损伤程度鉴定标准》主要依据颅骨骨折严重程度及是否伴有神经功能障碍或手术治疗进行鉴定。如颅骨骨折即构成轻伤二级；颅骨凹陷性或粉碎性骨折及颅底骨折伴脑脊液漏即构成轻伤一级。

3. 伤残等级鉴定：《人体损伤致残程度分级》主要依据损伤后颅骨缺损面积进行伤残等级划分。如颅骨缺损 25.0cm² 以上，不宜或者无法手术修补构成九级伤残。

项目五　脑损伤及法医鉴定

脑损伤是指暴力作用于头部所引起的脑组织结构破坏和功能障碍。脑损伤按损伤机制和病理过程分为原发性脑损伤（脑震荡、脑挫裂伤等）、继发性脑损伤（颅内出血、脑梗死、脑水肿、硬膜下积液等）、迟发性脑损伤（迟发性脑内血肿）。按照脑组织是否与外界相通分为开放性、闭合性颅脑损伤。

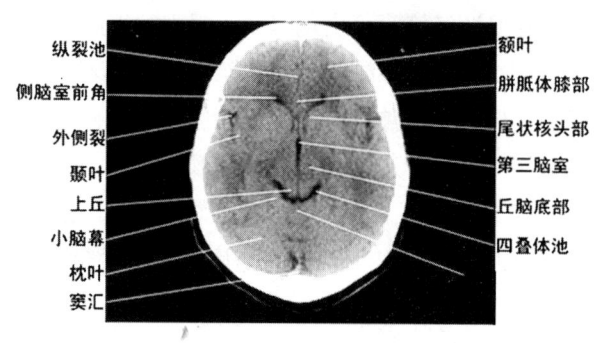

图 6-12　CT 显示正常脑组织

一、损伤原因与机制

（一）原发性脑损伤

1. 脑震荡。一般指头部受外力作用后，即可发生的中枢神经系统一过性功能障碍，形态学上无肉眼可见的异常改变，神经系统检查无器质性体征的一种情况。当头部处于自由状态时受外力作用，产生加速、减速或旋转运动时，可以发生脑震荡。

2. 脑挫裂伤。脑挫裂伤是脑挫伤和脑裂伤的统称，是外力作用于头部造成的原发性脑组织器质性损伤。根据脑挫裂伤部位与头部受力部位的关系，分为冲击伤、对冲伤、中间性挫伤。

冲击伤是发生在头部着力点处的脑皮质表面或浅层挫裂伤。对冲伤是发生在头部受力部位对侧脑皮质表面或浅层的挫裂伤（见图6-13）。

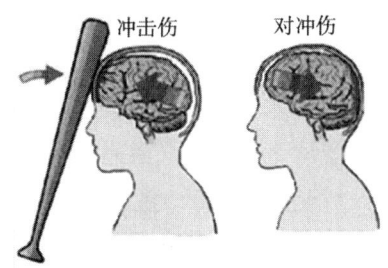

图 6-13　脑挫裂伤形成机制

中间性脑挫裂伤是发生在脑深部的损伤，位于冲击伤和对冲伤之间，因直线加、减速运动所产生的损伤应在外力作用的方向上，因旋转运动所产生的损伤可发生在任何部位。

3. 脑干损伤。脑干损伤包括中脑、脑桥和延髓的损伤。钝性外力直接作用头部，脑在颅腔内因惯性而做相对运动，脑干与斜坡、小脑幕切迹游离缘和枕骨大孔等处摩擦、撞击，造成脑干不同部位的损伤；外力作用头部使大脑在颅内发生旋转，脑干发生扭曲或受到牵拉而受损；颈部过伸或挥鞭样损伤造成脑干受牵拉而被伤；枕骨大孔处骨折片可直接损伤脑干；各种原因引起脑疝压迫也可致脑干损伤。

4. 弥漫性轴索损伤（DAI）。指钝性外力作用于头面部所致的弥漫性脑白质损伤，是一种原发性器质性脑损伤。一般认为是由于头颅的瞬间旋转使脑在惯性驱导下作非线性加、减速运动，脑组织内产生剪切和（或）牵拉作用，使神经纤维过度牵拉或扭曲，而发生广泛性轴索损伤。病变可分布于大脑半球、胼胝体、脑干和小脑。

（二）继发性脑损伤

1. 颅内出血、血肿。颅脑损伤后继发颅内出血，出血积聚于某一部位并达到一定体积或造成脑受压而出现相应的临床表现时，称为颅内血肿。颅内出血、血肿是最常见、最危险的继发性颅内损伤。一般认为幕上出血大于20ml，幕下出血大于10ml，称为血肿，少于该量则称为出血。

按出血或血肿发生部位的不同，可分为硬脑膜外血肿、硬脑膜下血肿、蛛网膜下腔出血和脑内血肿；按血肿引起颅内压增高或早期脑疝症状所需时间，可以分为急性（3天内）、亚急性（3天~3周）、慢性（3周以上）三种类型。

（1）硬脑膜外血肿是颅内出血聚积于颅骨与硬脑膜之间而形成的血肿，受力部位的颅骨骨折或颅骨的短暂变形撕破位于颅骨沟槽内的硬脑膜动脉或静脉窦引起出血，或骨折处板障出血。由于颅盖的硬脑膜于颅骨附着轻松，易于分离，颅底部硬脑膜于颅骨附着较紧，所以多发生于颅盖部。

（2）硬脑膜下血肿是颅内出血聚积于硬脑膜下腔而形成的血肿，可表现为急性、亚急性或慢性。急性和亚急性形成机制基本相同，大多数为脑挫裂伤所致的大脑皮层动脉或静脉破裂或脑内血肿穿破皮层流入硬脑膜下腔。好发于额、颞部，为对冲性脑挫裂伤所致；单纯性血肿少见，为桥静脉损伤所致。慢性硬膜下血肿好发于 50 岁以上老人，本身患有血管性或出血性疾病，可能与老年性脑萎缩的颅内空间相对增大有关，头部受外力作用时，脑与颅骨产生相对运动，使进入上矢状窦的桥静脉撕裂出血，出血聚积于硬脑膜下腔。

（3）脑内血肿是脑实质内出血形成的血肿。根据临床症状出现的时间，分为急性和迟发性两类。急性脑内血肿分为浅、深两类，浅层血肿位于脑挫裂伤附近或伤灶裂口中，深层系脑受力变形或剪切作用于深部血管破裂出血所致。

迟发性脑内血肿是伤后第一次颅脑检查未发现脑内血肿，经过一段时间后发现脑内血肿，或在原无血肿的部位出现了新的血肿。形成机制可能为受伤当时血管非全层破裂，损伤后局部二氧化碳蓄积、酶的副产物释放、自由基与脑血管痉挛等因素使血管损伤进行性加重，最后血管破裂出血形成迟发性脑内血肿。

（4）蛛网膜下腔出血（SAH）是指软脑膜或蛛网膜下腔内的血管破裂出血。外伤性蛛网膜下腔出血常与脑挫裂伤或硬脑膜下血肿同时存在，仅为脑损伤的一个伴随表现。外力作用于头部、下颌、颈部、项部及挥鞭样损伤均可引起 SAH。

2. 外伤性脑水肿。是脑组织对致伤因素的一种反应。外力作用于头部引起的脑组织细胞内、外水含量增多和脑体积增大。研究认为，外力作用破坏了脑血液循环的调节功能，使血流变慢、组织缺氧、血管壁通透性增高，液体由血管内进入组织间隙，称为细胞外水肿。脑内血流减慢造成缺氧和代谢产物潴留，细胞内钠离子增加使水分进入细胞，称为细胞内水肿。

3. 外伤性硬脑膜下积液。外力作用于头部造成蛛网膜破裂，使脑脊液流入并积聚于硬脑膜下腔。有急性和慢性两种。硬脑膜下积液常继发于较重的颅脑损伤，目前多认为在颅脑外伤过程中，由于侧裂池、视交叉池及脑表面的蛛网膜破裂，大量脑脊液经破裂口流入蛛网膜下腔，同时在破裂口处的蛛网膜形成活瓣，从而使得脑脊液容易进入硬脑膜下腔，但不能回流，或脑脊液进入硬脑膜下腔后破裂口被血凝块堵塞，形成张力性液体潴留。

4. 外伤性脑梗死。头部或颈部外伤引起脑血管堵塞或闭塞所致的脑组织缺血性坏死称为外伤性脑梗死。颅内血肿、脑水肿等压迫脑可导致脑血管扭曲、牵拉或刺激致脑血管痉挛、狭窄而导致脑缺血梗死。外力造成颈部动脉或脑内血管内膜损伤，激活内、外源性凝血系统，促进血栓形成。外伤后颅内压增高使脑血管灌注量下降、脑血流缓慢、淤滞，也有助于血栓形成。脑血管血栓形成可以导致脑缺血。

5. 脑损伤并发症。脑损伤常见的并发症包括脑神经损伤，颅内积气，脑脊液漏、颅脑外伤后感染等。脑神经损伤多见于颅底骨折，其次为血肿压迫、脑在颅内移动时牵拉损伤、火器直接损伤。开放性颅骨骨折或含气颅骨发生骨折均可造成颅内积气。外伤性脑脊液漏多见于颅底骨。颅脑外伤后感染是颅脑外伤后发生于颅内、外的化脓性炎症，包括头皮感染、颅骨骨髓炎、脑膜炎和脑脓肿等。细菌侵入脑组织或污染物经开放性颅脑损伤伤道进入脑组织，同时又因附近的液化脑组织、血凝块等成为细菌的良好培养基。

二、临床表现

（一）原发性脑损伤

1. 脑震荡：伤后立即出现意识障碍，可伴有头痛、头晕等症状，通常短期内自行恢复。神经系统检查无阳性体征，头部 CT 或 MRI 检查正常。

2. 脑挫裂伤：临床表现有意识模糊、嗜睡、昏迷等意识障碍、恶心呕吐、偏瘫、抽搐、失语等局灶症状和体征、颈项强直等脑膜刺激征、可出现短暂脉搏细数、血压偏低和呼吸缓慢等生命体征变化。脑挫裂伤影像学中 CT 扫描显示脑实质内有片状或散在混合密度影或低密度影，MRI 扫描显示脑实质内可见点片状异常信号影，水肿和软化表现为长 T1、T2 信号。脑软化灶为脑挫裂伤后坏死的脑组织及血肿经吸收或清除后形成空腔，在 CT 上可见原脑挫裂伤部位出现低密度影（见图 6-14、图 6-15）。

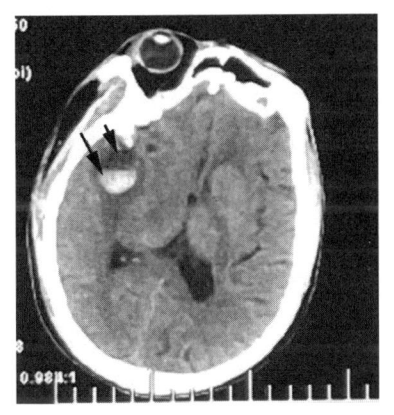
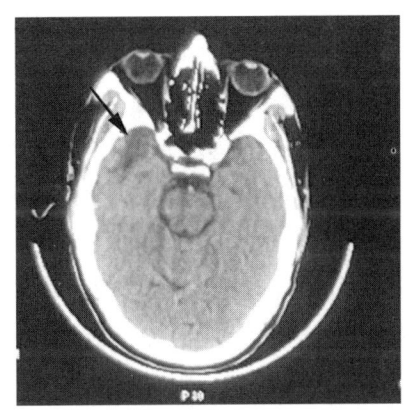

图 6-14 脑挫裂伤　　　　图 6-15 脑软化灶

3. 脑干损伤：临床表现有昏迷，中脑损伤时，两侧瞳孔散大，或大小不一，或两侧瞳孔交替变化，时大时小，对光反射消失等，去大脑强直（四肢强直、肌张力增高、颈项部后仰）等，生命体征的变化；损伤累及延髓时，可在伤后立即或很快出现自主呼吸停止（或在停止前先有呼吸深快，继之深慢，再变为不规则），中枢性瘫痪、吞咽困难等。CT 和 MRI 可见脑干神经组织水肿、出血、挫裂或软化等。

4. DAI：伤后立即出现持续性昏迷，部分可有中间清醒期，严重者为不可恢复性昏迷，直至死亡。若损伤累及脑干，可有一侧或双侧瞳孔散大，对光反射消失，或同向凝视。若额叶或边缘系统受损，可导致外伤性精神障碍；若皮质脊髓束、内侧丘系或脊髓丘脑束受损，可导致相应的躯体运动或感觉障碍。CT 显示弥漫性双侧脑水肿、灰白质交界不清，大脑灰质与白质交界处、胼胝体、脑干、内囊区域或第三脑室周围有多个点状或小片状出血灶，脑室、脑池、脑沟及蛛网膜下腔变窄或消失，中线结构无移位。MRI 可见脑白质内单发或多发的小挫伤灶或小出血灶，大多为非出血性。

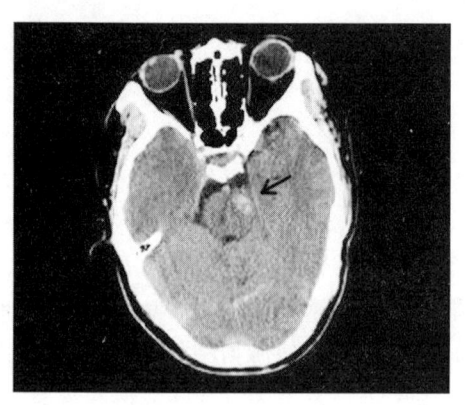

图 6-16　脑干挫裂伤

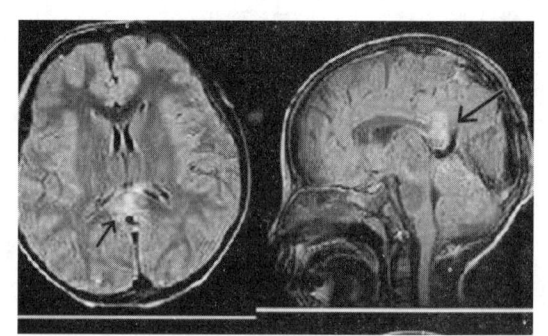

图 6-17　胼胝体轴索弥漫性损伤

（二）继发性脑损伤

1. 硬脑膜外血肿：临床表现为意识障碍（原发性昏迷→中间清醒期→二次昏迷），剧烈头痛，呈进行性加重，伴恶心、呕吐。颅内压增高，受压部位不同，出现相应的体征。瞳孔变化：小脑幕切迹疝患侧动眼神经受刺激患侧瞳孔缩小、随着动眼神经和中脑受压患侧瞳孔进行性散大，随之出现眼睑下垂和对侧瞳孔散大，进行性血压升高、心率减慢和体温升高等生命体征变化。急性期 CT 表现为颅骨内板下的"双凸形"高密度影，脑室可受压变形，中线结构可移位，2 周以上呈略高密度、等密度或低密度。MRI 表现为颅骨内板下双凸形异常信号影。

2. 硬脑膜下血肿：由于急性、亚急性硬脑膜下血肿多为复合型损伤，故与脑挫裂伤临床表现相似。颅内压增高与脑疝的其他征象，在 1 天~3 天内进行性加重，属急性型，如在受伤 72 小时以上出现，则属亚急性型。慢性硬膜下血肿常在轻微头部外伤后数月出现症状，以颅内压增高症状为主，可有恶心呕吐等。急性硬膜下血肿 CT 可见颅骨内板下呈"新月形"高密度影，亚急性为高密度、等密度或低密度影，慢性表现为低密度、混合密度、等密度和高密度四种类型。

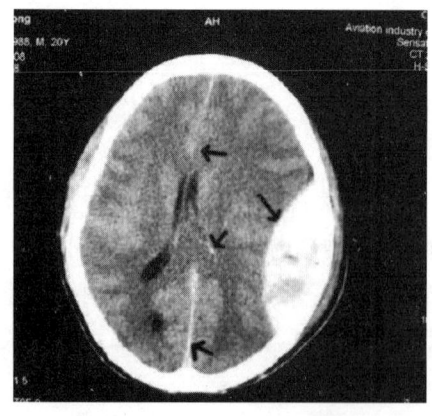

图 6-18　硬膜外血肿（脑中线向右偏移、
侧脑室受压、蛛网膜下腔出血）

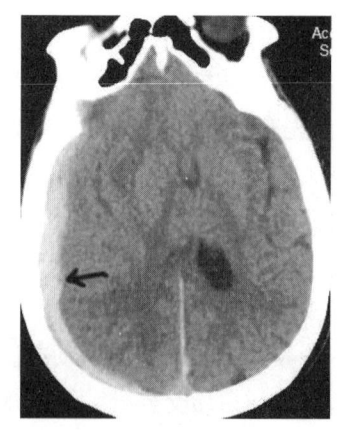

图 6-19　硬膜下血肿

3. 脑内血肿：急性脑内血肿与急性硬膜下血肿临床表现相似。迟发性脑内血肿主要临床表现为头部外伤后经历一段病情稳定期后，出现意识障碍进行性加重等颅内增高表现。

4. 外伤性 SAH：伤后出现剧烈的头痛、恶心、呕吐、颈项痛，严重者可出现昏迷、颈项强直等表现。

5. 外伤性脑水肿：临床表现主要是颅内压增高的表现，如头痛、呕吐和视物模糊等。常在伤后逐渐加重，到伤后第 3 天~4 天发展到高峰，若不缓解，因颅内压持续升高而发生昏迷、脑疝。如果出现局灶性定位体征，说明脑损伤在进行加重。脑 CT 和 MRI 检查表现为脑体积增大、脑沟变浅、脑室变小等局限性或弥漫性脑肿胀的改变。

6. 外伤性硬脑膜下积液：临床表现主要表现为颅内压增高症状，也可出现局部脑受压表现，但程度较轻。CT 表现为硬膜下腔有新月形脑脊液的密度影，MRI 在 T1、T2 加权上均为高信号影。

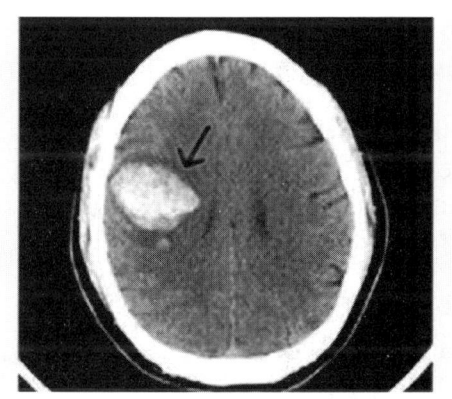　　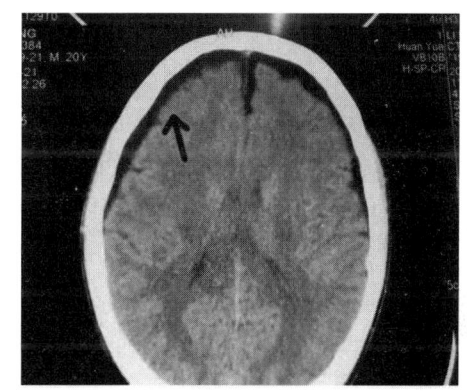

图 6-20　脑内血肿　　　　　　　　　　　图 6-21　硬膜下积液

7. 外伤性脑梗死：临床表现起病急骤，在 1 天~2 天内脑损害症状达到高峰，大多数病人在数周内可有不同程度的明显恢复。此后，功能进一步缓慢恢复。起病时可有轻度头痛，可能由于侧支循环血管代偿性扩张所致，少数部位梗死有意识障碍，椎-基底动脉系统梗死，可在梗死发生时即出现意识不清；大脑半球较大范围梗死，缺血和水肿可影响间脑和脑干功能，在梗死发生后不久出现意识障碍。

因脑梗死部位和范围的不同，可出现不同局灶症状。常见的局灶症状有偏瘫、感觉障碍和失语。此外可有嗅觉、视觉障碍、眩晕、构音障碍或共济失调等。CT 扫描可见楔形、三角形或不规则的低密度灶，部位及范围与颅内血管供血区一致。MRI 检查主要表现为 T1 低信号和 T2 高信号。但 24 小时以内的脑梗死灶 CT 扫描多为阴性，普通 MRI 大多在梗死发生 6 小时后才有阳性结果，弥散加权成像较传统的 MRI 对急性缺血性脑梗死具有更高的敏感性。

8. 脑神经损伤：脑神经直接损伤时，伤后立即出现受损神经功能的障碍，表现出相应的临床症状与体征；因血肿等压迫原因造成脑神经损伤时，神经功能障碍一般出现较晚。

（1）嗅神经损伤：伤后即出现一侧或双侧嗅觉减退或丧失，如为部分嗅觉障碍，随时间延长可有不同程度的恢复，如为完全丧失，且持续时间在 2 个月以上，一般难以恢复。

（2）视神经损伤：伤后即出现一侧或双侧视力下降或失明，或经数日后视力呈进行性下降，瞳孔直接对光反射消失，间接对光反射存在。颅内压增高时可引起视盘水肿。视盘颜色早期可正常，一般 3 周~6 周后颜色变淡或苍白。可出现不同程度和范围的视野改变，视交叉部受损伤可引起双眼颞侧偏盲。闪光视觉诱发电位显示 P100 波幅消失或潜伏期延长。

（3）动眼神经损伤：伤后即出现上睑下垂，瞳孔散大，直接、间接对光反射均迟钝或消失，眼位偏向外下方，眼球向上、下、内运动及辐辏功能障碍，可伴复视。一般动眼神经损伤多为不完全损伤，伤后 2 个月~3 个月会有不同程度的好转，临床症状减轻或消失。

（4）滑车神经损伤：伤后眼球向下凝视时复视，可伴有代偿头位。

（5）三叉神经损伤：眼支损伤可引起前额部感觉麻木，角膜反射减弱或消失；上颌支损伤可致颊部、上唇及上颌牙齿感觉障碍；下颌支损伤可引起下颌部感觉障碍，咀嚼无力，张口下颌偏向伤侧。

（6）外展神经损伤：伤后眼球内斜，外展受限，向伤侧凝视时复视。

（7）面神经损伤：表现为睑裂闭合不全，鼻唇沟变浅或消失，示齿口角偏向健侧，舌前 2/3 味觉丧失；面瘫可伤后立即出现，也可为迟发出现，多于伤后 5 天~7 天出现面瘫，系因血肿压迫、水肿所致，预后良好。面神经肌电图对神经损伤程度提供客观证据。

（8）听神经损伤：伤后不同程度的听力下降，耳鸣，眩晕，听觉诱发电位可客观评价听力障碍程度。

（9）舌咽神经损伤：伤侧咽反射消失或减退，舌后 1/3 味觉丧失。

（10）迷走神经损伤：伤侧软腭运动障碍，声带麻痹而声嘶。

（11）副神经损伤：胸锁乳突肌和斜方肌瘫痪，出现垂肩。

（12）舌下神经损伤：伤侧舌肌瘫痪，伸舌偏向伤侧。

9. 颅内积气：少量颅内积气一般不引起明显症状；颅内积气过多或张力性颅内积气可引起颅内压增高，表现为头痛、恶心、呕吐，甚至局部脑组织受压的症状。

10. 外伤性脑脊液漏：临床表现外伤性脑脊液漏的主要症状是从鼻、耳或头部伤口流出澄清无色液体，急性期多为血性。

11. 颅脑外伤后感染：临床表现可有全身急性感染、颅内压增高、脑功能缺失、脑疝等。

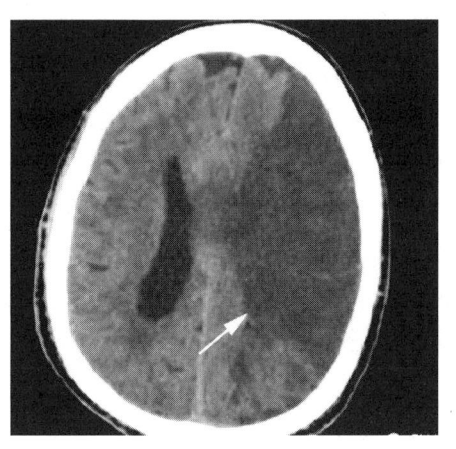

图 6-22　脑梗死

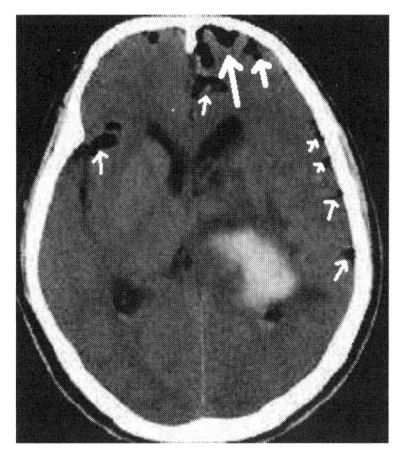

图 6-23　颅内积气

三、法医学鉴定

1. 损伤认定：脑损伤及并发症的主要依据能够反映损伤经过的案情资料、损伤后就诊病史记录、临床表现与影像学检查、诱发电位等神经电生理检查。

2. 损伤程度鉴定：《人体损伤程度鉴定标准》规定，如头部外伤后伴有神经症状，即构成轻微伤；外伤性蛛网膜下腔出血、脑神经损伤引起相应神经功能障碍即构成轻伤二级；脑挫（裂）伤、颅内出血、慢性颅内血肿、外伤性硬膜下积液均构成轻伤一级；等等。

3. 伤残等级鉴定：《人体损伤致残程度分级》规定，如颅脑损伤后遗脑软化灶形成，伴有神经系统症状或者体征，构成十级伤残；嗅觉功能完全丧失，构成十级伤残；一侧部分面瘫，评定为十级伤残；双耳听力障碍≥41dB HL，评定为十级伤残；等等。

项目六　颅脑损伤后遗症及法医鉴定

一、损伤原因与机制

1. 脑损伤后综合征是脑损伤后有一系列自觉症状，持续存在 3 个月以上，神经系统检查无客观体征的一种临床现象。可归纳为三种：

（1）心因性：系脑损伤引起的功能性改变，特别是自主神经功能失调，精神因素在本综合征的发生上也起一定作用。

（2）器质性：部分可因无体征的轻微器质性脑损害所致，少数与头面部或颈部神经损伤有关。脑损伤时血脑屏障受损所致的脑水肿，可引起脑组织内点状出血，进而出现小软化灶和轻度广泛的退行性变化，由此造成皮层和皮层下自主神经中枢的功能失调。蛛网膜下腔出血逐渐发生蛛网膜粘连，对脑膜和神经根产生刺激进而产生脑损伤后综合征。有报道70%的蛛网膜下腔出血病人可出现脑损伤后综合征。

（3）多因性：本综合征的发生不能简单地划分为心因性和器质性，多数情况下可能是两者同时存在，但两种机制引起的症状实际上很难区分。

2. 外伤性癫痫是各种原因引起神经元的异常放电所致的发作性、暂时性的功能紊乱，是颅脑损伤后的常见并发症之一，是继发于脑损伤后癫痫性发作的一种临床综合征。按伤后出现癫痫的时间不同可分为早期发作和晚期发作两类。早期发作多出现在伤后 1 周内，晚期发作多发生在伤后 3 个月以上，所谓外伤性癫痫常指后者。各种器质性脑损伤均可引起癫痫发作，但开放性损伤引起者远较闭合性损伤者多见，且伤情越重发生癫痫的机会越多。脑损伤部位和范围与癫痫的发生率和发作类型密切相关，损伤越接近皮层运动区或颞叶内侧部位，癫痫的发生率越高。

3. 外伤性脑积水是指颅脑外伤致脑脊液循环受阻或吸收障碍，进而导致脑脊液量增多、脑室系统全部或部分被动扩大的病理状态。目前认为急性脑积水的主要原因有：

（1）凝血块直接阻塞脑脊液循环通路或蛛网膜颗粒被红细胞阻塞致脑脊液吸收障碍。

（2）脑水肿、颅内血肿、脑疝、脑膨出等可压迫脑脊液循环通路、蛛网膜下腔或静脉窦，使脑脊液吸收或回流受阻。

（3）损伤直接阻塞室间孔、导水管、第四脑室正中孔使脑脊液不能回到蛛网膜下腔而形成急性梗阻性脑积水。

（4）外伤致颅内高压，使蛛网膜下腔与矢状窦压力差减小。引起脑脊液吸收减少。慢性脑积水多因脑脊液吸收障碍和蛛网膜纤维变性所致。

4. 脑外伤性精神障碍是指在脑损伤的基础之上出现的精神障碍和后遗的综合征，属于器质性精神障碍范畴。脑外伤性精神障碍分为急性精神障碍和慢性精神障碍。脑外伤性精神障碍的病因复杂，与外伤所致的脑组织结构的破坏、心理因素以及个体素质等有关。额、颞叶损伤所致精神障碍最为常见。目前认为脑外伤性精神障碍是脑损伤后脑组织出血、水肿、坏死以及颅内压增高，局部脑血流量明显减少，脑细胞缺血、水肿，神经功能紊乱等所产生一系列生化、循环以及电生理改变等导致。另外，与精神活动有关的边缘系统的直接损伤也是引起精神障碍的重要原因。

二、临床表现

1. 脑损伤后综合征以自主神经功能紊乱和癔症样症状为主。最常见为头痛，多系胀痛或搏动性疼痛，可因脑力或体力劳动、嗅到异味气体或听到噪声而加重；其次为头昏、头晕，甚至眩晕等，可有耳鸣、多汗、失眠、记忆力减退、注意力不集中和性功能改变等；癔症样症状有情绪波动、失明、耳聋、失音、痉挛性发作，甚至瘫痪（癔症性瘫痪）。

2. 外伤性癫痫发作可分为大发作、小发作、局限性发作和精神运动性癫痫等，以大发作最为多见。癫痫大发作是以全身抽搐和意识丧失为主要表现。可将其发作过程分前驱期、先兆期、痉挛期和痉挛后期四期。发作中常有舌咬伤、跌伤、二便失禁等，一般抽搐持续 1 分钟~3 分钟。癫痫小发作包括瞬间意识丧失、凝目注视、咋舌等失神小发作和意识清醒状态下的头颈、上肢或躯干抽动两种类型。癫痫局限性发作多无意识障碍，其特点和先兆因病灶部位的不同而异，顶叶病灶多引起对侧肢体运动或感觉性发作，颞叶病灶常引起精神运动性发作，枕叶病灶常出现视觉先兆。

3. 急性外伤性脑积水主要为颅内压增高，具体表现为持续性头痛、呕吐、视物不清，甚至浅昏迷。慢性外伤性脑积水主要为精神症状，步态障碍及尿失禁，病人有进行性加重的精神症状，表情淡漠、语言单调、记忆力减退、反应迟钝，进而出现步态不稳、尿失禁和木僵状态。外伤性脑积水的早期临床症状有时与脑损伤的原发症状难以相互区分。

4. 急性精神障碍以意识障碍为主。昏迷患者常经历一段精神混乱状态才恢复正常。谵妄系一种特殊类型意识障碍，在意识模糊的同时，伴有明显的精神运动兴奋，如躁动不安、喃喃自语、抗拒喊叫等。有丰富的视幻觉和错觉，夜间较重，多持续数日。事后可部分回忆而有如梦境，或完全不能回忆。脑外伤后遗忘也较常见，主要是对颅脑损伤前后经历的遗忘，分为顺行性和逆行性遗忘。慢性精神障碍主要表现为认知障碍、人格障碍和精神病性症状。①认知障碍是最常见的脑损伤后高级皮层功能障碍，一般与脑损伤的程度及伤前文化程度有关。脑损伤性认知障碍以智能障碍为主要表现，即伤后不同程度的智力水平和社会活动能力下降，严重者可出现遗忘综合征甚至痴呆。老年人和优势半球损伤易发生智能障碍。②人格障碍是常见的脑损伤性精神障碍之一，一般表现为情绪不稳、焦虑、抑郁、易激惹甚至阵发暴怒，也可变得孤僻、冷漠、自我中心、丧失进取心等，多伴有智能损害。③精神病性症状是脑外伤后会出现精神病性症状，包括精神分裂样症状、情感症状或偏执症状等，常见于重度颅脑损伤患者。

三、法医学鉴定

1. 颅脑损伤后遗症认定：主要依据外伤史、临床表现、影像学、脑电图、精神检查和心理测验等确认。

2. 损伤程度鉴定：《人体损伤程度鉴定标准》主要依据脑外伤遗留后遗症程度等进行鉴定。如外伤性迟发性癫痫，构成重伤二级；重度只能减退或器质性精神障碍，生活完全不能自理，构成重伤一级。

3. 伤残等级鉴定：《人体损伤致残程度分级》主要依据脑外伤后遗症对生活活动能力影响程度等进行鉴定。如精神障碍或轻度智力减退，日常生活有关的活动能力轻度受限评定为十级伤残；外伤性癫痫（轻度），评定为十级伤残；等等。

项目七 综合案例分析

一、简要案情及病史摘要

李某，男，32岁，某年4月5日因交通事故受伤，脑外伤后意识障碍1小时入院。专科检查：右侧耳廓轻度肿胀伴青紫，右耳道伴少量鲜血流出，压痛明显。左上肢肌力2级、下肢肌力3级，右侧肢体肌力、肌张力正常。颅脑CT示：右额颞顶叶脑挫裂伤，右侧颞骨，左枕骨骨折，蛛网膜下腔出血。诊疗经过：入院后入 ICU 监护，给予补液、抗炎、营养神经等对症治疗，定期复查。出院诊断：脑挫裂伤、枕骨骨折、颞骨骨折、蛛网膜下腔出血。出院时情况：自诉左耳听力下降等。

伤后 1 月纯音测听报告：气导言语频率（500Hz、1000Hz、2000Hz、4000Hz）。听阈：右耳各频率最大输出强度均无应答，左耳分别为 35dB、35dB、40dB、55dB。

伤后 2 月脑干听觉诱发电位报告：左侧 BAEP Ⅰ、Ⅲ、Ⅴ 波波形分化良好，各波潜伏及波间期均在正常范围内，右侧未引出肯定波形。

二、法医学鉴定

次年 7 月患者委托某司法鉴定机构行伤残等级鉴定。体查：神清，步入检查室，对答切题，查体合作。头颅外观无畸形。额纹对称，双侧眼睑睁闭可，鼻唇沟对称，口角无歪斜，伸舌居中。双侧乳突无压痛，双侧外耳道畅。左上肢肌力 4 级、下肢肌力 4 级，余检查未见明显异常。

阅片：某年 4 月 5 日头颅 CT 示：右侧侧颞骨骨折，骨折线累及乳突部，并乳突内积液，右侧额颞顶叶脑挫裂伤，左枕骨骨折，创伤性蛛网膜下腔出血。某年 12 月 5 日头颅 CT 片示：右侧颞骨骨折后改变，右额颞顶叶脑挫裂伤吸收中。次年 7 月 17 日颅脑 CT 示：右侧颞骨骨折愈合，右侧乳突气化型。右侧额颞顶叶脑软化灶形成。

听力实验室检查①纯音听阈测试检测结果。气导言语频率（500Hz、1000Hz、2000Hz、4000Hz）。听阈：右耳各频率最大输出强度均无应答，左耳 25dB、35dB、20dB、25dB。②声导抗测试结果。右耳鼓室图呈 A 型，同侧及对侧镫骨肌反射大部分引出；左耳鼓室图呈 A 型，同侧镫骨肌反射引出，对侧镫骨肌反射部分引出。③畸变产物耳声发射。检测结果：右耳 DPOAE 部分引出；左耳 DPOAE 引出。④40Hz 听觉相关电位。检测结果：40Hz。听觉相关电位言语频率（500Hz、1000Hz、2000Hz、4000Hz）反应阈：右耳分别为 75dB nHL、80dB nHL、80dB nHL、75dB nHL；左耳分别为 30dB nHL、30dB nHL、35dB nHL、50dB nHL。⑤听性脑干反应。检测结果：Ⅴ 波 click 反应阈：左耳 90dB nHL，右耳 30dB nHL。

鉴定意见：根据两院三部《人体损伤致残程度分级》第 5.7.1.4)"偏瘫（肌力 4 级以下）"、5.10.2.18)"一耳听力障碍≧61dB HL"款项之规定，其伤残等级分别评定为七级伤残、十级伤残。

三、案例评析

残疾评定中，交通事故导致的颅脑损伤并不少见，实践中涉及听力障碍的，首先需确证存在足以导致听力障碍的损伤基础，伤后近期有听力障碍的临床表现及相关耳科与听力检查结果，随着治疗、康复，听力障碍可以部分或完全恢复，听阈的评估可以采用主观、客观听阈检查方法，其中客观听阈检查最好选择两种以上，主、客观检查结果相比较。本案中客观听力学检查提示其右耳听力已有所恢复，呈中度障碍（>61dB），应根据两院三部《人体损伤致残程度分级》第 5.10.2.18) 款项评定为十级伤残。这里应注意，本案例中虽遗留脑软化灶，但其左侧偏瘫、右侧听力障碍均与右侧额颞顶脑挫裂伤相关，故不应再用 5.10.1.2）款项评定多一处十级伤残。

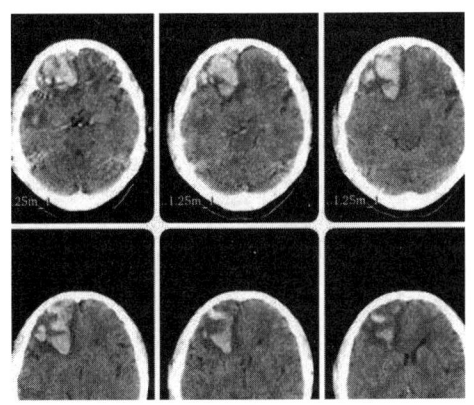

图 6-24 右侧额颞顶脑挫裂伤 CT 片

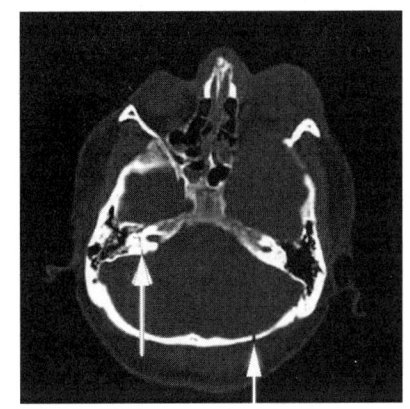

图 6-25 伤后 CT 片示右侧颞骨、左枕骨骨折

项目八 技能训练

一、训练内容

颅脑损伤鉴定方法的训练。

二、训练目的与要求

1. 目的：通过完成该项训练，使学生掌握颅脑损伤鉴定的基本方法。

2. 要求：

（1）应用人体解剖学检查与识别颅脑损伤的基本要领。

（2）利用影像学方法鉴定颅脑损伤的基本要领。

（3）运用鉴定标准分析并确立鉴定意见的基本要领。

三、训练方法

1. 给定人体损伤模型，学生根据所学解剖学知识检查并记录颅脑损伤情况。

2. 通过系列影像学照片的观察，由学生指出颅脑损伤的部位及损伤的性质，并进行分析说明。

3. 学生通过模拟案例训练，完成对颅脑损伤案件的人身检查、影像学查验、鉴定标准套用、分析说明以及鉴定意见确立的综合运用。

四、训练素材

人体损伤模型（实训室）、影像学照片（胶片或数字图像）、训练案例（或声像资料）。

五、训练评价

通过训练，综合评价学生对颅脑损伤的体格检查能力、阅片能力、标准运用能力以及案例逻辑分析能力等。

启发与思考

1. 颅脑损伤的主要临床症状与体征及主要检查方法?
2. 脑挫裂伤的临床表现、检验方法及鉴定要点?
3. 外伤性硬膜外血肿鉴定要点?

眼及视功能损伤鉴定

学习目标

1. 知识目标：了解眼的解剖结构与生理功能、视觉功能检查技术；掌握眼损伤的分类、主要症状与体征；掌握眼附属器损伤、眼球损伤、眼神经损伤以及眼损伤并发症的法医学鉴定；熟悉不同类型眼损伤的临床表现，眼损伤的检查方法。

2. 能力目标：熟悉眼及视功能损伤的特点，初步掌握眼及视功能损伤鉴定的工作能力。

内容结构

1. 眼的解剖结构及视功能概述。

2. 眼附属器损伤及法医鉴定。

3. 眼球结构损伤及法医鉴定。

4. 视路损伤及法医鉴定。

5. 眼部物理化学伤及眼损伤并发症。

6. 眼及视功能损伤鉴定注意事项。

7. 综合案例分析。

8. 技能训练。

导读

2019 年 6 月 9 日，黄某被他人用啤酒瓶打伤左眼部致疼痛流血，伴有视物模糊，医院诊断为左颧骨、额骨及眶上壁粉碎性骨折，左上睑皮肤裂伤，左眼视神经损伤。伤后某鉴定中心根据骨折鉴定为轻伤。康复治疗后，目前伤者自述后遗严重视力障碍，现办案单位委托鉴定中心对黄某视功能障碍程度进行因果关系及损伤程度鉴定。

眼部损伤鉴定尤其视觉功能损伤的鉴定是人身损害鉴定中公认的难点之一。眼损伤在法医人体损伤鉴定中又较为常见，直接暴力、间接暴力、有时甚至轻微外力都可能造成眼损伤。引起视力障碍的病变部位及造成视力障碍的原因多种多样，眼球结构及附属器损伤、视路损伤、眼部物理化学伤甚至全身其他部位损伤均有可能造成视功能障碍。由于眼球结构、功能及视觉形成的特殊性和复杂性，更进一步加大了法医检查及鉴定的困难性。而原本患有眼部疾病或存在视力问题的被鉴定人在遭受外伤后更易出现或加重其原有视功能障碍。从目前医疗技术看，眼及视功能损伤的准确评定仍然存在较大的困难，因此法医鉴定人应重视眼科专业理论知识学习、熟悉损伤与眼部疾病的关系，以确保眼及视功能损伤鉴定的科学性与公正性。

项目一 眼的解剖结构及视功能概述

眼损伤是指眼球及其附属器受到外来的物理性或化学性等致伤因素的作用，造成眼组织器质性和（或）功能性的损害。眼损伤根据致伤因素分为机械性眼损伤和非机械性眼损伤，根据组织结构的完整性分为闭合性眼损伤和开放性眼损伤，根据解剖结构分为眼球损伤、眼附属器损伤。

一、眼的解剖

眼附属器包括眼睑、结膜、泪器、眼外肌和眼眶。

眼球由眼球壁和眼球内容物组成。眼球壁分为 3 层，外层为纤维膜，由前部透明的角膜和后部乳白色的巩膜共同组成眼球外壁，起到保护眼内组织、维持眼球形态的作用；中层为葡萄膜，从前到后由虹膜、睫状体和脉络膜三部分组成；内层为视网膜。眼内容物包括房水、晶状体和玻璃体三种透明物质，与角膜一并称为眼的屈光介质。

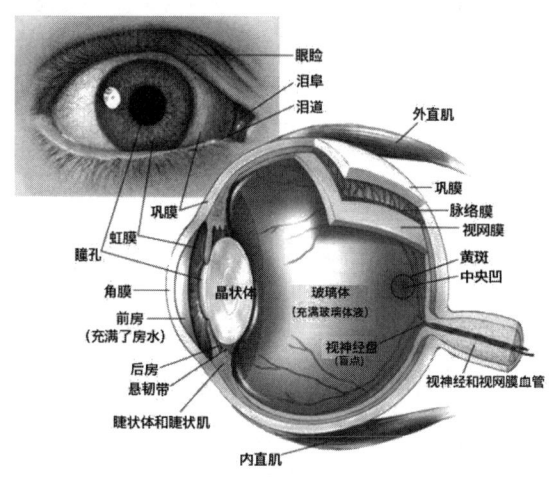

图 7-1 眼的解剖图

视路是视觉信息从视网膜光感受器开始到大脑枕叶视中枢的传导路径。临床上通常指从视神经开始，经视交叉、视束、外侧膝状体、视放射到枕叶视中枢的神经传导通路。

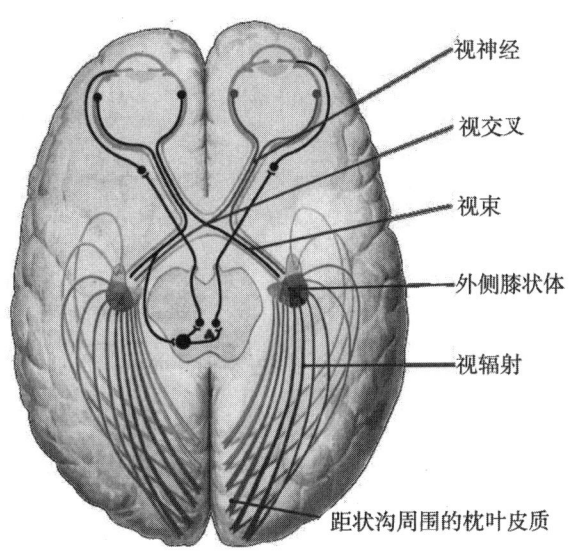

视神经
视交叉
视束
外侧膝状体
视辐射
距状沟周围的枕叶皮质

图 7-2　视路示意图

二、视功能生理

视功能包括视力（中心视力）、视野（周边视力）、色觉、暗适应、立体视觉、对比敏感度等，法医临床鉴定中的视功能主要指视力及视野。

中心视力即视锐度，主要反映黄斑区的视功能，可分为远视力及近视力。周边视力即视野，指眼向正前方固视时所见的空间范围，反映了黄斑以外视网膜的视功能。距注视点30°以内范围的视野称为中心视野，30°以外范围的视野为周边视野。

项目二　眼附属器损伤及法医鉴定

一、眼睑损伤

眼睑遭受机械性外力作用致皮肤软组织擦伤、挫伤或创，或遭受化学伤、烧伤等致皮肤损伤。损害后果通常为损伤局部瘢痕形成或瘢痕形成造成眼睑形态、位置与功能异常，如眼睑闭合不全、眼睑内/外翻、上睑下垂、眼睑畸形等。

法医学鉴定：回顾案情、外伤史、结合其临床表现，易于判断。单纯的眼睑损伤主要以肉眼观察为主，无须使用特殊辅助检查。对于瘢痕处于标准规定临界值水平的，可以通过计算机扫描及图像测量软件等方法精确测量。

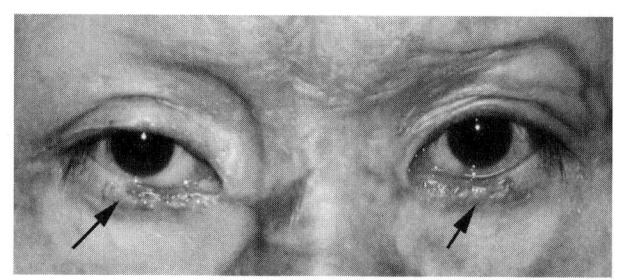

图 7-3　双眼下睑外翻

二、结膜损伤

包括结膜挫伤，如结膜下出血、结膜水肿、结膜下气肿，结膜撕裂伤和结膜异物。结膜下出血多呈鲜红色，片状，界限清楚。较严重的出血呈暗红色，局部隆起。

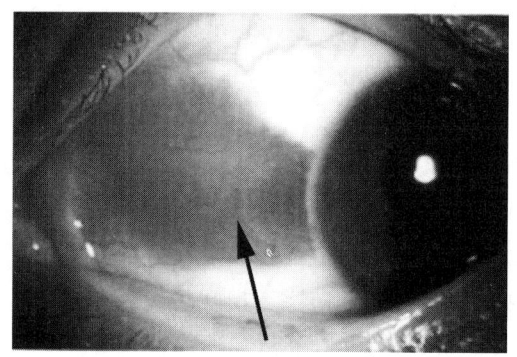

图 7-4　右眼颞侧球结膜下出血

法医学鉴定：多无须行伤病关系鉴别，结合临床表现及相关检查可以判断。机械性损伤在伤后即可进行鉴定，不合并感染的情况下 1 周~2 周内可愈合，愈合后无明显功能障碍。

三、眼外肌损伤

眼外肌有 6 条，即上、下、内、外直肌和上、下斜肌，除外直肌、上斜肌分别由外展神经、滑车神经支配外，其余由动眼神经支配。损伤后可导致眼球运动障碍和眼位改变，出现斜视和复视。

法医学鉴定：眶部或头部外伤后出现的眼外肌麻痹的临床表现，影像学检查可以发现器质性损伤基础。通过单眼运动检查、双眼同向运动检查和同视机检查判断其功能障碍表现及程度。鉴定时需要区别眼外肌麻痹是外伤所致还是疾病或先天所致。根据案情、外伤史，判断是否存在眼外肌功能障碍的损伤基础，损伤评定可于伤后 3 个月~6 个月后进行。

四、泪器损伤

包括泪腺损伤和泪道损伤。泪腺损伤常合并于颅骨和眼睑的损伤，主要有泪腺钝挫伤、泪腺穿通伤。外伤性泪小管损伤在泪道损伤常见，常合并于眼睑和内眦部的损伤。泪道损伤的共同症状为溢泪，在伤后即刻或一段时间后出现，且多需手术治疗。

法医学鉴定：依据外伤史、临床表现以及泪道冲洗、探查、泪道 X 线检查、核素泪道造影等方法可以确认。一般需在治疗终结后进行鉴定，需注意排泪功能以及泪器损伤对容貌的影响。

五、眼眶损伤

主要包括眶内出血、眼眶骨折、眶内异物。眶内出血量大者，可致眶内压增高，致视神经受压及眼球血供受阻引起视力下降。眶爆裂性骨折属于间接外力造成眶壁薄弱处骨折，表现为眶缘完整、眶内薄弱处骨质断裂，多见于眶内侧壁、眶下壁，多伴有眶内软组织脱出或嵌顿，多不伴有视力障碍，可有或无复视；如波及眶尖部，多合并视神经损伤，则可有不同程度的视力损害，如骨折直接损伤视神经则在 2 周~3 周左右出现视神经萎缩。

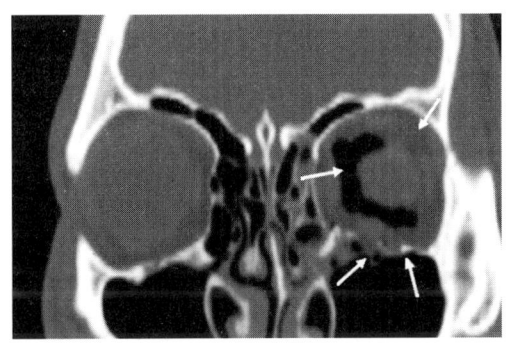

图 7-5　左眼眶内壁、眶下壁骨折并球周积气

法医学鉴定：面部、眶区遭受钝性外力作用，有典型的临床表现，结合影像学检查（高分辨率薄层 CT 首选）可以明确。鉴定时需注意鉴别新鲜还是陈旧性骨折，可以通过 CT 检查的骨窗和软组织窗显示的间接征象来综合判断。单纯眶壁骨折在伤后即可鉴定，若伴有眼外肌嵌顿等所致复视、或眶尖损伤致视力下降者，须伤情稳定后鉴定。

项目三　眼球结构损伤及法医鉴定

一、角膜损伤

角膜是主要的屈光介质，从前到后分为三层，上皮细胞再生能力强，损伤后修复快且不留瘢痕，前弹力层损伤后不能再生，后弹力层损伤后可以再生。根据其损伤程度可以分为角膜浅层裂伤、深层裂伤及全层裂伤，若合并巩膜损伤时则可称为角巩膜裂伤。外伤后可立即出现眼部刺激症状，如眼痛、流泪、畏光等。

损伤后遗留的角膜瘢痕根据严重程度可对视力产生不同程度的影响，角膜云翳（Ⅰ

度，损伤仅累及角膜浅层）对视力影响较小，角膜斑翳（Ⅱ度，损伤角膜外层未达全层）对视力影响较大，角膜白斑（Ⅲ度，损伤累及角膜全层）则可严重影响视力；位于角膜中央的损伤遗留角膜白斑形成则会明显影响中心视力，若位于角膜周边则可因瘢痕形成导致角膜的不规则散光，很难用镜片纠正。

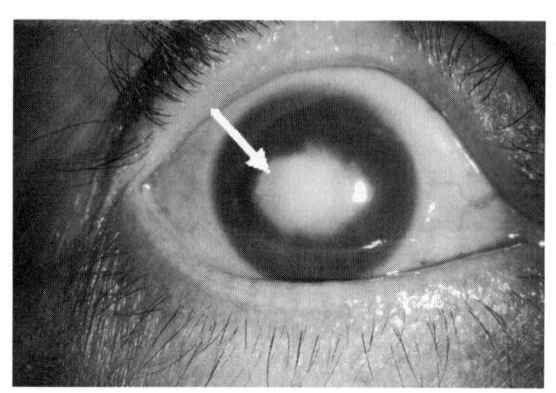

图 7-6　角膜白斑累及瞳孔

法医学鉴定：根据外伤史、局部所见和裂隙灯检查可以明确诊断。在角膜损伤愈合后的瘢痕期进行鉴定时，需依据损伤当时的病史记录、手术记录结合鉴定时检见的角膜瘢痕类型作出认定，并与既往陈旧性的角膜损伤进行鉴别。角膜上皮擦伤多不留瘢痕，如发生角膜破裂，伤后可先根据原发性损伤进行鉴定，待病情稳定，损伤愈合形成角膜瘢痕后，再依据瘢痕或视力情况进行鉴定。

二、虹膜睫状体损伤

虹膜和睫状体损伤可分为瞳孔组织结构破坏和炎症反应等不同类型，损伤多伴有前房出血。包括虹膜挫伤、虹膜裂伤、睫状体分离和前房出血。

（一）虹膜挫伤

1. 眼部遭受钝性外力作用后，发生角膜挫伤或角膜穿通伤，常发生急性瞳孔痉挛性缩小，多可于短期内恢复正常。

2. 或因外力传递波及瞳孔括约肌及睫状肌出现一过性或难以恢复瞳孔散大，散大的瞳孔形状可能是规则的，也可能是不规则的。

3. 或因打击后局部组织充血、渗出，出现前房房水闪辉、角膜后 KP（灰色点状沉着物）、有时伴虹膜脱落色素颗粒附着于晶状体前表面，即损伤性虹膜睫状体炎。轻度损伤性虹膜睫状体炎预后较好，重度者可遗留一定程度的视力减退。

法医学鉴定：若明确存在眼部外伤史，伤后出现伤眼视物模糊、视力（主要是近视力）下降、畏光等不适症状，经检查证实确实存在上述体征，即可诊断。裂隙灯检查一般可明确诊断，伴有高眼压时可行前房角镜检查、前节 OCT 检查、UBM 检查等。

（二）虹膜裂伤

1. 虹膜及瞳孔括约肌撕裂伤，多系较轻钝性外力引起，如掌、拳击伤，损伤部位一般较小，如损伤仅累及虹膜部分组织，边缘保持完整时，瞳孔收缩通常不受影响；如损伤累及虹膜及瞳孔括约肌，致使局部虹膜边缘缺损变形，则出现瞳孔散大，对光反射受影响。

2. 虹膜根部离断，眼部遭受较为巨大的钝性外力打击后，虹膜与睫状体相连处分离，伤后可立即出现患眼肿胀疼痛、视力下降等症状，若虹膜离断范围较大，可出现"双瞳孔征"，致单眼复视。

3. 损伤性无虹膜症，通常出现于眼球破裂伤或穿通伤后，虹膜可于损伤当时脱出眼外。虹膜离断按严重程度可分为四度：Ⅰ度（根部离断仅为点状），Ⅱ度（根部离断在 1 个象限以内），Ⅲ度（根部离断在 1 个象限以上，致双瞳孔），Ⅳ度（即外伤性无虹膜）。

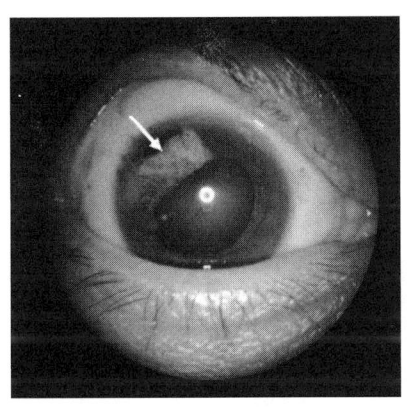

图 7-7　虹膜根部离断后离断处虹膜萎缩

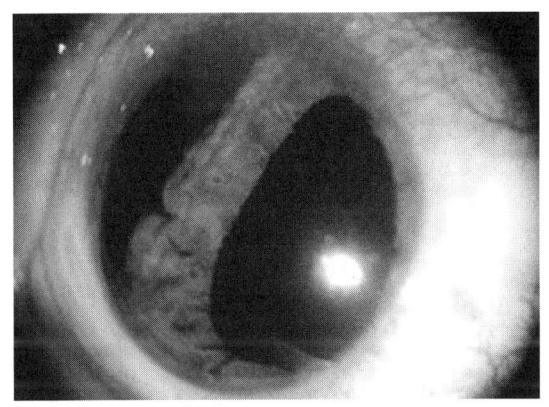

图 7-8　虹膜根部离断致双瞳孔

法医学鉴定：若明确存在眼部外伤史，伤后出现伤眼视物模糊、畏光、单眼复视、视力下降等不适症状，经裂隙灯检查证实确实存在上述体征并排除伤前虹膜、瞳孔异常改变，即可诊断。

（三）睫状体分离

睫状体分离常与眼球破裂合并存在，系严重钝性外力作用导致，合并小梁网充满血液、前房出血时，常出现眼压增高表现。损伤严重者可出现房角后退，继发房角后退性青光眼，通常在损伤后 1 年以内发生。

法医学鉴定：眼部遭受严重的钝性挫伤，出现眼球破裂，伤后出现伤眼视力急剧下降及眼内压增高症状，检查证实存在睫状体分离、前房角后退（UBM 检查可清晰显示）。继发青光眼的，应视其对视功能的影响情况进行鉴定。

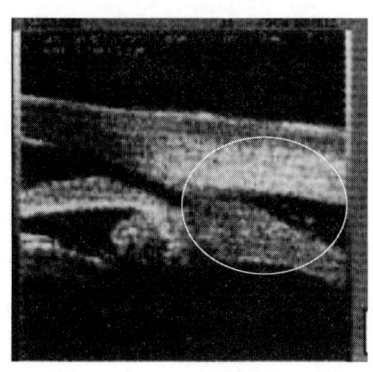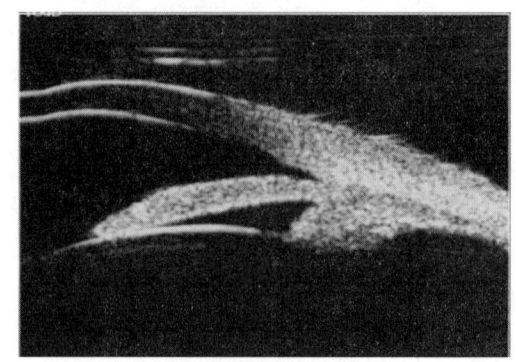

图 7-9　睫状体断裂（UBM 图像，右图为正常图像）

（四）前房出血

前房出血一般均为眼部遭受钝性外力作用所致，以拳击伤最多见。伤后可立即出现患眼肿胀疼痛、视物模糊、视力下降、红视等症状，检查见前房内有不等量鲜血沉积。前房出血可并发继发性青光眼、角膜血染、血眼。

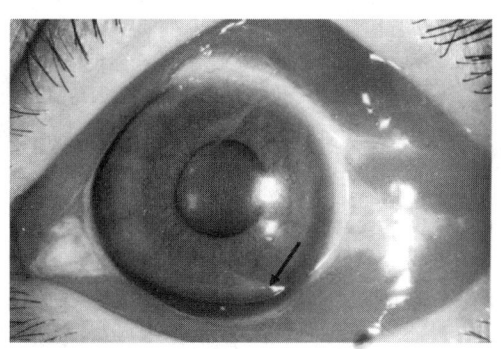

图 7-10　左眼前房积血并球结膜下出血

法医学鉴定：依据外伤史、裂隙灯检查可以确诊，由于前房出血的预后取决于出血量的多少、有无继发性出血和并发症等，故鉴定时可要求委托人尽可能提供详尽临床病史记录，有助于对疾病的预后作出判断。

三、晶状体损伤

晶状体借助于悬韧带吊挂在虹膜和玻璃体之间，晶状体损伤可导致外伤性白内障，悬韧带损伤则可造成晶状体脱位、虹膜震颤。

（一）外伤性白内障

眼部受到钝挫伤后，在晶状体前囊上留下一个相当于瞳孔圈的棕红色色素环，称为虹膜印环（Vossius 环），可在数日内消失，也可长期存在，视力预后良好。钝挫伤所致白内障形成过程一般起码需要 10 天至 2 周以上。严重的外力冲击，可以导致晶体囊膜破裂，房水进入皮质内，晶体可在短时间内完全混浊。

法医学鉴定：根据外伤史、临床表现及裂隙灯检查容易明确诊断。鉴定时应排除疾病如老年性白内障、先天性白内障等影响。一般在损伤后 3 个月以后再行鉴定，若晶体混浊明显的，建议在白内障摘除后鉴定。白内障未经手术治疗的，即使达到盲目程度，一般不宜直接以其视力情况作为鉴定依据评定损伤或伤残程度。

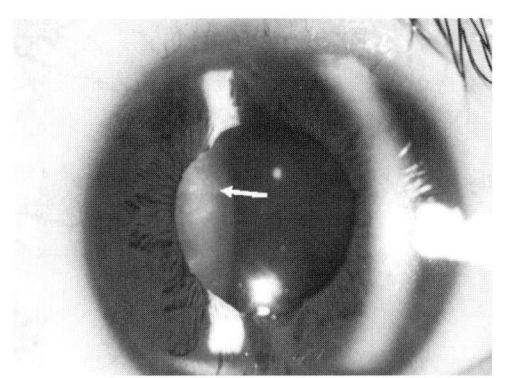

图 7-11　挫伤性白内障

（二）晶状体脱位

晶状体脱位包括全脱位和半脱位，半脱位是指悬韧带部分断裂，可出现散光、视力下降（近视力明显下降，远视力尚可）或虹膜震颤等体征，伤者自觉单眼复视；全脱位是指晶体完全脱离原有位置，可向前脱入前房或嵌顿于瞳孔区，也可向后脱入玻璃体。晶体全脱位向前脱入前房或嵌顿于瞳孔区，可引起继发性青光眼或角膜内皮损伤；若向后脱入玻璃体，可出现高度远视。晶体半脱位时出现的视力下降，可试行插片校正。

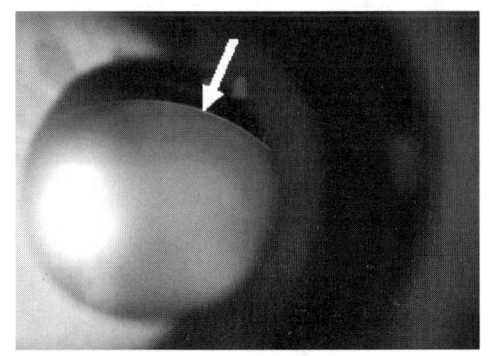

图 7-12　晶状体半脱位

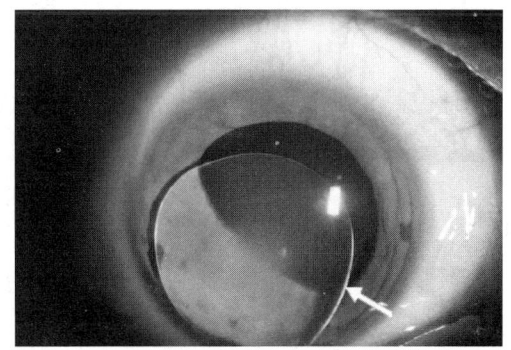

图 7-13　晶状体全脱位

法医学鉴定：全脱位者裂隙灯检查可见瞳孔区晶状体缺失，可行 B 超检查辅助诊断；半脱位可行裂隙灯、UBM 或前节 OCT 等辅助检查。

四、玻璃体损伤

（一）玻璃体脱出

眼球闭合性损伤时玻璃体脱入到前房，通常不会单独存在，多伴有不同程度晶状体脱位，患者出现近视或原有近视度数加深；开放性损伤时脱出到眼球外，脱出过程中可牵拉周边视网膜致裂孔可能。

（二）玻璃体积血

损伤导致视网膜、脉络膜、睫状体血管破裂出血流入玻璃体腔，出血量少时有"飞蚊症"，一般可自然吸收；量大时视力严重下降，并可有"红视症"，4 周~6 周无明显吸收者可行手术治疗，有视网膜脱离或脉络膜出血时应及时行玻璃体切割术等治疗。玻璃体积血是球后部致盲的主要原因之一。

法医学鉴定：裂隙灯检查可见到程度不同的玻璃体脱出。新鲜性玻璃体出血行检眼镜检查时可不见眼底，一侧眼底检查不见时，需检查对侧，有助于判断玻璃体出血的原因；陈旧性玻璃体大量出血则可见玻璃体团块状混浊。B 超检查可以反映出血的程度及有无玻璃体后脱离、视网膜脱离和脉络膜出血等。

一些眼部或全身性疾病亦可引起玻璃体出血，根据致伤方式、伤后病历、既往病史、检查所见、双眼对比等可有助于判断。明确外伤性玻璃体积血者可根据原发性损伤评定其损伤程度，出血量大、吸收差出现并发症导致视力下降者，在病情稳定或治疗终结后根据视力情况评定。

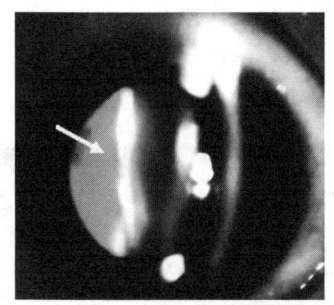 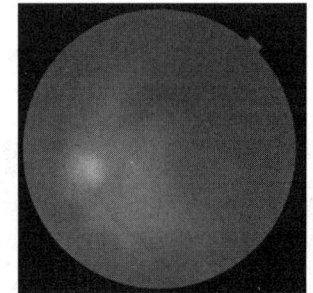 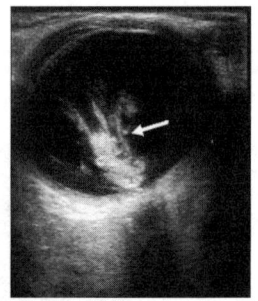

图 7-14　玻璃体积血裂隙灯（左）、眼底镜（中）、B 超（右）改变

五、脉络膜损伤

脉络膜介于视网膜与巩膜之间，其内面借一层玻璃膜与视网膜色素上皮紧密相连，视网膜脱离时，色素上皮层仍与脉络膜连在一起。

脉络膜毛细血管破裂时，出血流入视网膜色素上皮下，因视网膜色素上皮与脉络膜粘连紧密，限制了出血的扩散，眼底检查见出血区呈棕灰色或暗红色，轻度隆起，相当于视盘大小；出血位于黄斑时，常合并脉络膜破裂；严重挫伤致大血管破裂时，造成脉络膜出血性脱离，即脉络膜与巩膜分离，眼底见出血区呈棕黑色的扁平隆起；当出血渗透到视网膜下或视网膜内，则形成视网膜的出血；如同时有视网膜破裂，则出血进入玻璃体内，导致玻璃体积血、混浊。

脉络膜破裂多发生于后极部，呈弧形或新月形，可为一条或多条，凹面朝向视盘，早期呈棕黄色条纹，有时被出血或水肿的脉络膜或视网膜覆盖而不易发现，出血吸收后表现为新月状或弧形白色瘢痕，晚期可见色素沉着或新生血管。脉络膜破裂发生在视盘与黄斑间（常累及黄斑）或直接位于黄斑，会对中心视力造成严重影响。

法医学鉴定：根据外伤史（眼球有直接钝器打击史）、眼底检查（后极部可见淡黄色新月形裂痕）、OCT、眼底荧光血管造影（造影显示脉络膜裂伤）等，结合伤后眼前有黑影飘动、视力下降，视野检查有相应暗点可以确认。

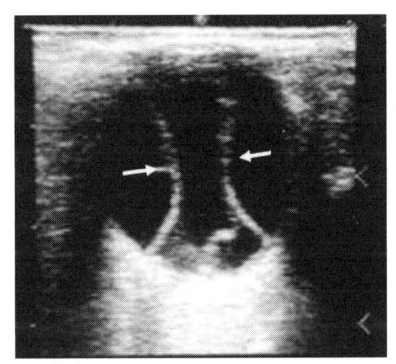

图 7-15　脉络膜脱离超声改变

六、视网膜损伤

视网膜在组织学上分为 10 层，内 9 层为神经上皮层，最外层为色素上皮层。以锯齿缘为界线分为视网膜视部和盲部。视盘中央部位黄斑，其中心凹为视觉最敏锐部分。黄斑鼻侧为视盘（视神经乳头），是视网膜神经纤维汇集穿出眼球的部位，呈漏斗状凹陷，称视杯或生理凹陷，视盘不含感光细胞，故无视觉，在视野中形成生理盲点。

（一）视网膜震荡

眼球挫伤后短时间内发生的以视网膜水肿为主要特征的病变，具有可逆性，多在伤后24 小时内发生，严重者伤后数分钟即可出现。水肿往往以黄斑部为重，此时中心凹反射消失，周围有晕圈样反光。

法医学鉴定：依据眼部外伤史和眼底检查所见认定视网膜水肿。多在 1 周~2 周内消退，视网膜可不留痕迹，视力恢复正常。

（二）视网膜挫伤

损伤原因和机制与视网膜震荡基本相同，但外力比较强大，视网膜水肿严重呈白色混浊，范围较广并伴有视网膜出血。伤后视力下降明显，可至 0.05 以下。伤后 1 周~2 周视网膜水肿消退，眼底检查可见损伤区视网膜色素上皮萎缩或增殖性改变，伤眼的中心视力永久性损害。

法医学鉴定：视网膜挫伤早期眼底检查与视网膜震荡很难鉴别，但眼底荧光血管造影和后节 OCT 检查有助于了解视网膜损伤程度和范围。主要根据病情稳定或治疗终结后遗留的视功能障碍程度进行鉴定，黄斑区损伤可明显影响视力，但一般不会达到盲目程度。

（三）视网膜出血

视网膜浅层出血沿神经纤维层走向分布，呈线状或火焰状，新鲜出血颜色鲜红，随时间推移逐渐变为暗红色。视网膜深层出血眼底所见呈类圆点状，色暗红。

法医学鉴定：后节 OCT 检查对于判断视网膜出血的部位、深度、来源、原因均有指导意义。眼底照相有助于了解视网膜出血的范围、位置及双眼视网膜状况。某些全身性疾病如糖尿病、高血压亦可产生视网膜出血性改变，需进行鉴别。

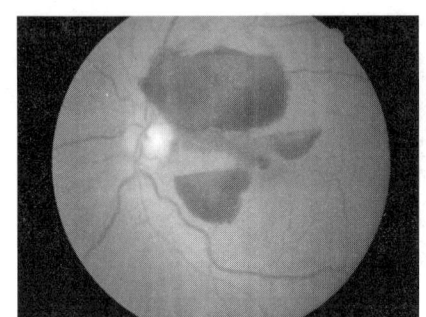
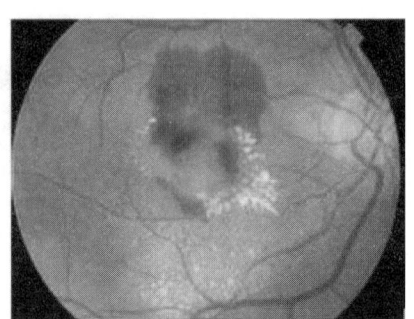

图 7-16　视网膜出血　　　　　　　图 7-17　脉络膜出血

（四）黄斑裂孔

外伤性黄斑裂孔可继发于眼部钝挫伤致眼球变形、玻璃体牵拉所致，或外力致黄斑区视网膜水肿、出血继发黄斑囊样变性破裂而形成。主要表现为视物变形，中心视力严重减退或丧失，视野出现绝对性中心暗点。眼底检查可见黄斑区出现圆形或椭圆形裂孔，外观呈暗红色。裂孔可在伤后立即出现或间隔一段时间出现，OCT 显示为裂孔边缘神经上皮层间劈裂，黄斑中心凹底部不规则变薄、部分或全层组织缺损，视网膜色素上皮层与神经上皮层之间可有积液存在。

法医学鉴定：根据外伤史、病程、眼底检查结合 OCT 可以明确。在鉴定中需要与非外伤性黄斑裂孔进行鉴别。

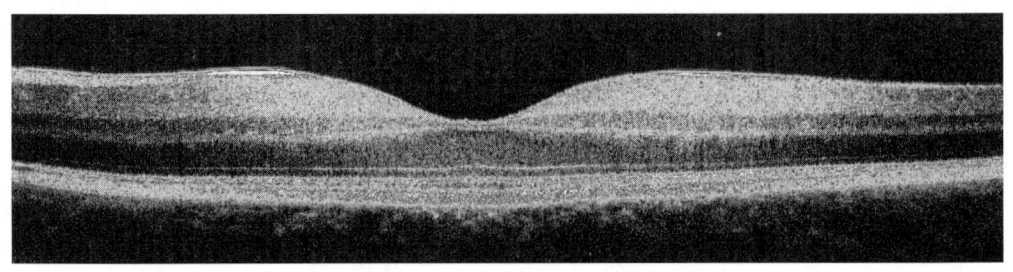

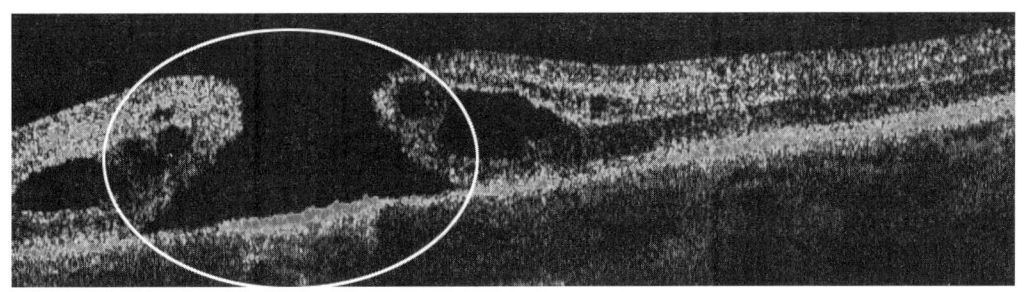

图 7-18　黄斑区 OCT 图像（正常，上；斑裂孔，下）

（五）视网膜脱离

视网膜脱离指视网膜神经上皮层与色素上皮层的分离。外伤性视网膜脱离形成机制可以是钝性外力直接作用于眼球造成眼内组织牵拉撕裂，外力传导至玻璃体引起急性玻璃体视网膜牵拉，进而导致锯齿缘离断或玻璃体基底部附着区周边视网膜撕裂、裂孔和视网膜脱离；玻璃体积血、视网膜下出血、渗出等粘连机化后机化条索收缩牵拉也可造成牵拉性视网膜裂孔脱离。外伤性视网膜脱离早期主要表现为眼前有漂浮物或闪光感，视物模糊，进一步发展则出现视野缺损。

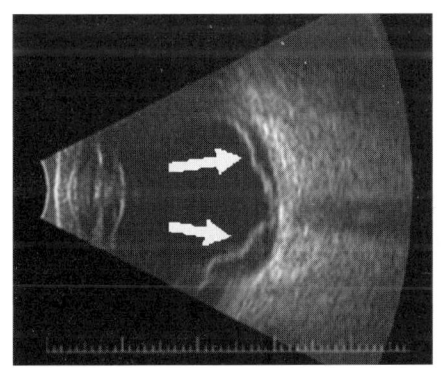 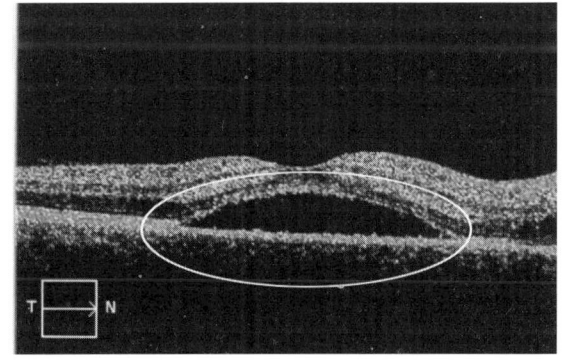

图 7-19　视网膜脱离超声图像（左）、OCT 图像（右）

法医学鉴定：通过外伤史、眼底检查以及 B 超、眼底荧光血管造影等可确认。部分脱离时，B 超可显示视网膜回声光带与球壁不相连，光带后方为无回声的视网膜下积液。完全脱离时，可呈"V"字形，一端连于视盘，一端止于视网膜锯齿缘。鉴定时需与非外伤性的视网膜脱离相鉴别。

表 7-1　外伤性与非外伤性视网膜脱离的鉴别

	外伤性视网膜脱离	非外伤性视网膜脱离
外伤史	有且重，常伴有眼底其他部位损伤；伤后短时间内发病	无或较轻，或以外眼损伤为主；伤后较长时间发病

（续表）

	外伤性视网膜脱离	非外伤性视网膜脱离
裂孔部位	多位于锯齿缘	多位于赤道部
变性	无或轻微	多有玻璃体变性（液化、条索形成）、视网膜囊样变性等
眼底	以外伤性改变为主，如脉络膜出血、破裂等	可见视网膜萎缩白斑，豹纹状改变，弧形斑，血管变细、变直等

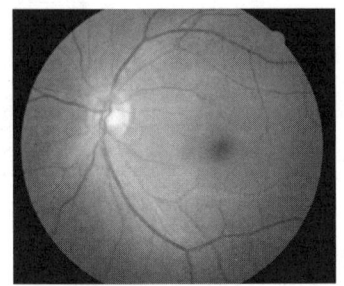
图 7-20　正常眼底照片

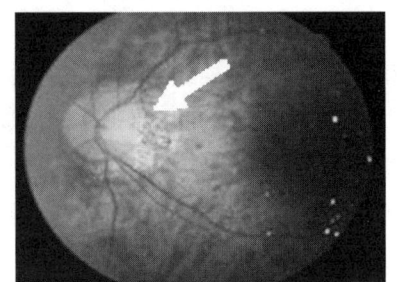
图 7-21　视网膜脱离（豹纹状改变、弧形斑）

项目四　视路损伤及法医鉴定

一、视神经损伤

视神经是指由视盘至视交叉的一段视觉通路，分为眼内段、眶内段、管内段和颅内段。视神经损伤可由眼直接受伤波及，或头部或眶部受伤间接引起，表现为外伤后没有外眼受伤的表现或伤后早期检查眼球或视神经无损伤的表现，而有严重的视力丧失，以管内段损伤最常见。伤后表现为视力障碍，瞳孔散大、直接对光反射消失或迟钝，间接对光反射正常。视盘早期正常，2 周~3 周后开始萎缩，颜色变淡，毛细血管变细，晚期颜色苍白，边界清楚。

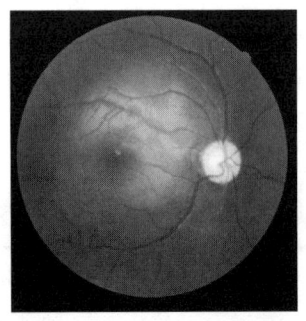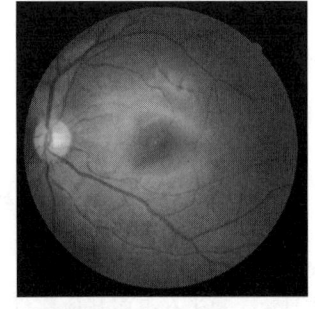
图 7-22　视神经萎缩眼底（左）与正常眼底视盘改变（右）

法医学鉴定：根据外伤史、症状与体征及眼底检查所见，结合 VEP 特别是闪光 VEP、CT 及 MRI 等检查结果认定，后节 OCT 可以客观检查视网膜神经纤维层是否有水肿或萎缩改变。主要根据治疗终结或病情稳定后的视力障碍、视野缺损程度评定损伤及伤残程度。需要注意的是，临床诊断"视神经挫伤"而在鉴定时否定视神经挫伤的现象很常见。鉴定时，对于存在外伤史，伤后早期眼底表现正常，而后期出现不同程度视神经萎缩表现，同时其遭受的外力作用可以形成视神经损伤的后果者，可以认定为视神经挫伤。

二、视交叉损伤

视交叉损伤可因外力直接受损，或前交通动脉受伤影响血供，硬脑膜外血肿压迫枕叶阻断血循或蝶鞍骨折牵拉受损。伤后主要表现为双颞侧偏盲，视野缺损为永久性，可立即发生，也可隔一段时间出现。视交叉损伤引起的视野异常多见于垂体瘤。

三、视束及外侧膝状体损伤

视束是从视交叉至外侧膝状体的一段，原发性损伤少见，视束损伤表现为与视路损伤相适应的同侧偏盲，不带黄斑回避，合并有垂体功能失调。创伤位于视束或外侧膝状体时，伤后 3 个月~4 个月内，可出现双侧中度视神经萎缩。

四、视放射及视中枢损伤

视放射病变引起的视野缺损为双眼同侧偏盲，合并有相应肢体感觉和运动障碍。视放射前部受损时，双眼视野缺损并不完全对称；中部受损时可仅伤及一部分纤维，产生象限性偏盲；后部受损时或靠近枕叶时，形成带有黄斑回避的、有重叠性的同侧偏盲。脑枕叶的视觉皮质区是视觉分析的高级中枢，损伤后出现同侧偏盲及黄斑回避，瞳孔反射正常。两侧枕叶皮质广泛损害时，可表现为双眼全盲，但瞳孔光反射完好无损，即皮质盲。

项目五　眼部物理化学伤及眼损伤并发症

一、眼部物理化学伤

1. 眼部酸烧伤。酸烧伤具有损伤区界线较分明、损伤相对表浅、修复快、预后较好的特点，但若为高浓度强酸，仍会造成严重后果。可根据酸性物质接触史，眼损伤当时临床表现，损伤后遗症结合视功能检查，是否存在眼球粘连、眼球运动受限等进行法医学鉴定。

2. 眼部碱烧伤。一般损伤区界限模糊，难以准确划定损伤区范围和深度，除眼表受损，较深层组织如晶体、虹膜等均可受累。

3. 眼部热烧伤。根据热烧伤史，结合伤后临床表现及鉴定时检查所见，可判断。

二、眼损伤并发症

1. 外伤性青光眼。导致外伤性青光眼的常见原因有前房出血、房角后退、晶状体脱位、玻璃体积血、炎症机化等，表现为不同程度的眼压升高并造成视神经损害、视觉功能

（尤其是视野缺损）损害。主要根据伤后临床表现和导致外伤性青光眼的病理基础确认，鉴定时注意排除其他非外伤性青光眼的可能。

外伤性青光眼判断要点：反复持续发生的眼压升高（>24mmHg），视神经损害（OCT示视神经纤维层变薄），视觉功能尤其是视野损害，损伤基础，高眼压需药物或手术治疗。

法医学鉴定：认定为外伤青光眼可直接评定其损伤程度，在病情稳定后再依据视力或视野情况进行补充鉴定；伤残等级鉴定则一定是在经过系统治疗后。

2. 交感性眼炎。交感性眼炎系一眼（刺激眼）遭受穿通性外伤或内眼手术后发生非化脓性葡萄膜炎，经过一定潜伏期后，健眼（交感眼）也发生同样性质的炎症。主要依据视力损害和眼球毁损的情况进行评定。

项目六　眼及视功能损伤鉴定注意事项

一、鉴定原则

眼及视功能损伤的法医学鉴定应运用临床眼科学、视觉科学和法医学理论和技术，结合司法鉴定实践，在客观检验的基础上，全面分析，综合判定。

对于被鉴定人自述伤后出现视功能障碍，法医临床鉴定人应根据眼附属器、眼球、视路等器官结构的检查结果，分析其损伤基础。对于无法用损伤性质、部位、程度等解释的视功能障碍，应排除损伤与视功能障碍之间的因果关系；对于自身疾病（或病理基础）以及认知功能障碍有关的视觉功能障碍，应分析伤病关系。

认定为损伤导致视功能障碍的，其障碍程度应与原发性损伤或因损伤所致的并发症、后遗症的性质、程度相吻合，应与伪盲或伪装视力降低检验的结合和/或视觉电生理的测试结果相吻合，尽量避免用单一的、主观的视觉功能检查结果评估其视功能障碍程度，并应排除本身疾病或病理基础的影响。

二、鉴定时机

除非特别说明，若根据视功能障碍进行损伤程度鉴定的，原则上应在损伤或因损伤导致的并发症、后遗症医疗终结后方可进行。

一般而言，较轻的或不遗留明显视觉功能障碍的眼部损伤，鉴定时机可适当提前；若存在视功能障碍或以视功能障碍为鉴定依据的，推荐其鉴定时机为损伤3个月~6个月以后。

三、鉴定一般程序

（一）了解案情

向委托人详细了解受伤时间、受伤经过等，确证有造成眼球、眼附属器或视路损伤的致伤因素，了解致伤因素的性质及作用的方式。必要时可要求委托人提供讯问笔录、现场监控视频等。

（二）病史采集

详细了解被鉴定人受伤当时眼部的症状、体征，眼损伤后的治疗经过，复阅伤后病历资料，包括伤后初诊记录、眼科检查记录、诊断、各种辅助检查结果、复诊记录等，了解被鉴定人是否伤后就出现视功能障碍，其视功能障碍的病程是否符合疾病的自然转归。了解伤前眼科病史（包括视觉功能情况），必要时应询问家族疾病史、全身疾病史及用药史。

（三）确定损伤基础

根据外伤史、致伤物、致伤方式以及临床病史记载，结合影像学检查、视觉电生理检查认定被鉴定人是否存在可以导致视功能障碍的眼部或视路的器质性损伤基础。

1. B 超：超声检查对于屈光间质混浊不能窥清眼底者具有重要的临床意义，可以明确眼球后部的破裂伤，发现非金属异物、晶体脱位和混浊、玻璃体混浊和积血、视网膜脱离、脉络膜脱离和缺损、眼球萎缩等。

2. 超声生物显微镜（UBM）：能形象显示眼前段结构图像，尤其在对房角（如房角后退、房角开放或关闭的鉴别）的观察、探查眼前段异物等方面，具有重要的意义。

3. X 光/CT/MRI：可用于检查眶骨骨折、眶内出血、眼球结构破坏、异物、眼球萎缩及视神经损伤等，部分非金属异物 MRI 可清晰显示。对于眶骨骨折，高分辨率薄层 CT 扫描可以明确显示是否存在骨折以及骨折的部位，是眶部损伤的首选检查方法。

4. 光相干断层扫描成像技术（OCT）：可以显示眼前段或眼后段的形态结构，尤其是视网膜的检查及诊断起到了难以替代的作用。OCT 可以了解眼底的视乳头和黄斑区的组织学改变，可测量视网膜中神经纤维层的厚度，有助于鉴别视网膜水肿、出血和渗出等基本变化。利用 OCT 扫描视盘，可以观察视盘视网膜神经纤维层厚度（RNFL）的变化情况，对于判断有无视神经萎缩具有重要意义。

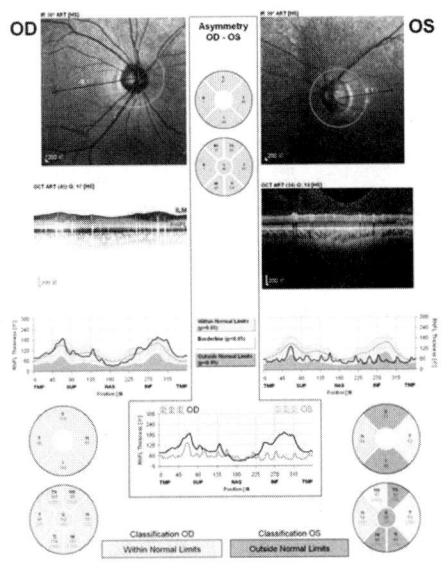

图 7-23　双眼视盘 OCT 检查示：左眼视盘周围视网膜神经纤维层厚度均值明显降低

5. 视觉诱发电位（VEP）：是一种客观的视功能检查方法。VEP 异常可以发生在视路的任何部位，如视网膜、视神经或大脑皮层，只有结合其他眼科检查才能准确定位损伤部位。闪光 VEP（F-VEP）反映光觉功能，在视力<0.1 时首选，若反应完全消失提示视神经传导通路切断。图形 VEP（P-VEP）能反映黄斑形觉功能，对当视力≥0.1 者可首选，可对视力进行大致推断与估算。

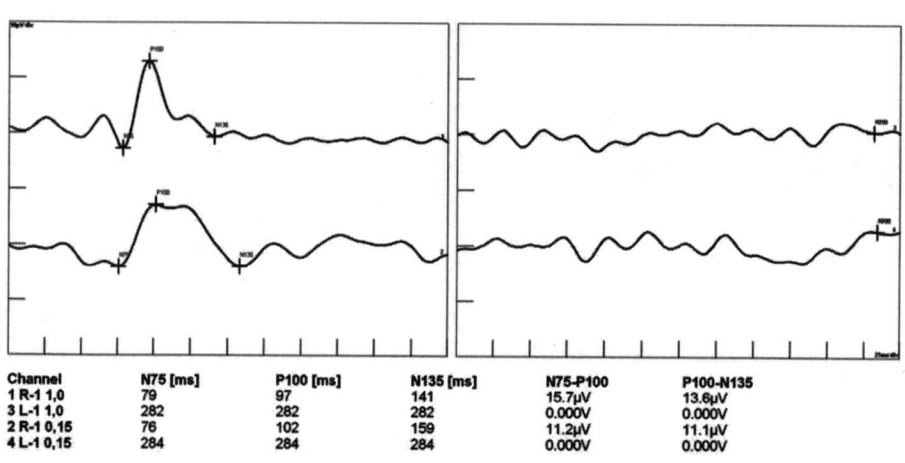

Channel	N75 [ms]	P100 [ms]	N135 [ms]	N75-P100	P100-N135
1 R-1 1,0	79	97	141	15.7µV	13.6µV
3 L-1 1,0	282	282	282	0.000V	0.000V
2 R-1 0,15	76	102	159	11.2µV	11.1µV
4 L-1 0,15	284	284	284	0.000V	0.000V

图 7-24　右眼 P-VEP 的 P100 波分化良好（左），

左眼 P-VEP 的 P100 波分化不良（右）、未见明显波形

6. 视网膜电图（ERG）：主要反映视网膜外层的情况，包括闪光 ERG（F-ERG）、图形 ERG（P-ERG）、多焦 ERG（mfERG）。mfERG 可以将视野客观地地形图化，视网膜病变所导致的视野缺损与其有着良好的对应关系，可以用于排除非器质性视野缺损。

（四）眼部结构及视功能检查

1. 眼部结构检查：依次进行眼附属器、眼前节、后节结构的检查。通过裂隙灯检查角膜、前房、瞳孔、晶状体、玻璃体，通过前房角镜检查房角，通过眼底镜或眼底照相检查视神经乳头、视网膜、脉络膜等，裂隙灯及眼底检查需在暗室进行。有必要的，还可选择眼压、眼球运动、眼球突出度、泪器功能等针对性检查。检查时应实时、客观、全面记录结果，对关键检查结果采用必要的方法存档以备复核。

2. 视功能检查：根据被鉴定人主诉的视功能障碍情况，检查其视力、视野等视功能情况。对疑有伪盲或伪装视力降低情况的，可选择进行相应伪盲或伪装视力降低的检查，还可以参考视觉电生理的检验结果。

3. 视力的检验和记录方法：常用国际标准视力表或视力表投影仪作为评价远视力的检查工具，检查距离一般为 5 米，以小数视力或对数视力方法记录视力水平，根据其可辨认的最小视标确定其视力水平。

法医鉴定标准所称的视力均为最佳矫正视力，鉴定时需对被鉴定人的受检眼进行充分的屈光矫正，可用电脑验光仪了解其有无屈光异常及大致程度，对存有屈光异常的，行插片试镜。

4. 视野的检查方法：动态视野检查的优势在于易行和快速，且能够全面地衡量视野范围，测定周边视野，对法医学鉴定具有重要意义。mfERG 和 mfVEP 等技术的应用，可为视野的客观检测提供帮助。

表 7-2　盲级视力损害分级标准（2003 年，WHO）

分类	远视力低于	远视力等于或优于
轻度或无视力损害		0.3
中度视力损害（视力损害 1 级）	0.3	0.1
重度视力损害（视力损害 2 级）	0.1	0.05
盲（盲目 3 级）	0.05	0.02
盲（盲目 4 级）	0.02	光感
盲（盲目 5 级）	无光感	

（五）判断外伤与视功能障碍因果关系

眼外伤的法医学鉴定中，明确眼部伤情/病变后，需要根据上述各项辅助检查、视觉功能检查结合外伤史、病历资料等进一步分析确定眼部目前状况与外伤之间的因果关系。

（六）损伤/伤残程度评定

1. 损伤程度：出现《人体损伤程度鉴定标准》中规定的眼球结构损伤性改变的，一经确诊，即可直接评定其损伤程度；遗留严重视觉功能障碍的，待医疗终结后再行复检，依据视功能检验结果重新评定伤情。

2. 伤残程度：出现《人体损伤致残程度分级》标准中规定的眼球结构损伤性改变的，一经确诊并达到一定程度，无论是否影响视功能，均可直接鉴定为相应伤残程度等级。合并遗留明显视功能障碍的，待医疗终结后根据视功能检查结果评定。合并评定（或就高评定）眼球结构破坏与功能障碍的伤残程度等级，应根据定残的眼球结构破坏与导致视觉功能构成残疾的损害是否为同一损伤改变而确定。

项目七　综合案例分析

一、简要案情及病史摘要

（一）简要案情

2019 年 6 月 9 日，黄某被他人用啤酒瓶打伤。

（二）病史摘要

2019 年 6 月 9 日至 2019 年 6 月 18 日某眼科医院住院病历记录：被人打伤致左眼睑部疼痛流血 5 小时。查体：左上眼睑部可见一长约 7cm 皮肤挫裂伤口，深至骨膜，可见眉弓骨折端。左眼视力稍差，诉伴少许视物模糊。治疗经过：入院后行左上眼睑清创缝合。出院情况：神清，左侧视力较差，诉视力模糊；右侧视力正常。左上眼睑部伤口愈合良好，已拆线。四肢感觉活动正常。出院诊断：①左颧骨额突粉碎性骨折；②额部粉碎性骨折；③眼眶上壁粉碎性骨折；④左眼上睑皮肤挫裂伤；⑤左眼视神经损伤。

2019 年 6 月 14 日某眼科医院门诊病历记录。查体：VOD：0.63，VOS：0.02。RAPD：OD（-），OS（+++）。左眼球运动自如，左眼结膜突出眼裂外，角膜完整，房水清，晶体透明，眼底网膜平。右眼角膜透明，房水清，晶体透明，眼底（-）。诊断：①视神经损伤；②眼睑裂伤术后 OS。

2019 年 6 月 21 日眼科 PVEP 报告记录：左眼 PVEP 各方格反应降低明显，伴反应延迟。右眼 PVEP 各方格反应正常。

二、法医学鉴定

（一）法医学检查

检查日期：2020 年 6 月 19 日

体格检查：神清，查体合作。左眉弓下见一 5.2cm 长横行线性瘢痕。诉左眼严重视力障碍。

眼科检查：主观视力：左眼 0.05（矫正无提高），右眼 1.0+4。左侧瞳孔正圆，直径 3.0mm，直接对光反射稍迟钝，间接对光反射灵敏，左眼前节未见异常，眼底视盘色苍白。右侧瞳孔正圆，直径 3.0mm，直接对光反射灵敏，间接对光反射稍迟钝，右眼前节及眼底未见异常。

阅片：2019 年 6 月 9 日头颅 CT 示：左颧骨额突粉碎性骨折，左额骨粉碎性骨折，左眶上壁粉碎性骨折。2019 年 6 月 15 日眶部 CT 示：左颧骨额突粉碎性骨折，左额骨粉碎性骨折，左眶上壁粉碎性骨折。

视觉电生理检查：左眼视觉传导通路功能异常，右眼视觉传导通路功能正常。左眼 90cm 距离×16 棋盘格刺激波形分化稍差，重复性尚可。右眼 250cm 距离×128 棋盘格刺激波形分化可，重复性尚可。

后节 OCT 检查：右眼黄斑区视网膜结构大致正常；左眼黄斑中心凹周围视网膜神经纤维层和节细胞层弥漫变薄。右眼节细胞层和内丛状层厚度正常；左眼节细胞层和内丛状层厚度弥漫变薄。右眼视网膜神经纤维层上下方变薄；左眼视网膜神经纤维层厚度弥漫变薄。

（二）鉴定意见

黄某因被他人打伤致颌面部多发性骨折伴左视神经损伤等，后遗左眼盲目 3 级，评定为重伤二级。

三、案例评析

黄某于 2019 年 6 月 9 日因被他人用啤酒瓶打伤左眼部，伤后经临床治疗，诊断为左颧骨额突、左额骨、左眶上壁粉碎性骨折，左眼上睑皮肤裂伤，左眼视神经损伤，目前被鉴定人伤情稳定，已达医疗终结。

本案黄某伤后即出现视物模糊，伤后约 6 天眼部专科检查见左侧瞳孔相对性传导阻滞、眼底无异常，至伤后 1 年余鉴定时检查眼底见视盘色泽苍白，OCT 示左眼黄斑区视网膜变薄，视盘周围视网膜神经纤维层厚度明显降低，视觉诱发电位提示左眼视觉传导通路异常，符合外伤后视神经逐渐萎缩改变，且影像学检查提示额、眶部多发性骨折，提示眼部遭受外力严重，具有引起严重视觉功能障碍的损伤基础，与目前主观视力检查所见的左眼盲目 3 级（视力 0.05）吻合。因此，其视神经损伤符合本次外伤所致，其左眼目前视力后果与本次外伤之间存在直接因果关系。据此，依照《人体损伤程度鉴定标准》5.4.2.a）之规定，黄某本次面部损伤后遗左眼盲目 3 级，评定为重伤二级。

项目八　技能训练

一、训练内容
眼及视功能损伤鉴定方法的训练。

二、训练目的与要求
（一）目的
通过完成该项训练，使学生掌握眼及视功能损伤鉴定的基本方法。

（二）要求
1. 应用人体解剖学、生理学等检查与识别眼部及视觉通路的基本要领。
2. 利用辅助检查鉴定眼及视神经损伤的基本要领。
3. 运用鉴定标准分析并确立鉴定意见的基本要领。

三、训练方法
1. 给定人体损伤模型，学生根据所学法医学知识检查并记录眼及视神经损伤的表现。
2. 通过系列辅助检查结果的观察，由学生指出眼及视神经损伤的部位或损伤的性质，并进行分析说明。
3. 学生通过模拟案例训练，完成对眼及视神经损伤鉴定案件的人身检查、影像学查验、鉴定标准套用、分析说明以及鉴定意见确立的综合运用。

四、训练素材
人体损伤模型（实训室）、影像学照片（胶片或数字图像）、训练案例（或声像资料）。

五、训练评价
通过训练，综合评价学生对眼及视神经损伤案件的体格检查能力、神经系统专科检查能力、辅助检查的诊断能力、标准运用能力以及案例逻辑分析能力等。

启发与思考

1. 眼损伤合并视功能损害时，如何对视功能检测结果进行正确的评估？
2. 视神经损伤致视功能损害的法医学鉴定要点及注意事项。
3. 外伤性青光眼的鉴定依据？

耳鼻咽喉与口腔颌面部损伤鉴定

学习目标

1. 知识目标：了解耳鼻咽喉与口腔颌面部的解剖生理特点，熟悉此处损伤体表及影像学检查特点，了解鉴定基本程序，掌握鉴定标准的运用。

2. 能力目标：熟悉耳鼻咽喉与口腔颌面部损伤特点，初步掌握此部位损伤鉴定的工作能力。

内容结构

1. 解剖生理概述。

2. 耳部损伤及法医鉴定。

3. 鼻部损伤及法医鉴定。

4. 咽喉部损伤及法医鉴定。

5. 口腔、颌面部损伤及法医鉴定。

6. 综合案例分析。

7. 技能训练。

导读

耳、鼻、咽喉及口腔颌面部损伤是司法鉴定实践中较常见的损伤，此部位的损伤可致容貌毁损，以及听觉、嗅觉、发声、咀嚼、吞咽等功能障碍，对日常生活活动能力造成严重损害。掌握耳、鼻、咽喉及口腔颌面部损伤的特点及检验方法，是进行客观公正的司法鉴定的基础。

项目一 解剖生理概述

一、耳部解剖与生理特点

（一）耳部解剖

耳由外耳、中耳、内耳组成。外耳包括耳廓、外耳道、鼓膜。中耳包括鼓室、咽鼓管、乳突窦和乳突小房，为一含气的不规则腔道。内耳位于颞骨岩部的骨质内，其形态不规则，构造复杂，又称为迷路，由骨迷路和膜迷路两部分组成。

（二）声音传导

声音传导分为空气传导和骨传导两条途径。声音通过鼓膜和听骨链传入内耳称为空气传导，声音通过颅骨传导到内耳称为骨传导。正常情况下，以空气传导为主。

1. 空气传导。声波经外耳道传至鼓膜，引起鼓膜振动，继而使听小骨链随之运动，将声波转换成机械振动并加以放大，经镫骨底传至前庭窗，引起前庭阶的外淋巴波动。外淋巴波动经前庭膜传至内淋巴，内淋巴的波动刺激基底膜上的螺旋器，产生神经冲动传入中枢，产生听觉。从听觉生理功能看，外耳起集音作用，中耳起传音作用，内耳具有感音功能。

2. 骨传导。声波的冲击和鼓膜的振动可经颅骨和骨迷路传入，使耳蜗内的外淋巴和内淋巴波动，刺激基底膜上的螺旋器产生神经兴奋，引起较弱听觉。

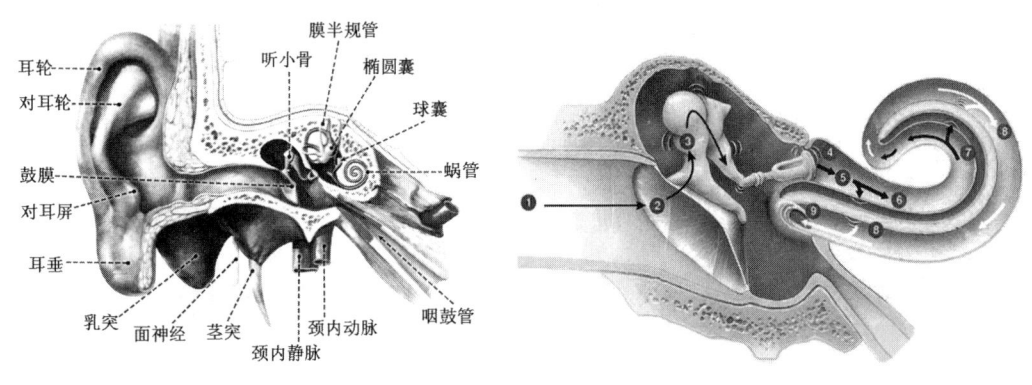

图 8-1　耳部解剖　　　　　　　图 8-2　声音的空气传导

二、鼻部解剖与生理特点

鼻是呼吸通道，又是嗅觉器官，由外鼻、鼻腔、鼻旁窦组成。外鼻以鼻骨和鼻软骨为支架，外被皮肤、内覆黏膜。鼻腔左右各一，由骨和软骨及表面被覆的黏膜和皮肤构成。鼻旁窦为含气颅骨开口于鼻腔的骨性腔洞，分别位于额骨、筛骨、蝶骨和上颌骨内。

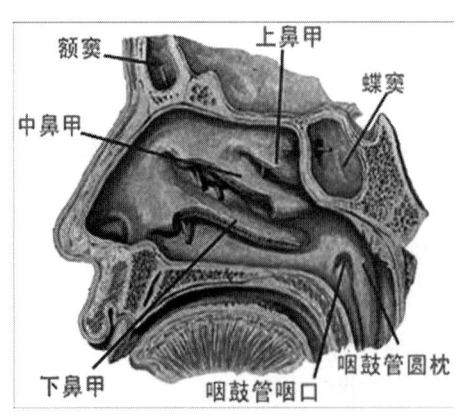

图 8-3　鼻部解剖

三、咽喉部的解剖与生理特点

咽是呼吸道和消化道上端的共同通道，上宽下窄、前后扁平略呈漏斗形。前面与鼻腔、口腔和喉腔相同，后壁与椎前筋膜相邻，两侧与颈部大血管和神经毗邻。咽以软腭平面、会厌上缘平面为界，自上而下分为鼻咽、口咽和喉咽三部分。咽为呼吸与消化的共同通道，具有呼吸、言语形成、吞咽、防御保护、调节中耳气压以及扁桃体免疫功能。

喉是呼吸的重要通道，上通喉咽、下通气管。喉的支架由甲状软骨、环状软骨、会厌软骨和成对的杓状软骨等喉软骨组成。喉的各软骨之间，以及喉与周围组织均由纤维韧带互相连接。喉具有呼吸、发声、保护下呼吸道等功能。

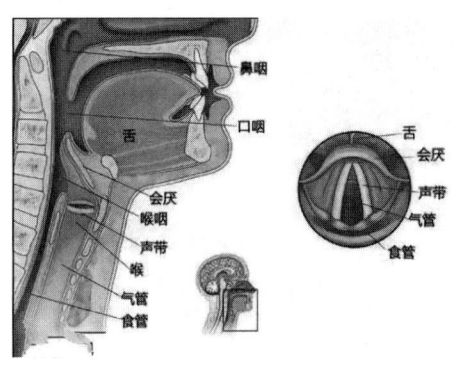

图 8-4　咽喉部解剖

四、口腔及颌面部的解剖与生理特点

口腔颌面部位为人体最显露的部位，处于人的视觉中心。其上起前额发际线下，下至下颌骨下缘，左右达两耳根前。口腔颌面部的组织器官具有摄食、咀嚼、感受味觉、吞咽、表情及辅助语言和呼吸的功能。

项目二　耳部损伤及法医鉴定

耳部损伤为司法实践过程中较为常见的损伤，其法医学鉴定主要包括容貌毁损、听力障碍、平衡功能损害等。

一、耳廓、外耳道损伤

（一）损伤原因与机制

1. 耳廓损伤。耳廓突出外露，容易受到损伤。耳廓的损伤常见于钝性撞击造成的挫伤，撕、拉、拧、造成的撕裂伤，撕咬造成的撕裂或缺损，亦可于锐器所致的切割伤、火器伤、冻伤、烧灼伤等。

2. 外耳道损伤。手术器械操作不当或挖耳常致外耳道外 1/3 软骨部皮肤撕裂伤或灼伤。严重的外耳道损伤多因锐器、火器、烧伤、化学物质腐蚀等所致。

（二）临床表现

1. 耳廓损伤。轻者仅表现为局部红肿、触痛等。重者可致软骨膜下或皮下积血，形成血肿，如血肿机化还可致耳廓增厚变形，并可继发感染导致耳廓畸形。严重的耳廓撕裂伤可有组织缺损，甚至耳廓部分或完全离断。

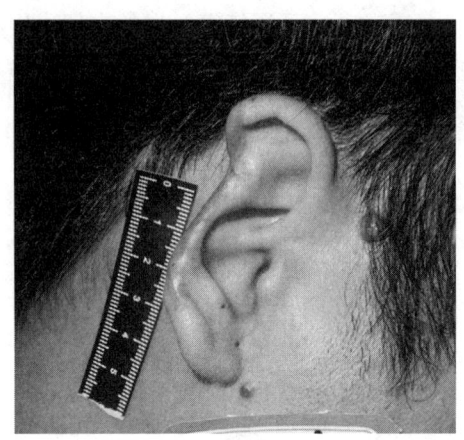

图 8-5　耳廓部分缺失

2. 外耳道损伤。轻者可见外耳道皮肤擦挫伤，局部肿胀及疼痛。严重损伤致外耳道出血及积血，可继发感染。骨性外耳道损伤，可致外耳道狭窄，影响听力。

（三）法医学鉴定

1. 损伤认定：耳廓及外耳道的损伤根据外伤史和临床表现不难认定。若存在骨性外耳道损伤可行影像学检查。

2. 损伤程度鉴定：耳廓损伤依据耳廓损伤的性质及程度进行鉴定。如按《人体损伤程度鉴定标准》规定，耳廓离断、缺损或者挛缩畸形累计相当于一侧耳廓面积的 15%、30%、50%以上，可分别构成轻伤二级、轻伤一级、重伤二级。外耳道损伤依据损失程度进行评定。如依据上述标准，一侧外耳道横截面 1/2 以上狭窄可构成轻伤二级，双侧外耳道闭锁可构成轻伤一级。

3. 伤残等级鉴定：根据耳廓缺损或畸形程度进行鉴定。如按《人体损伤致残程度分级》规定，耳廓缺损或者畸形，累计相当于一侧耳廓的 30%、一侧耳廓，可分别评定为十级、九级伤残。

二、听力损伤

从听觉生理功能看，外耳、中耳、内耳损伤均可引起不同程度的听力减退甚至丧失，本单元主要介绍中耳和内耳损伤所致情况。

（一）耳聋的分类

1. 传导性耳聋。经空气路径传导的声波，受到外耳道、中耳病变的阻碍，到达内耳的声能减弱，致使不同程度听力减退称为传导性耳聋。如听骨链损伤、鼓膜穿孔。

2. 感音神经性耳聋。内耳听毛细胞、螺旋神经节、听神经或听觉中枢器质性病变均可阻碍声音的感受与分析或影响声信息的传递，导致听力减退或听力丧失称为感音神经性耳聋。常见如颅脑损伤、内耳损伤等。

3. 混合性耳聋。中耳、内耳病变同时存在，影响声波传导与感受所造成的听力障碍称为混合性耳聋。

（二）听力障碍的分级

根据 1997 年 WHO 听力障碍分级，以 0.5Hz、1kHz、2kHz、4kHz 四个声音频率所测得听阈值的平均 dB（分贝）数进行分级，见下表。

表 8-1　WHO（1997）耳聋分级标准

听阈均值（dB HL）	程度	症状表现
0~25	正常	没有或者很轻的听力问题，可以听到耳语
26~40	轻度	能够听到 1 米的正常说话
41~60	中度	能够听距离 1 米的大声说话
61~80	重度	能够听一些对着耳朵大声说的词汇
≥80	极重度	对大声的说话也不能听到或理解

（三）辅助检查

听觉功能检查是观察被检查人对声音刺激的反应，其目的在于判断听力障碍的程度及病变部位。测听方法一般分为两大类：主观测听法和客观测听法。

1. 主观测听法：由被检查人主观判断对声音的感受，并作出某种行为反应，包括音叉试验、纯音听力计测试、言语测听等。目前临床最常用的听力检查方法是纯音听力计测试，不仅可以了解被检查人受试耳的纯音听阈，并可初步判断耳聋的类型和损害部位。

2. 客观测听法：不需要被检查人的行为配合，不受其主观影响，故检查结果客观、可靠。常用的客观测听发有声导抗、听觉诱发电位、声反射等。

（四）鼓膜穿孔

多因直接或间接外力损伤所致。直接损伤如挖耳、外耳道异物等。间接损伤多见于压力损伤，如掌击耳面部，爆破、潜水等。

耳痛、耳鸣、听力下降，有时有少量出血从外耳道流出。耳镜检查可见穿孔多位于紧张部的后下方及前下方，穿孔多呈线状、三角形或裂隙状，穿孔边缘可见血迹，外耳道可有血迹或血痂。单纯的鼓膜穿孔所致耳聋属传导性耳聋，如合并内耳损伤还可致眩晕、恶心及混合性耳聋。绝大多数的外伤性鼓膜穿孔可在 3 周~4 周内自愈，较大而不能自愈者可行鼓膜修补术。

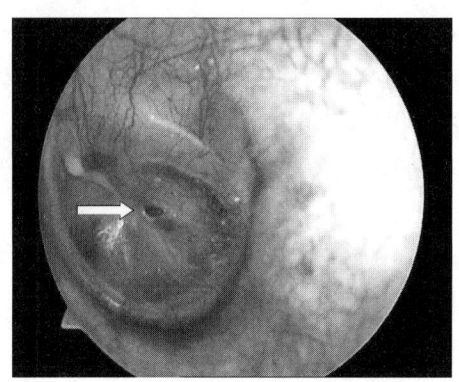

图 8-6　外伤性鼓膜穿孔

（五）听骨链损伤

听骨有 3 块，即锤骨、砧骨和镫骨，三块小骨互相连接形成听骨链。当声波冲击鼓膜时，听骨链相继运动，将声波的振动转换成机械能传入内耳。

听骨链位置较深，单独损伤的少见，多与颞骨骨折同时发生。最常见的是砧镫关节脱位。听骨链损伤后即可出现耳痛、耳鸣、听力下降。听力下降主要为传导性耳聋，听力损失一般大于 50dB，不超过 60dB。薄层 CT 和声导抗检查有助于诊断。

（六）内耳损伤

内耳常见损伤为迷路震荡，在外力作用下，强大的压力波传至颅底，从而导致迷路震荡。迷路震荡包括耳蜗核、前庭核、螺旋器、螺旋神经、耳蜗神经等部位损伤。

伤后出现耳鸣、眩晕、眼震、听力下降等听力障碍和平衡功能障碍。耳聋为感音神经性耳聋，以双侧多见，但常以一侧为重。前庭功能检查会有不同程度的减退。

（七）法医学鉴定

1. 损伤认定：根据外伤史、损伤后的临床表现，以及辅助检查结果可认定。如利用鼓膜内窥镜检查并摄像可作为鼓膜损伤的客观依据。听力障碍检查时应首先进行纯音听阈测试，在四个频率均数达到伤残等级时，应进行客观听阈评估的检查。

2. 损伤程度鉴定：根据《人体损伤程度鉴定标准》，单纯的外伤性鼓膜穿孔构成轻微伤；如外伤性鼓膜穿孔 6 周不能自行愈合者，听骨骨折或者脱位，听骨链固定，均构成轻伤二级。此外，可根据听觉功能障碍和平衡功能障碍评定损伤程度，如一耳听力障碍（≥81dB HL），伴有同侧前庭平衡功能障碍，可达重伤二级。

3. 伤残等级鉴定：涉及听力障碍的鉴定时机应在损伤 90 天～180 天后。依据《人体损伤致残程度分级》，可根据听力损害程度或平衡功能障碍评定伤残等级。如一耳听力障碍≥61dB HL 构成十级伤残；一侧前庭平衡功能丧失，伴听力减退，构成十级伤残。

项目三　鼻部损伤及法医鉴定

鼻部暴露于面部，并有明显突起，其损伤多为骨折、软组织损伤等形态学损伤。

一、软组织损伤

外鼻突出于颜面部的中央，极易受到损伤。各种锐器切割、钝器撞击或他人撕咬、冻伤等均可致其损伤。临床表现为局部疼痛，软组织肿胀、出血，严重者可合并鼻骨骨折。

二、鼻骨、鼻中隔骨折

（一）损伤原因与机制

鼻骨骨折多由钝性暴力直接打击或锐器砍刺所致。鼻骨骨折分为线性骨折和粉碎性骨折。另外，鼻骨骨折或者鼻部严重的软组织损伤均可导致鼻中隔骨折。

（二）临床表现

局部疼痛、肿胀，鼻出血，鼻及鼻周围畸形，如鼻背塌陷、鼻梁偏斜等。鼻中隔骨折还可以致鼻塞，严重者可引起嗅觉功能减退。X 线、CT 等影像学检查可以明确骨折的部位、性质和程度。

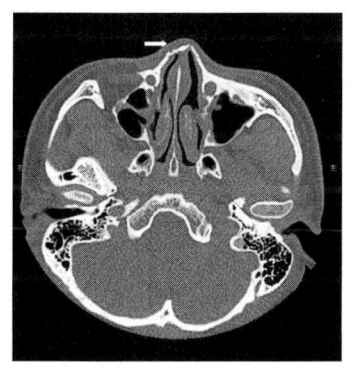

图 8-7　鼻骨骨折

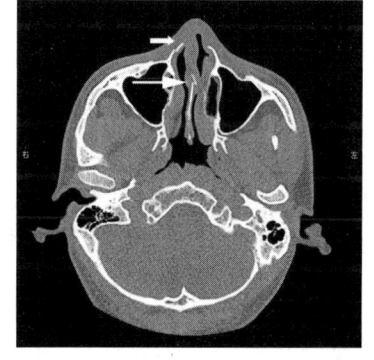

图 8-8　鼻中隔、右侧上颌骨额突骨折

三、法医学鉴定

1. 损伤认定：根据外伤史及临床表现，并结合影像学检查可以明确。

2. 损伤程度鉴定：《人体损伤程度鉴定标准》规定，鼻骨粉碎性骨折，双侧鼻骨骨折，鼻骨骨折合并鼻中隔骨折，可构成轻伤二级；鼻尖或者一侧鼻翼缺损，为轻伤二级。

3. 伤残等级鉴定：根据《人体损伤致残程度分级》鼻尖或鼻翼部分缺损深大软骨，构成十级伤残；一侧鼻翼或者鼻尖大部分缺损或者严重畸形，构成九级伤残；双侧鼻翼大部分缺损，或者鼻尖大部分缺损合并一侧鼻翼大部分缺损，构成八级伤残。不过该标准中未对鼻骨骨折和鼻中隔骨折作具体规定。

项目四　咽喉部损伤及法医鉴定

一、损伤原因和机制

钝器、锐器和火器等均可直接造成咽喉的损伤，如扼颈、勒颈、锐器切割、刺伤、枪弹、爆炸等，可呈开放性，也可为闭合性。高温气体、液体或者强酸、强碱等化学性腐蚀气体、液体，可造成咽喉内部烫伤或烧灼伤。

二、临床表现

根据损伤情况和程度不同，可表现为咽喉疼痛、出血、呼吸困难、声音嘶哑或失声、吞咽困难等症状。

三、法医学鉴定

1. 损伤认定：根据外伤史及临床表现，结合喉镜、影像学检查可以认定。

2. 损伤程度鉴定：依据咽喉损伤后吞咽功能障碍和发声障碍予以评定。《人体损伤程度鉴定标准》中咽喉部损伤可评定轻伤二级至重伤一级不等。

3. 伤残等级鉴定：同损伤程度一样，伤残等级的评定也涉及吞咽功能障碍和发声功能障碍。依据《人体损伤致残程度分级》，发生功能或者构音功能轻度障碍，可构成九级伤残，重度障碍则为八级。吞咽功能功能障碍，完全依赖胃管进食，构成三级伤残；咽或者咽后区损伤遗留吞咽功能障碍，只能吞咽流质食物，构成五级伤残，只能吞咽半流质食物则为七级伤残。

项目五　口腔、颌面部损伤及法医鉴定

口腔颌面部损伤根据解剖部位，分为口腔损伤和颌面部损伤。由于口腔颌面部位于头部，暴露于体表，因此各种事故均易造成该部位损伤，是司法鉴定实践中的常见损伤之一。

一、口唇损伤

（一）概述

口唇的范围包括上下唇和口裂周围的面部组织，上自鼻孔底线，下至颏唇沟，两侧至唇面沟。口唇是进食、言语活动的重要器官之一，也是容貌的重要组成部分。

钝器、锐器或火器直接作用于唇部致其损伤。口唇损伤后表现为局部肿胀、出血，若全层贯通伤，由于口轮匝肌断裂、收缩，创口多开明显，有时会误认为存在唇缺损。

（二）法医学鉴定

1. 损伤认定：根据外伤史和临床表现不难认定。

2. 损伤程度鉴定：按《人体损伤程度鉴定标准》规定，口唇离断或者缺损致牙齿外露 1 枚以上，为轻伤一级，如牙齿外露 3 枚以上，为重伤二级。

3. 伤残等级鉴定：依据《人体损伤致残程度分级》规定，唇缺损或者瘢痕畸形致露齿、唇外翻或者小口畸形构成十级伤残，唇缺损或者畸形，露齿 3 枚以上（其中 1 枚露齿达 1/2）构成九级伤残，唇缺损或者畸形累计相当于上唇 1/2 以上，构成八级伤残，上唇 2/3 以上则构成六级伤残。

二、舌损伤

（一）概述

舌是位于口腔底的肌性器官，具有食物搅拌、协助吞咽、参与语言和感受味觉等功能。单纯的舌损伤常见于咬伤，他人或者自身牙列咬伤均有可能。下颌骨骨折、义齿等也可造成舌损伤。临床表现主要为舌的裂伤和舌缺损。根据舌损伤的不同程度，可致齿擦音不清晰、吞咽功能下降、吞咽困难等。

（二）法医学鉴定

1. 损伤认定：通过外伤史和临床表现即可确认。

2. 损伤程度鉴定：根据《人体损伤程度鉴定标准》，舌体离断或者缺损达舌系带可的评定为重伤二级，如舌缺损未损伤达舌系带则评定为轻伤二级。

3. 伤残等级鉴定：根据《人体损伤致残程度分级》，舌部分缺损为十级伤残，舌体缺损达舌系带为八级伤残，舌根大部分缺损为五级伤残。

三、牙损伤及牙槽骨骨折

牙是人体最坚硬的器官，由牙冠、牙根、牙颈三部分组成，具有对食物进行咀嚼和辅助发音作用。人一生中有两副天然牙，按照萌出的时间分为乳牙和恒牙。牙镶嵌于上、下颌骨的牙槽内，分别排列成上牙弓和下牙弓。牙槽骨是颌骨包围牙根的部分，牙根位于牙槽骨内，牙槽骨具有支持和固定牙齿的作用。

（一）损伤原因和机制

由直接或间接的外力打击所致，如车祸、摔跌、碰撞等。牙损伤的类型有牙挫伤、牙脱位和牙折断，牙折断又分为冠折、根折和牙冠联合牙折。牙槽骨骨折常与牙损伤同时发生，以上颌前部较多见。

（二）临床表现

牙挫伤时牙周膜和牙龈损伤，可致充血、水肿，牙松动、疼痛。牙脱位时牙周膜发生撕裂，牙齿松动、倾斜。牙冠折如为轻微折损，可无刺激症状，如损伤致牙髓，可出现冷、热、酸等刺激过敏症状。牙根折时牙松动并有触动感，根冠联合牙折产生明显的咬合疼痛。

牙槽骨骨折常伴有牙松动、牙折断或牙脱落。当摇动损伤区的牙时，可见邻近数牙及骨折片随之移动，发生咬合错乱。

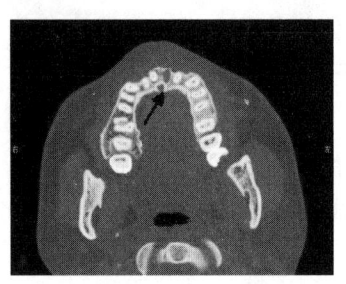

图 8-9　左上中切牙缺失，中切牙牙槽骨骨折

（三）法医学鉴定

1. 损伤认定：根据外伤史、临床表现以及影像学检查可以确认。在实践过程中需注意的鉴别外伤与自身牙疾病的因果关系。

2. 损伤程度鉴定：根据《人体损伤程度鉴定标准》规定，牙齿脱落或者牙折 2 枚以上为轻伤二级，牙齿脱落或者牙折 4 枚以上为轻伤一级，牙齿脱落或者牙折 7 枚以上为重伤二级。

3. 伤残等级鉴定：根据《人体损伤致残程度分级》规定，牙齿缺失或者折断 7 枚以上、牙槽骨部分缺损并牙齿缺失或者折断 4 枚以上构成十级伤残。

四、颌面部软组织损伤

（一）概述

颌面部软组织损伤多为直接暴力作用所致，如锐器、钝器、火器直接打击所致。损伤局部表现为肿胀、出血、淤血、压痛。如为开放性伤口，可见创口，愈合后可形成瘢痕。

（二）法医学鉴定

1. 损伤认定：可根据外伤史及临床表现认定。在损伤程度和伤残等级评定中，主要依据容貌毁损和瘢痕情况来评定。

容貌毁损程度分级：

（1）重度，即面部瘢痕畸形，并有六项中四项：①眉毛缺失；②双睑外翻或者缺失；③外耳缺失；④鼻缺失；⑤上、下唇外翻或者小口畸形；⑥颈颏粘连。

（2）轻度，即面部瘢痕畸形，并有六项中四项：①眉毛部分缺失；②眼睑外翻或者部分缺失；③耳廓部分缺失；④鼻翼部分缺失；⑤唇外翻或者小口畸形；⑥颈部瘢痕畸形。

面部中心区是指以眉弓水平线为上横线，以下唇唇红缘中点处作水平线为下横线，以双侧外眦处作两条垂直线，上述四条线围绕的中央部分为面部中心区。

2. 损伤程度鉴定：根据《人体损伤程度鉴定标准》，容貌毁损重度为重伤一级，轻度为重伤二级。面颊穿透创，皮肤创口或者瘢痕长度 1.0cm 以上为轻伤二级。面部单个创口或者瘢痕长度 4.5cm 以上；多个创口或者瘢痕长度累计 6.0cm 以上为轻伤二级。面部单个创口或者瘢痕长度 4.5cm 以上；多个创口或者瘢痕长度累计 10.0cm 以上为轻伤一级。面部条状瘢痕（50%以上位于中心区），单条长度 10.0cm 以上，或者两条以上长度累计 15.0cm 以上为重伤二级。

3. 伤残等级鉴定：《人体损伤致残程度分级》根据面部瘢痕的长度，以及面部中心区的瘢痕长度及宽度，或者面部瘢痕的面积进行评定，可评六至十级不等。轻度容貌毁损可构成九级伤残，重度容貌毁损可致二级伤残。

五、面神经损伤

面神经是人体中穿过骨管最长的脑神经，是支配面部表情的运动神经，同时也是最易受到损伤的脑神经。

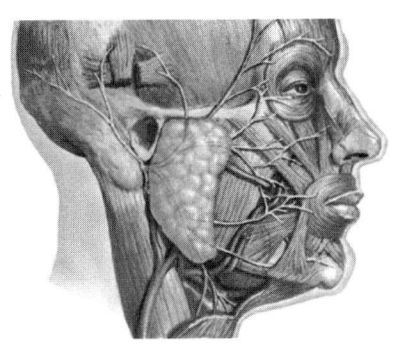

图 8-10　面神经分布及走行

（一）损伤原因和机制

面神经损伤可由车祸、锐器、火器、枪弹所致开放性损伤，亦可由颞骨骨折、咬肌部或腮腺部软组织损伤所致的闭合性损伤。

（二）临床表现

面瘫是面神经损伤最主要的临床表现，可分为静态和动态两种异常表现。静态表现为伤侧额纹消失，鼻唇沟变浅，口角下垂牵向健侧，不能闭眼。动态表现为皱眉不能，鼓腮漏气，张口是口角偏向健侧，说话时唾液从口角滴落，角膜反射消失。CT 等影像学检查可以发现骨折部位及程度，神经电生理检查是评价面神经损伤可靠的客观依据。

（三）法医学鉴定

1. 损伤认定：根据外伤史、临床表现以及影像学检查和神经电生理检查予以认定。

2. 损伤程度鉴定：依据《人体损伤程度标准》，面神经损伤致一侧面肌部分瘫痪，遗留眼睑闭合不全或者口角歪斜，评定为轻伤一级。面神经损伤致一侧面肌大部分瘫痪，遗留眼睑闭合不全和口角歪斜，评定为重伤二级。

3. 伤残等级鉴定：《人体损伤致残程度分级》规定，一侧部分面瘫为十级伤残。一侧部分面瘫，遗留眼睑闭合不全或者口角歪斜为九级伤残。一侧大部分面瘫，遗留眼睑闭合不全或者口角歪斜为八级伤残。双侧大部分面瘫、一侧完全性面瘫、双侧完全性面瘫分别构成七级、六级、五级伤残。

六、颌骨骨折

（一）概述

颌骨分为上颌骨和下颌骨，颌骨的骨折常合并牙损伤、颞下颌关节损伤，可造成张口活动受限、咬合关系紊乱等而致伤残。常由钝性外力直接作用所致，骨折后由于外力和肌肉的牵拉，骨折段可发生移位，致使咬合关系紊乱，张口活动受限。

临床表现为局部肿胀、疼痛，骨折端移位致咬合关系紊乱，张口受限，咀嚼、呼吸、吞咽、言语等功能障碍。CT 可明确骨折部位、性质以及有无邻近骨损伤。

（二）法医学鉴定

1. 损伤认定：结合外伤史、临床表现、影像学检查可判定。

2. 损伤程度鉴定：《人体损伤程度鉴定标准》规定，颌骨骨折（牙槽突骨折及一侧上颌骨额突骨折除外）为轻伤二级。

3. 伤残等级鉴定：《人体损伤致残程度分级》中关于颌骨骨折的伤残评定，主要依据是否合并牙齿缺失或折断、张口受限程度、以及牵引或者治疗后遗留功能障碍情况评定。

项目六　综合案例分析

一、简要案情及病史摘要

林某，男，54 岁，某年 5 月 12 日因"车祸致头痛、头晕伴出血 4 小时"就诊。专科检查：头面部多处挫伤伴皮下肿胀，无渗出，双眶见皮下淤血，双侧鼻部见陈旧性血痂，左侧鼻腔活动性渗血；粗测听力可，伸舌居中，口腔可见上门牙掉裂，有渗血；下牙龈中间断裂错开，无渗出。颌面部及眶周瘀青，右眼视物模糊，左眼复视，左侧颧骨颧弓塌陷，压痛。张口度一横指半，#11、21、22 缺失、#43、42 松动，牙龈撕裂，可触及骨折断端，骨折块松动，咬合关系紊乱，右侧牙早接触，左侧后牙开合。

住院经过：入院完善相关检查，于 05/18 行颧骨上颌骨复合骨折切开复位内固定术+下颌骨骨折切开复位内固定术+复杂牙拔除术×5+牙槽骨修整术+上颌骨骨折切开复位内固定术+修复前软组织成型术+上颌骨缺损植骨修复术+下颌骨去骨皮质术等治疗。

手术记录：右下颌体部骨折、左下颌升支前缘骨折，修整骨折断端移位的骨皮质至平缓后予以松解后复位，使用两块四孔钛板及钛钉平行固定。右上颌骨、左上颌骨、颧骨颧弓复合体切开复位内固定术：拔除#18、14、11、22、32 牙齿，清除游离碎骨片，前部牙槽突修整，予以松解后，配合咬合，颌间结扎恢复咬合关系后，行钛板钛钉内固定。

二、法医学鉴定

当年 11 月委托某司法鉴定机构行伤残等级鉴定。体格检查：面部对称无畸形，张口活动受限，张大口时约容纳 2 横指，咬合关系尚可。#11、12、14、18、21、22、32、46、47 牙缺失，#23、43、46 牙残根残留。

阅片：当年 5 月 12 日 CT 片示：双侧上颌窦前壁、左侧上颌窦后壁、左侧颧弓、左侧翼内外板粉碎性骨折；左侧硬腭、左侧下颌骨体部及右侧下颌骨颏部骨折；多颗牙齿缺失。当年 9 月 CT 示：颌面部多发骨折内固定术后，内固定物在位；多颗牙齿缺失。

鉴定意见：根据《人体损伤致残程度分级》第 5. 9. 2. 22)、5. 10. 2. 26) 款项之规定，林某因交通事故外伤致颌骨骨折并内固定术后遗留张口受限评定为九级伤残，其牙齿缺失 7 枚以上，评定为十级伤残。

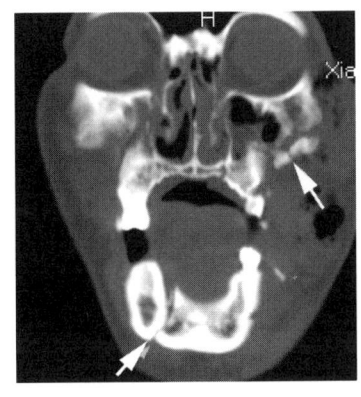 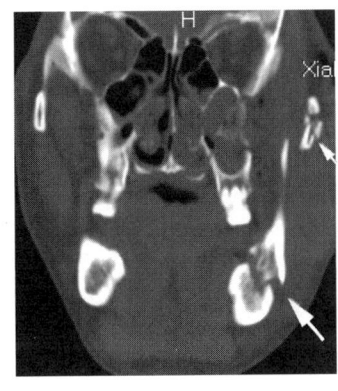 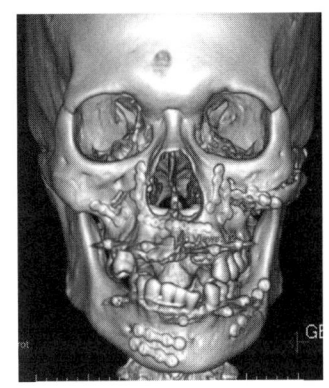

图 8-11　损伤当时 CT 检查　　　　　8-12　内固定术后影像学检查

三、案例评析

本案中，根据交通事故外伤史、受伤当时临床表现、影像学检查，其颌骨骨折、牙齿缺失等口腔颌面部损伤不难认定。在行体格检查时，需仔细检查其牙齿缺损情况，以及颌骨骨折后对咬合关系、张口活动的影响。

项目七　技能训练

一、训练内容
耳鼻咽喉、口腔颌面部损伤鉴定方法的训练。

二、训练目的与要求
（一）目的
通过完成该项训练，使学生掌握人体耳鼻咽喉、口腔颌面部损伤鉴定的基本方法。

（二）要求

1. 应用人体解剖学检查与识别耳鼻咽喉、口腔颌面部损伤的基本要领。

2. 利用影像学及电生理方法鉴定耳鼻咽喉、口腔颌面部损伤的基本要领。

3. 运用鉴定标准分析并确立鉴定意见的基本要领。

三、训练方法

1. 给定人体损伤模型，学生根据所学解剖学知识检查并记录确耳鼻咽喉、口腔颌面部的损伤。

2. 通过系列影像学照片的观察，由学生指出耳鼻咽喉、口腔颌面部损伤的部位及损伤的性质，并进行分析说明。

3. 学生通过模拟案例训练，完成对耳鼻咽喉、口腔颌面部损伤案件的人身检查、影像学查验、神经电生理检查、鉴定标准套用、分析说明以及鉴定意见确立的综合运用。

四、训练素材

人体损伤模型（实训室）、影像学照片（胶片或数字图像）、训练案例（或声像资料）。

五、训练评价

通过训练，综合评价学生对耳鼻咽喉、口腔颌面部损伤的体格检查能力、阅片能力、标准运用能力以及案例逻辑分析能力等。

启发与思考

1. 耳聋的分类及主要检查方法？
2. 面瘫的临床表现、检验方法及鉴定要点？

颈部、胸部损伤鉴定

1. 知识目标：了解颈部、胸部的解剖生理特点，熟悉颈部、胸部损伤体表及影像学检查特点，了解鉴定基本程序，掌握鉴定标准的运用。

2. 能力目标：熟悉颈部、胸部损伤的特点，初步掌握颈部、胸部损伤鉴定的工作能力。

内容结构

1. 解剖生理概述。

2. 颈部损伤及法医鉴定。

3. 胸部损伤及法医鉴定。

4. 综合案例分析。

5. 技能训练。

导读

颈、胸部损伤在交通事故、高坠伤及刑事案件中比较常见。其中胸部更是外来暴力作用人体的常见部位。有文献报道，全球每年因交通事故而死亡的病例，25%直接死于胸部外伤，另25%死亡与胸部创伤相关。司法鉴定实践中涉及颈部、胸部损伤鉴定的案例并不少见。尤其是涉及肋骨的隐匿性骨折、新旧骨折、骨折畸形愈合等更是法医学鉴定的难点问题，时常在鉴定过程中引起争议。熟悉颈、胸部解剖要点、损伤特点及鉴定方法是实践中解决相关问题的关键。

项目一 解剖生理概述

一、颈部解剖与生理特点

颈部向上与颅底相连接，向下与胸腔相交通，前方正中为甲状腺、呼吸道与消化道的颈段，两侧有纵行的大血管、神经和淋巴结。

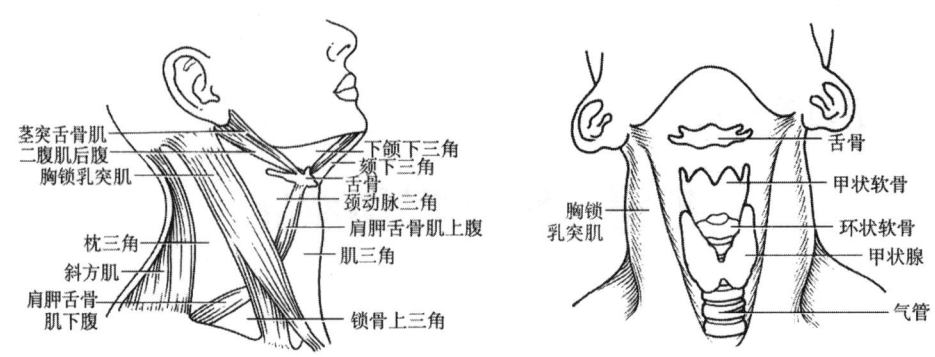

图 9-1 颈部解剖概况

二、胸部解剖与生理特点

胸部由胸骨、胸椎和肋骨及软组织围成，是人体第二大体腔。上与颈部相连，下有横膈膜与腹腔分隔，胸腔内有心、肺以及气管、食管、大血管等组织器官，具有呼吸、循环等重要的生理功能。胸廓的完整及有节奏的协调活动和胸膜腔负压的存在是维持正常的呼吸功能及循环功能的基础。

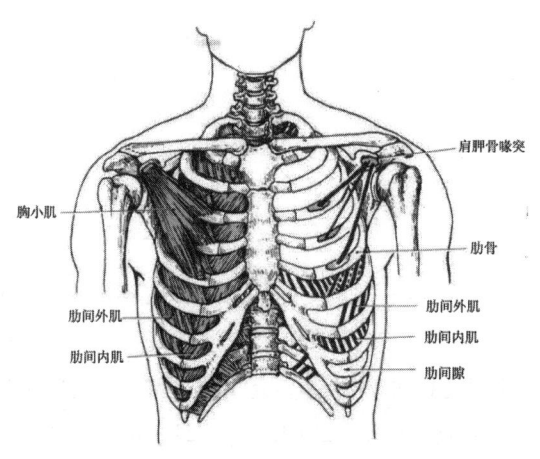

图 9-2 胸部前面观

项目二 颈部损伤及法医鉴定

颈部的气管、食管与大血管没有骨骼保护，易受到损伤，甲状腺、颈部神经及咽喉、气管、食管等损伤均可造成严重后果，大血管的损伤常造成失血性休克、空气栓塞甚至死亡。颈部损伤根据损伤的组织和器官是否与外界相同，分为闭合性损伤和开放性损伤；根据损伤组织不同，分为颈部软组织损伤、食管损伤、气管损伤、甲状腺损伤与甲状旁腺损伤等。

一、颈部皮肤、肌肉损伤与瘢痕形成

（一）损伤原因与机制

颈部开放性损伤多由锐器所致，常见的有刀砍伤、锐器切割伤等。闭合性损伤由钝性外力所致，包括撞击伤、钝器打击伤、扼颈及勒颈等。

（二）临床表现

闭合性损伤局部可见肿胀、皮下出血等，大面积软组织挫伤可使气管移位并影响呼吸。开放性损伤局部可见创口，切割创的伤口相对较大，严重者可导致大出血、呼吸困难等。刺创的伤口相对较小，但易形成局部血肿，可压迫呼吸道造成呼吸困难。此外，颈部伤口愈合后的瘢痕，可以影响容貌和颈部活动。

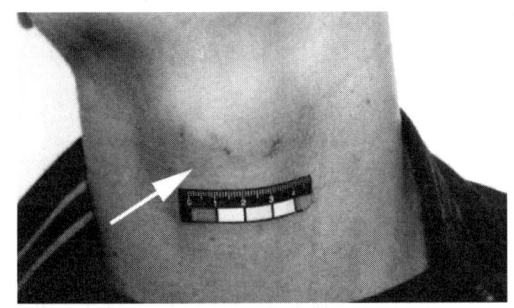

图 9-3 颈部扼痕

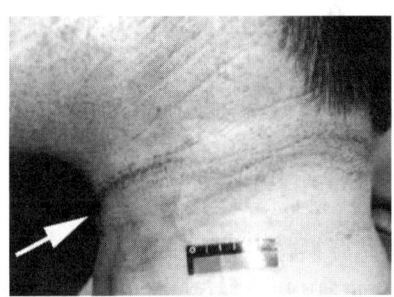

图 9-4 颈部勒痕

下颌与颈前部乃至胸前壁之间损伤后形成瘢痕粘连、挛缩会导致颈部失去正常外形，影响颈部活动功能乃至使头颈部处于强迫体位。若瘢痕牵拉致颌面部器官向下移位变形，对颌面部功能与形态均会造成极大的影响。

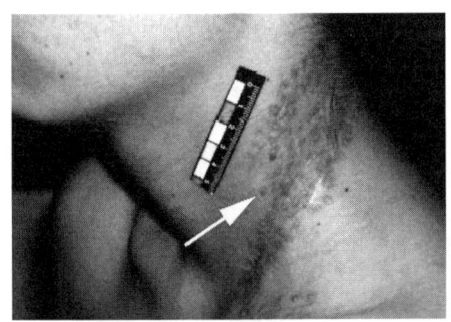

图 9-5 颈部砍创经手术缝合

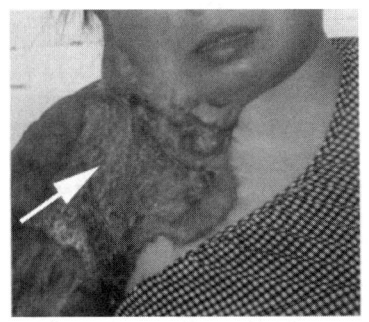

图 9-6 右颈部烫伤后瘢痕粘连致颈部
活动功能严重障碍

（三）法医学鉴定

1. 鉴定依据：颈部皮肤、肌肉损伤根据外伤史和临床表现不难认定。开放性损伤局部可见创口或瘢痕，闭合性损伤主要根据损伤当时所见或临床病史资料记载分析判断。

2. 损伤程度鉴定：依据损伤的性质、位置及损伤程度进行鉴定。如按《人体损伤程度鉴定标准》规定，颈部擦伤面积 4.0cm² 以上或颈部挫伤面积 2.0cm² 或颈部划伤 5.0cm 以上均鉴定为轻微伤；颈部单个创口或者瘢痕长度 5.0cm 以上则鉴定为轻伤二级。

3. 伤残等级鉴定：根据瘢痕的位置、大小及对体貌、颈部活动功能的影响程度进行鉴定。如按《人体损伤致残程度分级》规定，颈前三角区瘢痕形成，累计面积达 25.0cm² 即构成十级伤残，若瘢痕累计面积达 50.0cm² 则构成九级伤残。

二、甲状腺与甲状旁腺损伤

甲状腺是人体最大的内分泌腺体，位于甲状软骨下紧贴于气管第 3、4 软骨环前面，由两侧叶和峡部组成。

甲状旁腺为内分泌腺之一，是扁卵圆形小体，位于甲状腺侧叶后，一般分为上下两对。

（一）损伤原因与机制

甲状腺损伤多见于锐器伤，常合并气管损伤，也可合并食管及喉部神经损伤。钝性暴力打击可致甲状腺挫伤，也可形成甲状腺血肿。甲状旁腺位置较深且体积较小，单独损伤难以形成，多见于颈部手术误伤。

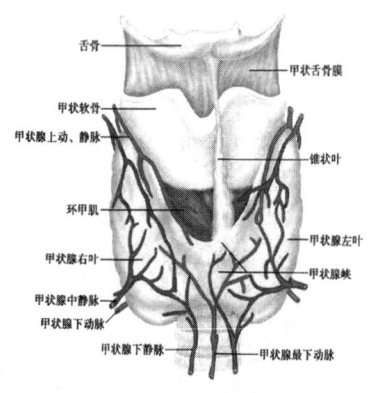

图 9-7 甲状腺前面观（前面观）

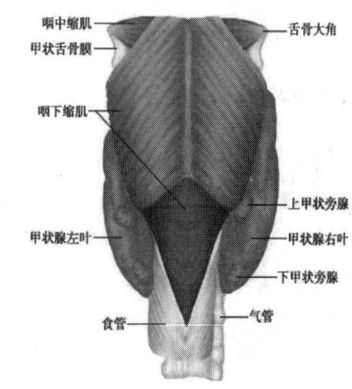

图 9-8 甲状腺及甲状旁腺（后面观）

（二）临床表现

1. 甲状腺损伤：体重增加、便秘、头发干枯、皮肤粗糙、面色黄、不耐寒、肌肉乏力、贫血、性功能下降等。严重时可出现不同程度黏液水肿和昏迷，称之为"甲减危象"。

2. 甲状旁腺损伤：甲状旁腺损伤可导致血钙下降，并出现手足抽搐。典型表现为慢性双侧拇指强烈内收，掌指关节屈曲、指间关节伸张、腕肘关节屈曲形成鹰爪状，有时双足也呈强直性伸展，膝髋关节屈曲发作时可有疼痛。

（三）法医学鉴定

1. 鉴定依据：根据外伤史及损伤后的典型临床表现是损伤认定的主要依据。外伤性的甲状腺功能及甲状旁腺功能异常需要连续动态观察并结合临床诊疗情况、实验室检查结果综合判断。值得注意的是，除医源性损伤外，单纯甲状旁腺损伤难以发生。

2. 损伤程度鉴定：《人体损伤程度鉴定标准》主要依据损伤性质及对功能影响程度进行鉴定。如甲状腺挫伤即构成轻伤二级；甲状腺功能低下，药物依赖即构成重伤二级。甲状旁腺功能低下（重度）构成重伤二级。

3. 伤残等级鉴定：《人体损伤致残程度分级》主要依据损伤后功能损害程度进行伤残等级划分。如甲状腺功能减退（轻度）构成九级伤残；甲状腺功能减退（中度）构成八级伤残；甲状腺功能减退（重度）构成七级伤残。

4. 甲状腺功能损害分度。①重度：临床症状严重；T3、T4 或者 FT3、FT4 低于正常值，TSH>50μU/L；②中度：临床症状较重；T3、T4 或者 FT3、FT4 正常，TSH>50μU/L；③轻度：临床症状较轻；T3、T4 或者 FT3、FT4 正常，TSH 轻度增高但<50μU/L。

5. 甲状旁腺功能减退分度。①重度：空腹血钙<6mg/dl；②中度：空腹血钙<6mg/dl～7mg/dl；③轻度：空腹血钙 7.1mg/dl～8mg/dl。

项目三　胸部损伤及法医鉴定

胸部损伤根据损伤组织是否与外界相通，分为开放性损伤和闭合性损伤。根据损伤的组织与器官分为胸壁损伤、胸膜腔损伤及胸腔内脏器损伤。

一、肋骨骨折与胸骨骨折

胸骨、12 对肋骨及 12 个胸椎围成胸腔壁的骨性支架，保护胸腔内组织器官，并参与呼吸运动。胸廓骨性结构破坏会影响呼吸、循环功能，甚至危及生命。

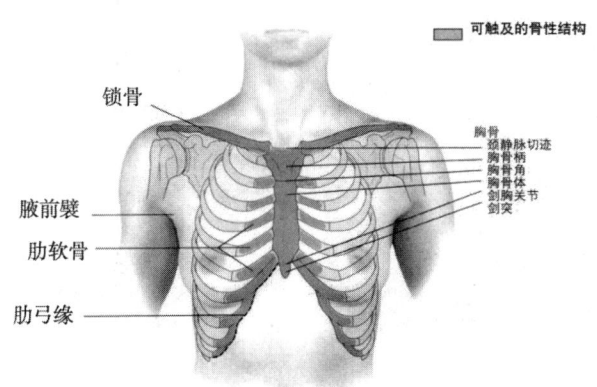

图9-9　胸廓前面观

（一）损伤原因与机制

（1）肋骨骨折：导致肋骨骨折以钝性暴力打击最为常见。直接暴力多在着力部位引起骨折。钝性暴力挤压可致胸廓变形，暴力引起肋骨骨折部位多不在着力点，而是在胸廓远离着力点及外凸最显著的部位，引起该部位骨折的暴力是传导性暴力，又称间接暴力。

三根以上相邻肋骨骨折，可产生胸壁软化或胸壁浮动，出现反常呼吸，称为连枷胸。多见于交通事故等形成的严重挤压伤。

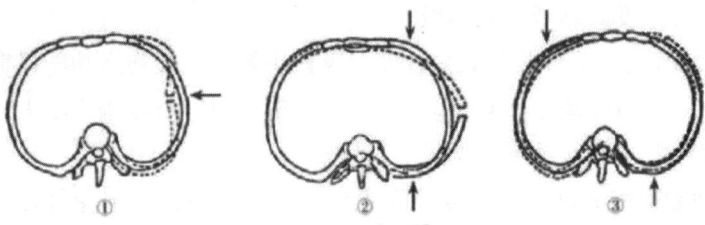

图 9-10　胸廓前面观

肋骨骨折的发生机制：①直接暴力打击所致；②间接前后挤压暴力所致；③间接暴力所致：打击前肋，后肋骨折；打击后肋，前肋骨折。

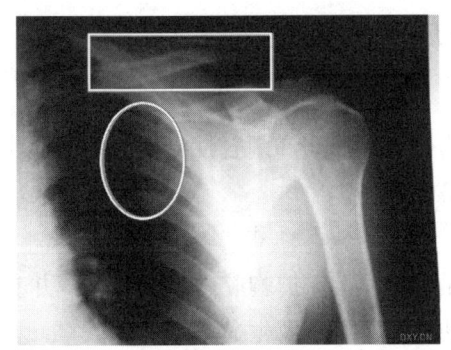

图 9-11　左侧锁骨骨折伴 4、5、6 后肋骨折

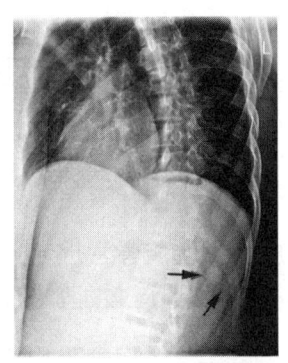

图 9-12　左侧 9、10 肋骨骨折愈合，环状骨痂包绕

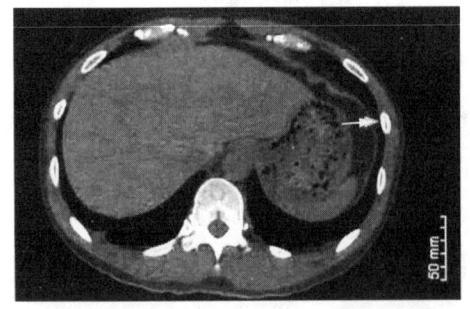

图 9-13　肋骨线性骨折（CT 平扫）

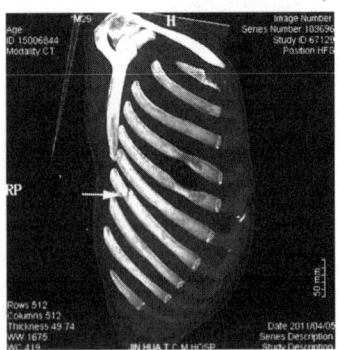

图 9-14　肋骨骨折伴错位

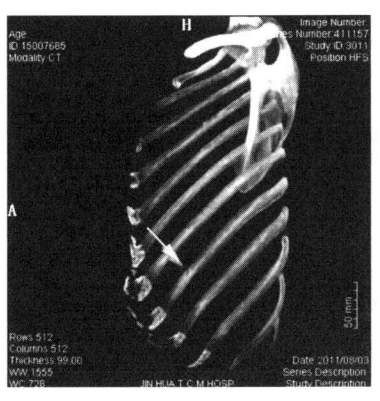

图 9-15　肋骨线性骨折

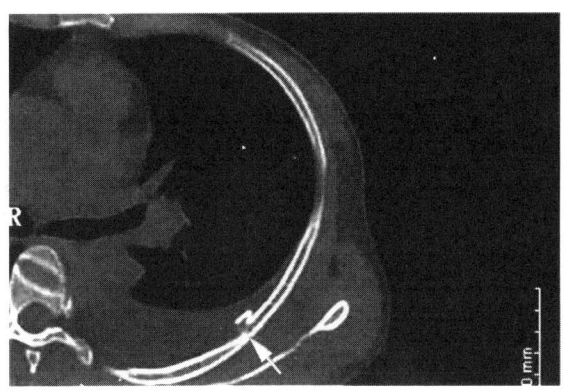

图 9-16　肋骨粉碎性骨折（曲面重建）

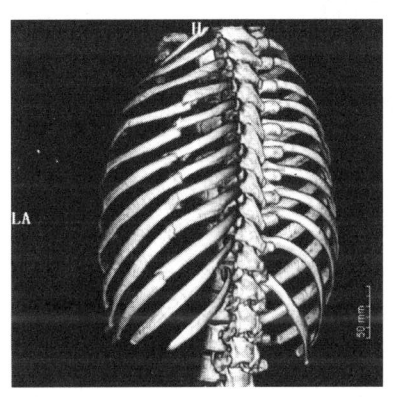

图 9-17　多根肋骨骨折（3D 成像）

2. 胸骨骨折：胸骨骨折相对少见，主要由直接暴力作用所致，骨折常发生在靠近胸骨体与胸骨柄连接的胸骨体部，骨折线多为横形。强大暴力打击胸部正中可导致胸骨骨折，如汽车突然刹车时驾驶员胸部撞击方向盘，斗殴中棍棒等物体打击胸部等。

（二）临床表现

疼痛是肋骨和胸骨骨折最显著的症状。疼痛可随呼吸、咳嗽、喷嚏、体位改变加剧，伤者因疼痛不敢深呼吸及咳嗽，加重呼吸困难。完全性骨折局部可扪及骨擦感、听到骨擦音，断端错位者局部可见畸形。

肋骨完全性骨折后若断端明显移位（包括断端错位、成角移位或分离移位等），经骨痂生长、骨折愈合等过程后形成分离、成角、旋转或者重叠畸形，称为畸形愈合（见图9-18）。

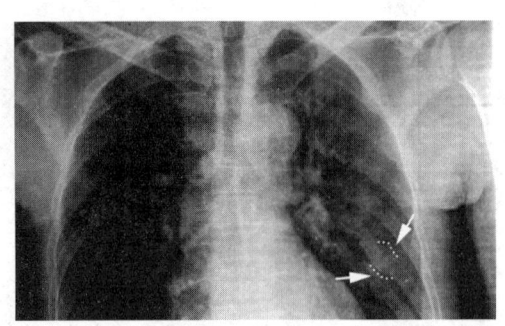

图9-18　肋骨骨折断端错位、畸形愈合

　　X线平片检查能显示骨折的部位、数目及形状，同时可了解胸膜腔及肺部有无并发损伤。CT可以从多个层面更清晰地显示骨折的类型、数目与程度，是检查肋骨骨折尤其是隐匿性、不全性或未出现明显错位的肋骨骨折准确率更高。医学三维重建（3D）是近年发展起来的借助计算机对生物组织结构影像的连续图像进行后处理，获得三维图像并能进行定量测量的一项形态学研究的新技术与新方法。多层螺旋CT扫描及三维重建成像能在极短时间内一次扫描完成，在诊断肋骨骨折方面比胸片具有明显优势，特别是靠近胸椎的胸肋关节以及无明显错位的骨折，或者对于胸片怀疑骨折、涉及纠纷且胸片未见明确骨折。

　　断端未明显移位或者不完全性的肋骨骨折在伤后初期不易被X线平片检查所显示，是法医学鉴定中经常遇到的困扰鉴定人的问题。在骨折经过一段时间修复，出现骨痂生长、骨折愈合、塑形改变等演化过程后，原骨折部位出现局部骨质膨大，反而易于观察到（见图9-19、9-20）；此外，未明显移位的肋骨骨折在伤后早期日常活动中可因胸廓呼吸运动等因素造成骨折处发生部分移位，也可使骨折更易显现。因此，实践中注意观察伤后复查影像片及选择合适的鉴定时机对隐匿性肋骨骨折鉴定具有重要意义。

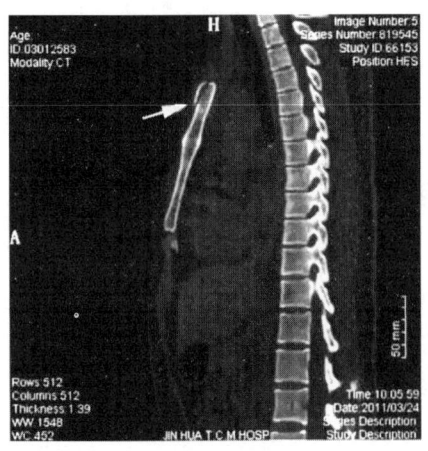

图9-19　左胸骨骨折（矢状位）

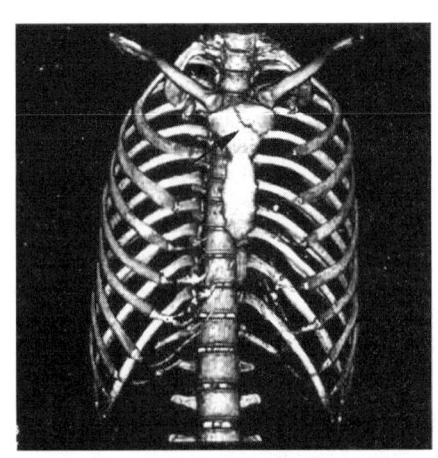

图9-20　胸骨左上角线性骨折

（三）法医学鉴定

1. 鉴定依据：胸骨骨折及肋骨骨折认定的主要依据能够反映损伤经过的案情资料、损伤后就诊病史记录、临床表现与影像学检查。

2. 损伤程度鉴定：《人体损伤程度鉴定标准》规定，外伤导致的胸骨骨折无论何种形态一律鉴定为轻伤二级。肋骨骨折以骨折数量（实际以骨折线数量）作为鉴定依据。如肋骨骨折或肋软骨骨折鉴定为轻微伤；肋骨骨折两处以上则为轻伤二级。肋骨粉碎性骨折因存在两条以上骨折线，可符合轻伤二级；等等。

3. 伤残等级鉴定：《人体损伤致残程度分级》规定以骨折的肋骨根数及骨折畸形愈合处数量作为鉴定依据。例如：肋骨骨折 6 根以上，或者肋骨部分缺失 2 根以上；肋骨骨折 4 根以上并后遗两处畸形愈合鉴定均为十级伤残；等等。标准条款适用时应注意，同一肋骨多处骨折计为一根肋骨骨折；但同一肋骨两处骨折且均符合畸形愈合者，计为两处畸形愈合。

二、食管损伤

食管是消化道中最狭长的部分，为一前后扁平的肌性器官。食管上端在第六颈椎下缘平面与咽相连续，下端约在第 11 胸椎水平与胃的贲门相连接，全长约 25cm，具有向胃内推进食物等生理功能（见图 9-21）。

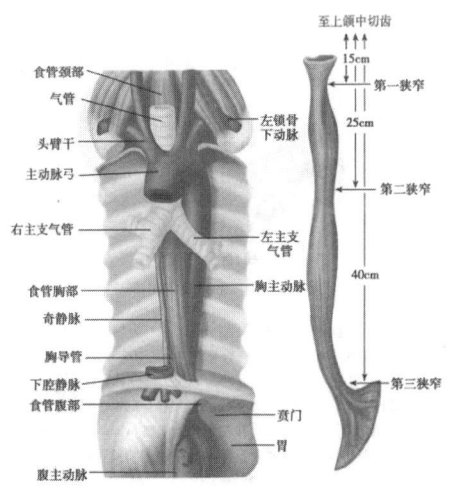

图 9-21　食管解剖位置

（一）损伤原因与机制

食管损伤的常见原因有外部创伤、吞咽异物、医源性损伤等。此外，饱餐、酒后剧烈呕吐等可以导致胃及食管内压力骤增进而使食管发生破裂，即所谓自发性食管破裂。

（二）临床表现

疼痛是食管损伤最常见症状，疼痛位置因损伤部位不同而异。食管入口处损伤疼痛常位于颈根部或胸骨上窝附近，腐蚀伤多为胸骨后疼痛，吞咽时疼痛加剧。此外，吞咽困难是食管损伤的常见症状之一，如食管划伤后吞咽时有梗阻感，化学腐蚀烧伤致食管狭窄可出现咽下困难。在食管损伤后大量出血时可出现呕血与便血，损伤程度越重，症状越明显。

（三）法医学鉴定

1. 鉴定依据：食管损伤主要依据外伤史、临床表现、影像学或者食管内镜检查等确认。

2. 损伤程度鉴定：《人体损伤程度鉴定标准》主要依据外伤导致食管壁破裂程度进行鉴定。食管挫裂伤，未达至全层，可评为轻伤一级；食管穿孔或者全层破裂须手术治疗可评为重伤二级。

3. 伤残等级鉴定：《人体损伤致残程度分级》主要依据食管损伤后采取手术治疗方式及对吞咽功能影响程度进行鉴定。食管损伤后影响吞咽功能或者食管修补术后应评定为十级伤残；食管吻合术后应评定为九级伤残；食管狭窄仅能进流质食物，应评定为五级伤残。

三、气管、支气管及肺损伤

气管起于环状软骨下缘约平第 6 颈椎椎体下缘。以胸廓上口为界，分为颈段气管与胸段气管。气管向下至胸骨角平面第 4 胸椎椎体下缘处分叉为左、右主支气管（见图 9-22）。气管具有通气、呼吸调节及免疫等生理功能，故气管损伤可引起较为严重的呼吸功能障碍。

肺是气体交换的器官，全身的静脉血在肺泡毛细血管处进行气体交换后形成动脉血，并将氧气带到全身各个器官。肺占据胸腔的大部分空间，通过气管及支气管与外界气体相通。

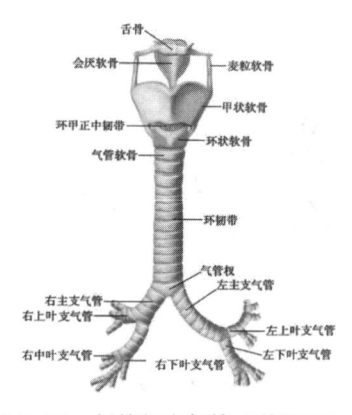

图 9-22 气管与支气管（前面观）

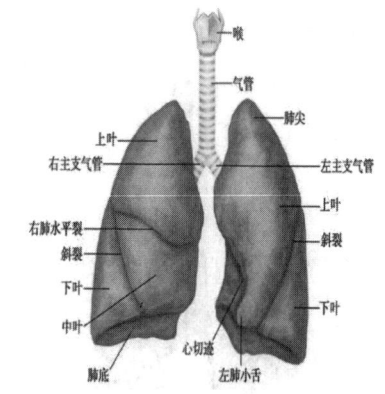

图 9-23 肺的形态

（一）损伤原因和机制

气管及支气管损伤：机械性暴力作用或胸腔气压突然增高均可引起气管损伤，轻者仅为黏膜损伤，重者可引起穿孔、破裂或环状软骨骨折。气管损伤分为闭合性损伤与开放性损伤。气管开放性损伤主要见于锐器伤（砍、切、刺）及飞击伤（子弹、弹片）的打击所形成。气管闭合性损伤大都为钝性外力所致，如挫伤、挤压伤、扼勒伤等。

肺损伤分为开放性肺损伤和闭合性肺损伤。开放性肺损伤常见于锐器伤及枪弹穿透伤。钝性暴力打击或者挤压胸部可导致闭合性肺损伤。此外，剧烈爆炸产生的气流和气压也可导致肺的损伤，肋骨骨折后断端刺入肺部也可引起肺损伤。

（二）临床表现

1. 气管损伤：气管损伤后主要表现为颈部疼痛、咳嗽、咯血、呼吸困难及气肿等。气管壁损伤后血液流入气管可引起阵发性刺激性咳嗽，并咳出泡沫性血痰。气管壁破裂时，气体可进入皮下组织产生气肿，是气管损伤的重要征象。

2. 肺损伤：肺挫伤主要表现为胸痛、胸闷、咳嗽、咯血。如挫伤面积大，常咳出泡沫性血性痰，继发呼吸功能不全者，可有呼吸困难、发绀等表现。X线检查可见结节状高密度影，还可发现肺气肿、肺不张等。

肺裂伤主要表现为胸痛、气短、咯血，严重者出现呼吸困难、休克。外伤性肺裂伤常伴肺挫伤，X线检查可见模糊团状阴影以及气胸或者血胸征象。

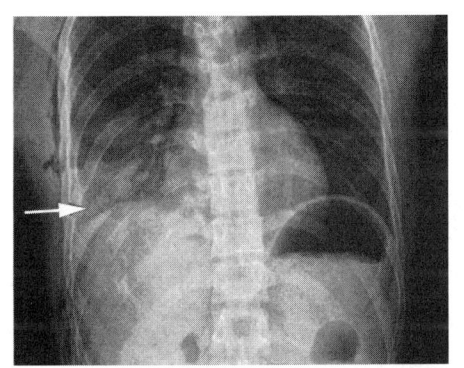 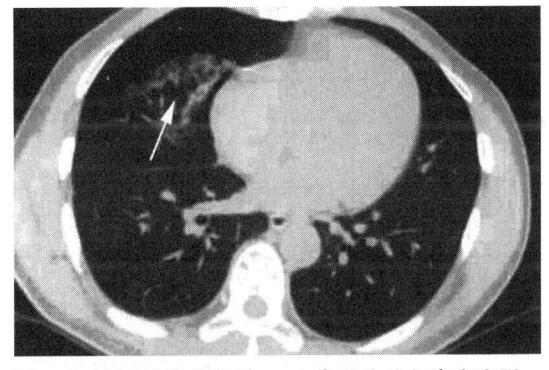

图 9-24　肺挫伤：X线表现为斑片状浸润阴影　　图 9-25　肺挫伤伴气肿，CT 表现为均匀高密度影

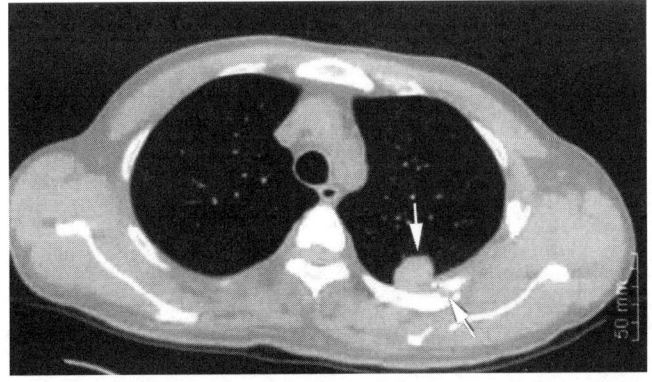

图 9-26　肺内压力骤增致肺出血

（三）法医学鉴定

1. 鉴定依据：根据外伤史、临床表现、手术记录、影像学检查及纤维支气管镜检查

认定损伤，CT 扫描对气管及支气管损伤及小片肺损伤认定有重要价值。

2. 损伤程度鉴定：《人体损伤程度鉴定标准》规定，肺破裂，须手术治疗（气管或者支气管破裂须手术治疗）均鉴定为重伤二级；肺损伤致一侧全肺切除或者双肺三肺叶切除，可鉴定为重伤一级。

3. 伤残等级鉴定：《人体损伤致残程度分级》主要依据损伤后采取手术治疗方式及对呼吸功能影响程度进行鉴定。如损伤后遗留呼吸困难（轻度），评定为十级伤残；损伤后遗留呼吸困难（重度），评定为四级伤残。肺修补术后评定为十级伤残，而肺段或肺组织楔形切除术后评定为九级伤残。

四、胸膜腔损伤

胸膜腔是胸膜的脏壁两层在肺根处相互转折移行所形成的一个密闭的潜在的腔隙，由紧贴于肺表面的胸膜脏层和紧贴于胸廓内壁的胸膜壁层所构成，左右各一，互不相通，腔内没有气体，仅有少量浆液，可减少呼吸时的摩擦，腔内为负压，有利于肺的扩张，有利于静脉血与淋巴液回流。当空气或（和）血液进入胸膜腔后，胸腔内负压消失，会妨碍呼吸和循环功能。因外伤引起的胸膜腔积气或积血，称为外伤性气胸或血胸，如气胸与血胸同时存在，称为血气胸。

（一）损伤原因与机制

1. 外伤性气胸。由火器伤或锐器伤造成胸壁缺损创口，伤及肺、支气管和气管或食管可引起气胸。气胸中空气在绝大多数病例来源于肺被肋骨骨折断端刺破，亦可由于暴力作用引起的支气管或肺组织挫裂伤，或因气道内压力急剧升高而引起的支气管或肺破裂。

气胸分为闭合性、张力性和开放性气胸三类。张力性气胸指胸膜腔的漏气通道呈单向活瓣状，吸气时胸膜腔内压降低，活瓣开放，气体进入；呼气时胸膜腔内压升高，活瓣关闭，气体不能排出。创伤性气胸的肺、支气管，胸壁损伤创口可呈单通道活瓣膜作用，自发性气胸的胸膜破口也可形成这样的活瓣。

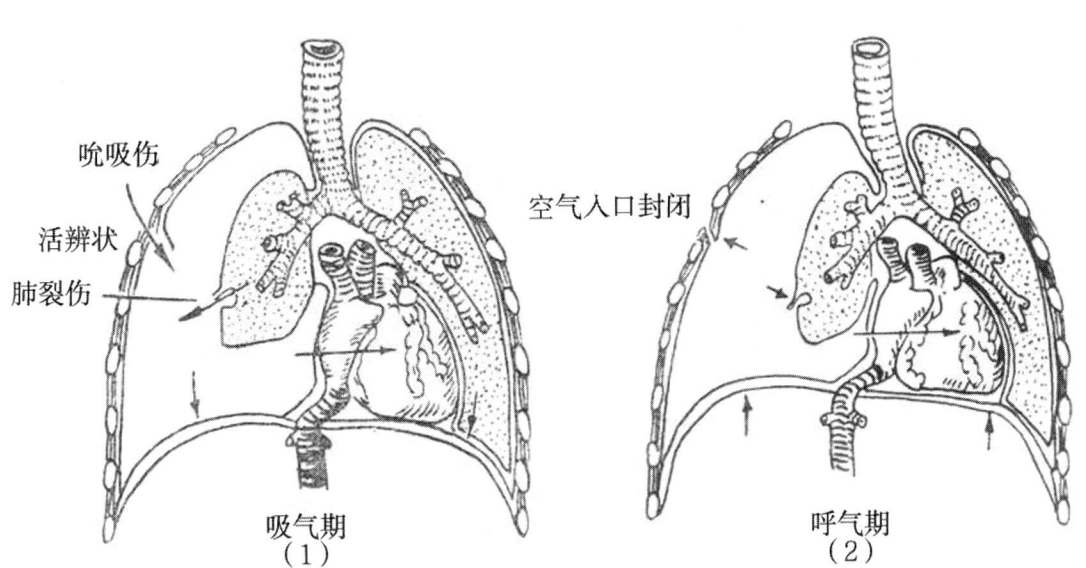

吮吸伤

活瓣状
肺裂伤

空气入口封闭

吸气期
（1）

呼气期
（2）

图 9-27　张力性气胸

2. 外伤性血胸。外伤性血胸的发生率在胸部钝性伤中占 25%~75%，在穿透性伤中占 60%~80%。可由钝器、锐器及火器所致，胸壁软组织闭合性损伤常伴有肋骨骨折，出血部位多来自肋间血管或破裂的肺组织，也可来自于胸腔内大血管，如主动脉、上腔静脉等。

（二）临床表现

小量气体引起的闭合性气胸一般无明显症状，如进入空气较多可导致伤者感觉胸紧闷、气短。X 线检查可见胸膜腔内积气及纵隔移位和纵隔扑动。开放性气胸患者常在伤后迅速出现严重呼吸困难、不安、脉搏细弱频数、发绀和休克。张力性患者表现为极度呼吸困难，端坐呼吸。缺氧严重者出现发绀、烦躁不安、昏迷，甚至窒息。X 线检查示胸膜腔大量积气，肺可完全萎陷，气管和心影偏移至健侧。

外伤性血胸的临床症状与积血量密切相关，临床上根据积血量的多少分成小量积血（积血量小于 500ml）、中量积血（积血 500ml~1000ml）、大量血胸（积血 1000ml）以上。小量血胸者，临床症状和体征可不明显，中量及大量血胸者，可有呼吸及循环障碍。小量血胸，X 线检查可见肋膈角变浅，在膈肌顶平面以下；中量血胸 X 线检查可见积血上缘达肩胛角平面或膈顶上 5 厘米；大量血胸 X 线检查可见胸腔积液超过肺门平面甚至全血胸。

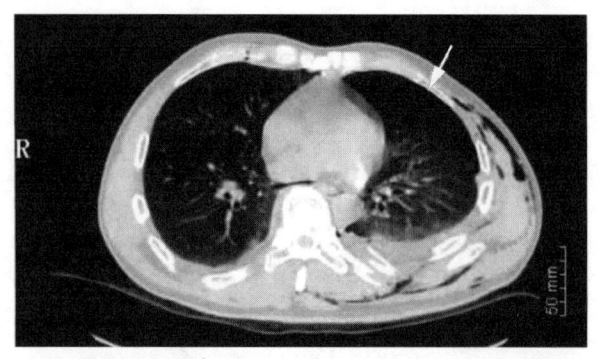

图 9-28　胸部开放性气胸，X 线片示左侧胸腔内可见透亮影

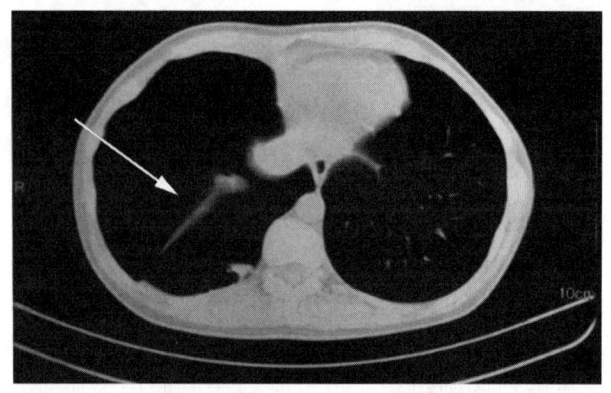

图 9-29　右侧胸腔积气，CT 平扫示右肺压缩，右胸腔中部见高密度影，纵膈向左移位

（三）法医学鉴定

1. 鉴定依据：外伤性气胸及外伤性血胸根据外伤史、临床表现、特别是影像学检查以及手术所见确认。如对于胸腔内积液性质有异议，通过胸腔穿刺或闭式引流术引流出液体即可认定。

2. 损伤程度鉴定：《人体损伤程度鉴定标准》主要根据胸腔内积气或（和）积血的程度进行评定。如胸腔积血或胸腔积气可评定为轻伤二级；血胸、气胸或者血气胸，伴一侧肺萎陷 30% 以上，或者双侧肺萎陷均在 20% 以上即可评定为轻伤一级；而单纯因肺部挫伤而致液体渗出于胸腔，CT 见少量积液，不评定为轻伤。

3. 伤残等级鉴定：《人体损伤致残程度分级》对于单纯性血胸或气胸无具体规定。《劳动能力鉴定职工工伤与职业病致残等级》（GB/T 16180-2014）规定，血胸行单纯闭式引流术后胸膜粘连增厚为十级伤残。

五、心脏损伤与心功能障碍

心脏位于胸腔的纵膈内，居左、右两肺之间，外面裹有心包，约 2/3 在身体中线的左侧，1/3 在中线的右侧。心脏上方与大血管肺动脉干、主动脉、上腔静脉、肺静脉等相连，下方与膈相邻。心脏有右心房、右心室、左心房、左心室四个腔，心房和心室的舒张和收缩推动血液循环全身。

（一）损伤原因与机制

心脏的损伤分为开放性损伤和闭合性损伤。直接或间接暴力打击，如心前区受重物撞击可导致心肌挫伤。闭合性或穿入性损伤可导致心瓣膜、心间隔冠状动脉及心脏传导系统损伤。锐器伤及火器伤可导致心贯穿伤。由于创伤性心血管检查和介入性治疗以及心脏胸外科按压等的广泛应用，医源性心脏损伤也有逐渐增加趋势。

（二）临床表现

心功能不全是指由于各种原因造成心肌功能下降，心脏排出的血液不足以维持组织代谢需要的一种病理状态。心功能不全的常见症状包括心悸、气短乏力、呼吸困难、静脉怒张、肝脏肿大、尿少浮肿等。左心功能不全临床表现为肺淤血、不能平卧、呼吸困难、四肢无力、头晕、活动后心慌、气促等；右心功能不全临床表现为双下肢肿胀、腹胀、肝脾淤血肿大，甚至出现胸腔积液和腹水。

目前法医学鉴定实践中将心功能分为以下四个等级。

Ⅰ级：体力活动不受限，日常活动不引起过度的乏力、呼吸困难或者心悸。即心功能代偿期。

Ⅱ级：体力活动轻度受限，休息时无症状，日常活动即可引起乏力、心悸、呼吸困难或者心绞痛。亦称Ⅰ度或者轻度心衰。

Ⅲ级：体力活动明显受限，休息时无症状，轻于日常的活动即可引起上述症状。亦称Ⅱ度或者中度心衰。

Ⅳ级：不能从事任何体力活动，休息时亦有充血性心衰或心绞痛症状，任何体力活动后加重。亦称Ⅲ度或者重度心衰。

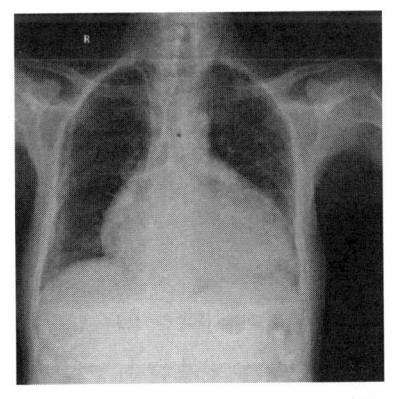

图9-30　心包积血，X线显示心影明显增大

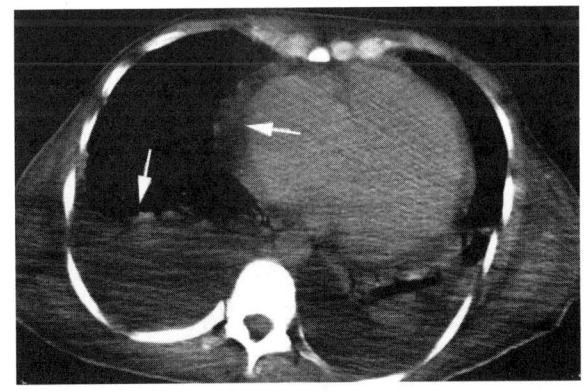

图9-31　心包积液合并胸腔积液

（三）法医学鉴定

1. 鉴定依据：主要依据外伤史、伤后表现、影像学检查、手术所见及心脏辅助检查（心电图、超声心动图等）综合认定。

2. 损伤程度鉴定：《人体损伤程度鉴定标准》主要依据心脏结构损害程度及遗留心功

能不全程度进行评定。如心脏挫伤、心包积血经保守治疗痊愈的，评定为轻伤一级；心脏破裂或者心包破裂的，评定为重伤二级；心脏损伤经过治疗仍遗留心功能不全的，达到Ⅳ级，可评定为重伤一级。

3. 伤残等级鉴定：《人体损伤致残程度分级》主要依据心脏损伤后手术治疗方式及遗留心功能障碍程度进行评定。如心脏损伤后心脏异物存留或者取出术后评定为九级伤残；心脏或者大血管修补术后评定为八级伤残；损伤后遗留心功能不全，心功能Ⅱ级评定为六级伤残。

项目四　综合案例分析

一、简要案情及病史摘要：

秦某，男，62岁，2019年9月21日因"车祸致胸背部疼痛不适5小时入院"就诊。专科检查：腰椎活动明显受限，脊柱胸腰段及腰骶段棘突明显压痛，叩击痛（+）。右侧胸背部见一片状瘀斑，局部压痛明显，可触及骨折征，右侧肺部呼吸音减弱，叩诊浊音，左侧肺部未及异常，腹部未及异常，四肢肌力正常，无感觉异常。

辅助检查：2019年10月20日CT示：右侧气胸；双肺创伤性湿肺；双侧胸腔积血积液（右侧中等量，左侧少量）；双肺下叶膨胀不全；右侧肋骨多发（2-12肋）骨折；胸壁皮下气肿。

住院经过：入院后完善相关检查，于当年10月21日行右肋骨骨折切开复位内固定术，术中用微型钛板复位固定右侧第7-12肋。于当年11月21日行右侧胸腔探查闭式引流术+右侧第10肋骨骨折切开复位内固定术。因患者右侧胸背部伤口愈合欠佳，查伤口分泌物细菌培养提示多重耐药金黄色葡萄球菌感染，遂多次进行右侧胸背部伤口清创+负压引流术，期间予伤口持续冲洗、负压引流等治疗。于次年6月5日出院，出院诊断：右侧第2-12肋骨骨折；右侧血气胸；右肺挫伤；胸膜粘连；右下肺不张；右侧胸腔包裹积液；右胸背部伤口感染；全身多处皮肤挫擦伤。

二、法医学鉴定

次年9月委托某司法鉴定机构行伤残等级鉴定。体格检查：右侧腋前线有2.0cm引流口瘢痕，右肩胛骨下缘有13.5cm斜行瘢痕，右下腹有三处0.5cm引流口瘢痕，右背部有9.0cm斜行瘢痕，其末端连接10.0cm×5.0cm片状凹陷性瘢痕，凹陷深度为0.5cm；右腰背部有12.0cm斜行瘢痕，其下方有3.5cm×3.0cm块状瘢痕，左胸背部有0.5cm、0.5cm、0.7cm三处引流口瘢痕。双侧胸廓不对称，右胸背部向右侧外弯曲变形，胸式呼吸减弱，右侧胸廓呼吸动度减弱，胸廓挤压征阴性，右侧腹部膨隆。平静时呼吸频率23次/分，缓步行走100米后呼吸频率25次/分。余检查未见明显异常。

阅片：当年10月20日CT片示：右侧第2-11肋骨多发骨折，部分肋骨呈粉碎性，断端错位。右侧少量气胸，双侧胸腔积液，右侧较为显著。右肺下叶部分受压、不张，双肺挫伤。

次年9月13日CT片示：右侧第2-12肋骨多发骨折，对位对线尚可，右侧第6-12肋骨骨折内固定术后，右侧第10肋骨部分骨质缺损，双侧胸廓不对称。（见图9-32、图9-33、图9-34）。

当年9月23日肺功能检查示：轻度限制性肺通气功能障碍；当年9月23日一口气弥散检查示：弥散功能轻度下降；当年9月23日呼出一氧化氮（FeNO）测定示：FeNO值：76ppd。

鉴定意见：根据《人体损伤致残程度分级》第5.7.3.7）款项之规定，被鉴定人秦某因交通事故外伤致双侧胸廓不对称，胸式呼吸受限，评定为七级伤残。

三、案例评析

残疾评定中，交通事故导致的闭合性胸部损伤并不少见，实践中涉及肋骨骨折的案例多，更关注初期隐匿性骨折、新旧骨折、骨折畸形愈合等难点。本案例中被鉴定人因外伤致右侧2-11肋骨多发骨折及右肺损伤，法医临床检查见其右侧胸廓畸形，胸式呼吸减弱，结合肺功能检查示轻度限制性肺通气功能障碍，应根据《人体损伤致残程度分级》第5.7.3.7）款项评定为七级伤残。此外，本案例中多发肋骨骨折、胸廓畸形及胸式呼吸受限属一处损伤致残，不应再用标准中第5.10.3.7）款项再评定一处十级伤残。

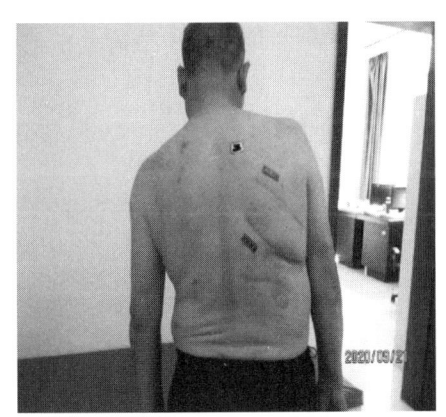

图9-32　被鉴定人背部照片

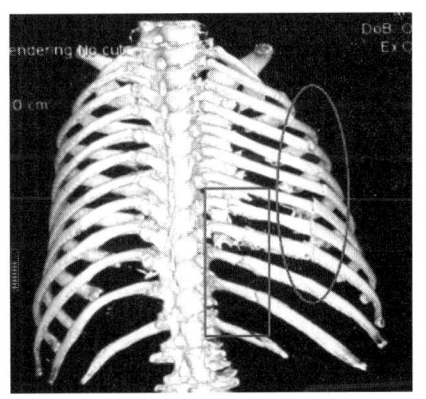

图9-33　伤后CT片示右侧2-9肋骨骨折

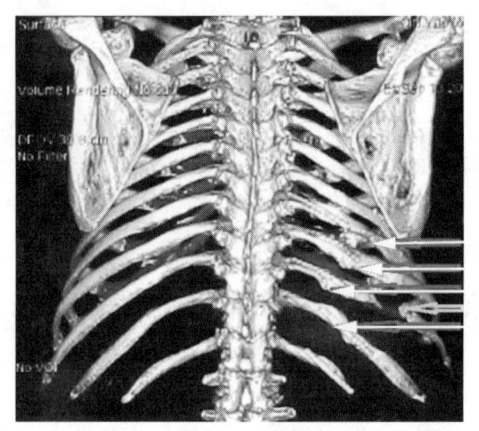

图 9-34　复查 CT 片见肋骨骨折愈合，骨痂形成

项目五　技能训练

一、训练内容

颈部、胸部损伤鉴定方法的训练。

二、训练目的与要求

（一）目的

通过完成该项训练，使学生掌握人体颈部、胸部损伤鉴定的基本方法。

（二）要求

1. 应用人体解剖学检查与识别颈部、胸部损伤的基本要领。

2. 利用影像学方法鉴定颈部、胸部损伤的基本要领。

3. 运用鉴定标准分析并确立鉴定意见的基本要领。

（三）训练方法

1. 给定人体损伤模型，学生根据所学解剖学知识检查并记录确颈部、胸部的损伤。

2. 通过系列影像学照片的观察，由学生指出颈部、胸部损伤的部位及损伤的性质，并进行分析说明。

3. 学生通过模拟案例训练，完成对颈部、胸部损伤案件的人身检查、影像学查验、鉴定标准套用、分析说明以及鉴定意见确立的综合运用。

（四）训练素材

人体损伤模型（实训室）、影像学照片（胶片或数字图像）、训练案例（或声像资料）。

（五）训练评价

通过训练，综合评价学生对颈部、胸部损伤的体格检查能力、阅片能力、标准运用能力以及案例逻辑分析能力等。

启发与思考

1. 颈部损伤的主要临床症状与体征？

2. 胸部损伤的分类及主要检查方法？

3. 肋骨骨折的临床表现、检验方法及鉴定要点？

腹部损伤鉴定

学习目标

1. 知识目标：了解腹部的解剖生理特点，熟悉腹部损伤体表及影像学检查特点，了解鉴定基本程序，掌握鉴定标准的运用。

2. 能力目标：熟悉腹部损伤的特点，初步掌握腹部损伤鉴定的工作能力。

内容结构

1. 解剖生理概述。
2. 腹部损伤的分类。
3. 腹壁损伤及法医鉴定。
4. 腹腔空腔器官损伤及法医鉴定。
5. 腹腔实质性器官损伤及法医鉴定。
6. 综合案例分析。
7. 技能训练。

导读

腹部是胸部与盆腔之间的部分，上界为剑突和两侧肋弓下缘，下界为耻骨联合上缘和两侧髂嵴的连线，是躯干的重要组成部分。因为腹部缺乏骨质的保护，腹腔内部又有胃、肠、肝、脾等众多重要脏器，所以腹部创伤在司法鉴定中十分常见，且合并多脏器损伤，一般伤情较重、机制复杂，后果较为严重。合并内脏损伤的腹部损伤，其伤情比单纯腹壁损伤严重得多，尤其是闭合性腹部损伤，可能合并严重的腹部内脏损伤，呈"外轻内重"的特点，容易忽视病情造成严重的后果。所以，腹部损伤鉴定是法医临床司法鉴定中的重点与难点之一。

项目一　解剖生理概述

一、腹腔的位置

腹腔上方借膈与胸腔相隔，在深呼气时右侧和左侧膈顶可分别达第4、第5肋间隙高度，故腹腔上界远超出腹壁上界；腹腔向下经骨盆入口续于骨盆腔。腹腔壁内表面和腹腔内器官均覆有一薄层腹膜，为腹内脏器的保护膜。腹腔是由两层腹膜所构成的潜在空腔，内层为脏层腹膜，外层则为壁层腹膜，腹腔亦称腹膜腔。

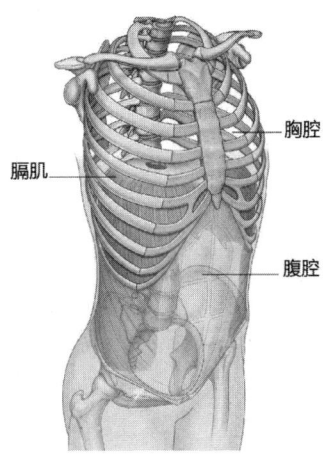

图 10-1　腹腔位置图

二、腹腔脏器特点

腹腔脏器按其基本构成可分成实质性脏器和空腔脏器两大类。腹腔实质性脏器包括肝脏、脾脏、胰腺、肾脏，空腔脏器包括胃、肠道、肝外胆道系统。

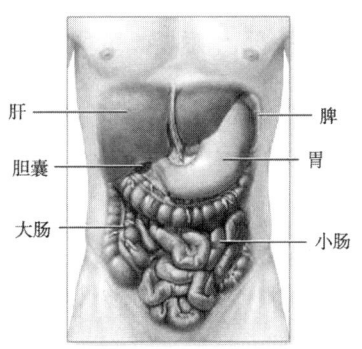

图 10-2　腹腔脏器前面观

项目二　腹部损伤的分类

一、开放性腹部伤

开放性损伤的致伤原因包括刺刀、三角刀以及各种锐器，战时有枪弹、炮弹弹片，致使腹壁破损、毁损或大块腹壁缺损，组织失活、出血、软组织污染，导致发生感染的机会增加。开放性腹部伤按腹膜是否被穿透又分为穿透伤和非穿透伤。

（一）穿透伤

致伤物穿破腹膜，称为穿透伤。其中，有入口和出口者，称为贯通伤；只有入口没有出口者，称为盲管伤。入口和出口亦可能在身体其他部位。穿透伤的 90%～95% 合并有腹部内脏器损伤。

（二）非穿透伤

非穿透伤是指致伤物虽穿入腹壁，但未穿破腹膜。非穿透伤的一般无腹部内脏器伤。

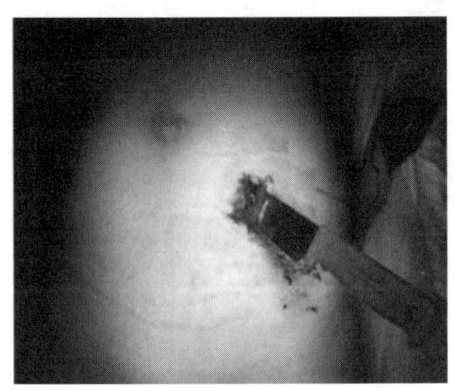

图 10-3　腹部穿透伤

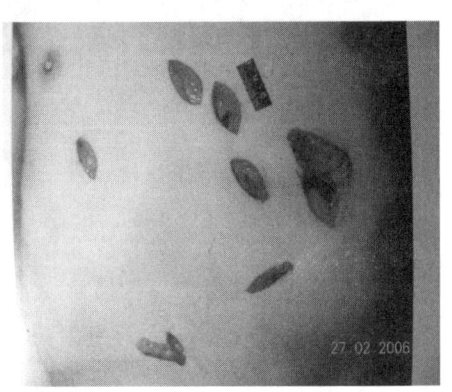

图 10-4　腹部穿透伤与非穿透伤

二、闭合性腹部伤

闭合性腹部伤是指腹部见不到明显的伤痕或伤口，皮肤保持完整的深部组织伤，由钝性暴力所致，故亦称钝性伤。常有腹部内脏器损伤。常见损伤原因包括：撞击伤、挤压伤、打击伤、冲击伤。例如，汽车撞伤、压伤，以及房屋倒塌、拳击、足踢、棍击、高处坠落等造成的损伤。

项目三　腹壁损伤及法医鉴定

腹壁损伤包括：皮肤及皮下组织损伤、腹膜后血肿、腹壁缺损与腹壁疝。

一、皮肤及皮下组织损伤

（一）损伤原因与机制

1. 开放性损伤：常由锐器和火器所致。

2. 闭合性损伤：①直接暴力损伤，如拳打脚踢、钝物撞击、重力挤压等；②间接暴力损伤，如举重、猛烈咳嗽或呕吐引起的腹肌撕裂。

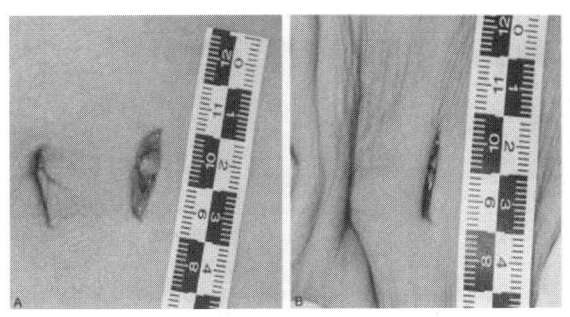

图 10-5　腹壁开放性损伤

（二）临床表现

1. 腹壁的开放性损伤。可致腹腔多脏器、多部位的损伤，主要症状有腹胀、腹部压痛、反跳痛及腹肌紧张等。

2. 腹壁的闭合性损伤。常见的有皮肤擦伤、挫伤和撕裂伤，肌肉的撕裂及血肿。

二、腹膜后血肿

（一）损伤原因与机制

最常见的原因是骨盆及脊柱骨折，多见于摔伤、跌伤、高处坠落伤、交通事故中挤压或撞击伤等。腹膜后血肿，出血量少时，能局限化，逐渐吸收；出血量多时，血液可在腹膜后间隙广泛扩散，形成腹膜后巨大血肿。

（二）临床表现

因出血的程度与范围各异，临床表现并不恒定，并常因有合并损伤而被掩盖。损伤较轻者可表现为轻微的腹痛、腰背痛、腹胀等；较重者则突出表现为内出血征象和腰背痛。部分伤者可有腰部瘀斑（Grey- Turner 征）外，伴有尿路损伤者还可有血尿。

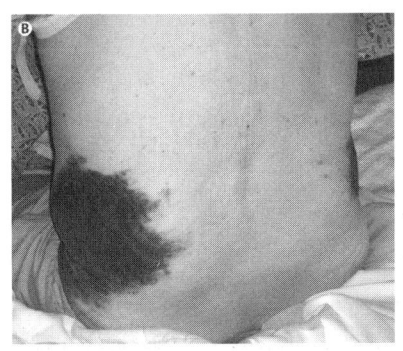

图 10-6　腹膜后血肿，CT 示右肾下极后方与右侧腰大肌间隙见
块状阴影，密度不均匀，边界尚清

三、腹壁缺损与腹壁疝

腹壁的钝性损伤引起肌肉断裂及腹壁内血肿，或腹壁的开放性损伤可直接导致腹壁组织缺损，也可因腹壁外伤后感染继发引起腹壁缺损。缺损导致腹壁薄弱，可形成腹壁疝。

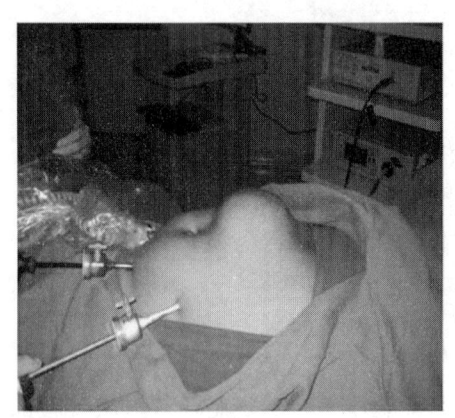

图 10-7　腹壁疝

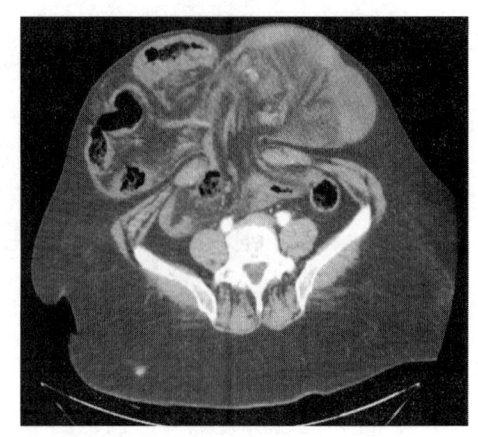

图 10-8　腹壁缺损致腹壁疝：
CT 示小肠大部经腹壁破口处疝入皮下并嵌顿

四、法医学鉴定

1. 鉴定依据：单纯腹部损伤根据外伤史和临床病历和体表检查一般不难认定，腹壁血肿还可通过穿刺、B 超检查进一步确认。

2. 损伤程度鉴定：《人体损伤程度鉴定标准》规定，腹壁穿透创为轻伤二级；腹膜积血或腹膜后血肿为轻伤二级；腹腔积血或腹膜后血肿，须手术治疗为重伤二级；腹部损伤引起弥漫性腹膜炎或感染性休克为重伤二级；合并腹腔脏器损伤的依据相关条款进行评定。

3. 伤残等级鉴定：《人体损伤致残程度分级》中，腹壁缺损≥腹壁的 1/4，为八级伤残；膈肌修补术后遗留功能障碍（如膈肌麻痹或者膈疝）为九级伤残；膈肌修补术后为十级伤残。腹壁表皮损伤依据体表损伤相关条款进行评定。

项目四　腹腔空腔器官损伤及法医鉴定

一、胃损伤

（一）损伤原因与机制

胃位于腹腔顶部，大部分受肋弓的保护，且胃排空时有一定的柔韧性，故在闭合性腹部损伤中较少见。然而，在开放性腹部损伤中，胃的损伤率较高，胸部及上腹部的锐器伤或枪弹穿透伤常伤及胃。胃在饱餐后呈膨胀状态时或患有胃溃疡等疾病者，更易受到挤压或冲击而造成损伤。

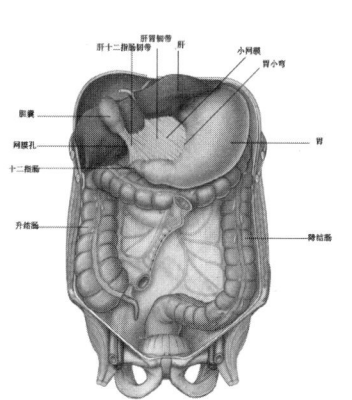

图 10-9　胃的解剖位置

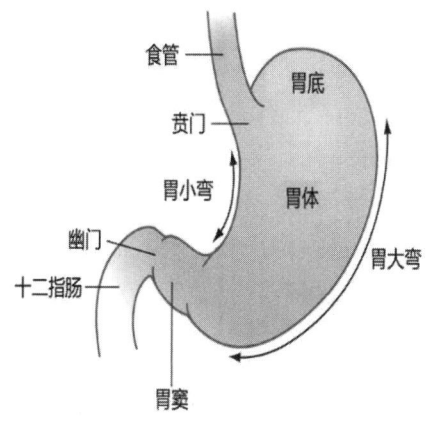

图 10-10　胃的解剖形态

（二）临床表现：

1. 胃损伤的主要症状是腹痛和出血，主要体征是腹膜刺激征象。伤者可出现剧烈的腹痛、呕吐、板状腹，并因胃内气体进入腹腔，膈下有游离气体（见图 10-11）。

2. 当有邻近脏器损伤时，可导致腹腔内大量出血、呕吐咖啡色液体，甚至出现失血性休克。在胃的化学性损伤时，可因胃黏膜损伤出现咽喉疼痛，胃、食道烧灼感，恶心、呕吐，上腹部疼痛等症状。

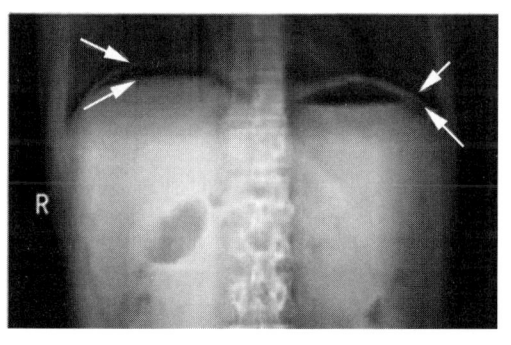

图 10-11　膈下游离气体，X 线片示新月形膈下游离气体积聚膈下

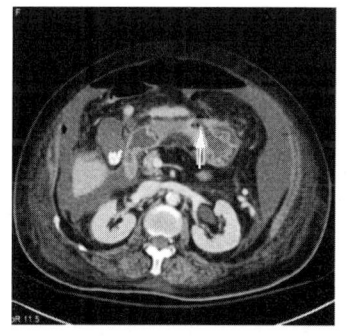

图 10-12　胃破裂，CT 示：大量气腹和游离积液；胃体前部不连续，可见小破口

（三）法医学鉴定

1. 鉴定依据：根据腹部外伤史、临床表现或手术所见认定。胃挫伤通过影像学检查，特别是胃镜检查确认。胃破裂与胃穿孔均需手术治疗，根据损伤后临床表现和手术记录认定。胃损伤后需要手术治疗的，常选择实施胃修补、胃部分切除、胃大部分切除或者全胃切除等术式。

2. 损伤程度鉴定：《人体损伤程度鉴定标准》规定，胃挫伤为轻伤二级；胃非全层破裂为轻伤一级；胃全层破裂，需手术治疗为重伤二级；胃损伤致消化吸收功能严重障碍，依赖肠外营养为重伤一级。

3. 伤残等级鉴定：《人体损伤致残程度分级》规定，全胃切除术后为五级伤残；胃大部分切除术后为八级伤残；胃部分切除术后为九级伤残；胃修补术后为十级伤残。

二、肠损伤

（一）损伤原因与机制

1. 开放性肠道损伤：多见于锐器伤和枪弹伤。

2. 闭合性肠道损伤：钝性暴力直接或间接作用于将小肠挤向脊椎引起肠壁挫伤、穿孔、撕裂或断裂。

3. 医源性损伤：因为医疗操作不当造成损伤。

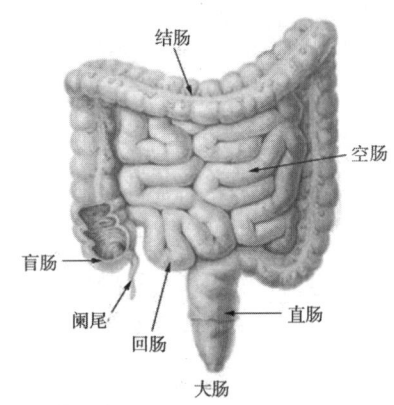

图 10-13 大肠的解剖分段

（二）临床表现

肠损伤的临床表现主要为：①腹痛；②气腹；③肠壁挫伤或血肿；④肠穿孔或断裂，肠液及肠内容物流入腹腔，引起腹膜炎；⑤肠扭转及肠系膜损伤，可引起肠梗阻、肠段坏死；⑥肠瘘；等等。

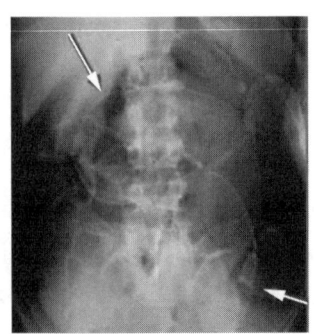

图 10-14 气腹

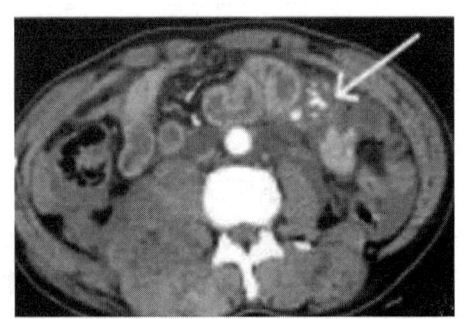

图 10-15 空肠破裂：CT 横断面示口服造影剂后，肠壁周围造影剂点状外溢

（三）法医学鉴定

1. 鉴定依据：针对原发性肠损伤的法医学鉴定，应关注外伤后病史、伤后症状与体征、辅助检查，特别是手术记录，结合临床辅助检查综合判定。针对损伤后的肠梗阻，要注意伤病关系，比如肠梗阻发生前后的病史记录，是否是肠梗阻反复发作。

2. 损伤程度鉴定：《人体损伤程度鉴定标准》规定，肠道挫伤为轻伤二级；肠道非全层破裂为轻伤一级；腹部损伤致肠瘘或尿瘘为重伤二级；肠道全层破裂，须手术治疗为重伤二级；肠道损伤致消化吸收功能严重障碍，依赖肠外营养为重伤一级。

3. 伤残等级鉴定：《人体损伤致残程度分级》规定，小肠大部分切除术后，消化吸收功能丧失，完全依赖肠外营养为二级伤残；小肠大部分切除术后，消化吸收功能严重障碍，大部分依赖肠外营养为三级伤残；永久性回肠造口为四级伤残；小肠部分切除术后，消化吸收功能障碍，部分依赖肠外营养为五级伤残；全结肠缺失为五级伤残；小肠部分切除术后，影响消化吸收功能，完全依赖肠内营养为六级伤残；小肠部分（包括回盲部）切除术后为七级伤残；永久性结肠造口为七级伤残；肠瘘长期不愈（1年以上）为七级伤残；肠部分切除术后，影响消化吸收功能为八级伤残；肠部分切除术后为九级伤残；肠梗阻反复发作为九级伤残；肠修补术后为十级伤残。

三、胆道、胆囊损伤

（一）损伤原因与机制

由于肝外胆道的位置比较深，单纯的肝外胆道损伤少见，一般合并肝脏、胰腺、十二指肠或腹腔内大血管损伤。

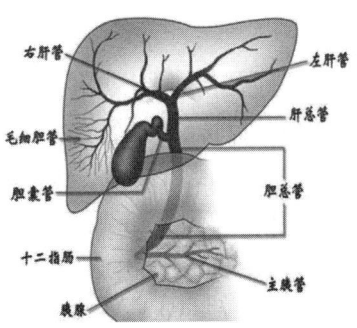

图 10-16　肝外胆道解剖位置

（二）临床表现

由于胆囊、胆道损伤都伴有其他脏器、大血管损伤，其他损伤常重于胆管损伤，同时胆管损伤本身也无特异的症状。故临床症状主要是腹部损伤和其他脏器损伤的症状，胆汁溢出可造成初期的剧烈腹痛与迟发的腹膜刺激症、黄疸。

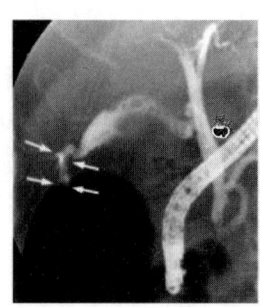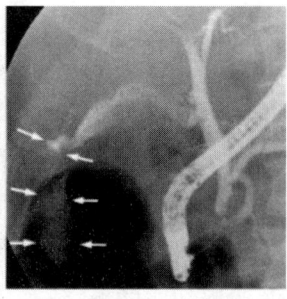

图 10-17　胆囊破裂，胆道造影片示泄漏的造影剂自胆囊底部进入肝下间隙

（三）法医学鉴定

1. 鉴定依据：胆囊及胆道的损伤要全面分析伤后病史，尤其关注手术记录。

2. 损伤程度鉴定：《人体损伤程度鉴定标准》规定，胆囊或胆道挫伤为轻伤二级；胆囊或胆道非全层破裂为轻伤一级；胆道全层破裂，须手术治疗为重伤二级。

3. 伤残等级鉴定：《人体损伤致残程度分级》规定，胆道损伤胆肠吻合术后，反复发作逆行性胆道感染为七级伤残；胆道损伤，胆肠吻合术后为八级伤残；胆道损伤胆管外引流术后为九级伤残；胆道修补术后为十级伤残。

项目五　腹腔实质性器官损伤及法医鉴定

一、肝损伤

（一）损伤原因与机制

因为肝脏血供丰富，质脆、少弹性，在外力作用下易受到损伤。腹壁穿通伤、钝性暴力伤、行肝邻近器官组织手术时误伤都有可能造成肝损伤。按形态及发生部位、范围，肝破裂分三种类型：被膜下破裂、中央型破裂、真性破裂。被膜下破裂指被膜下肝实质破裂，出血积聚于被膜下，形成血肿。中央型破裂指破裂部位在肝实质深部，发生出血，形成局部血肿。真性破裂指脾实质及被膜同时破裂出血，破裂可以是线条状裂创，也可以是粉碎性破裂。

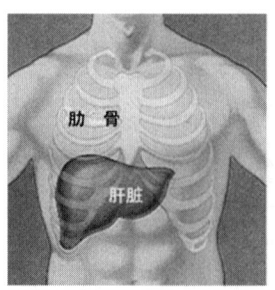

图 10-18　肝脏解剖位置

（二）临床表现

肝外伤的临床表现因致伤原因、损伤程度而异。被膜下损伤由于肝被膜尚保持完整，腹腔内一般无出血及胆汁溢漏，主要表现为肝区胀痛。肝脏的迟发性破裂突然破裂即转变为真性肝破裂。真性肝破裂合并肝内大血管、下腔静脉破裂时，伤者可在伤后短时间内出现严重的休克，昏迷，甚至死亡。胆汁外溢刺激腹膜时，伤者可出现剧烈的腹痛，腹肌紧张。

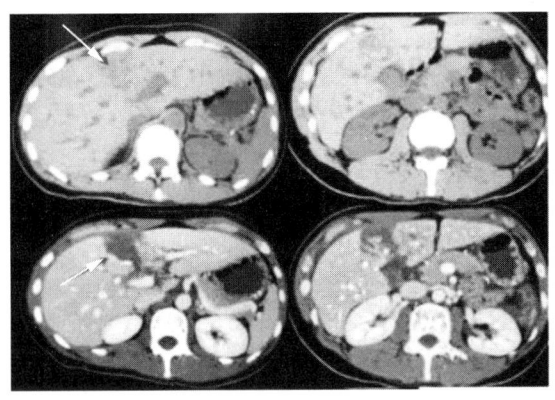

图 10-19 肝被膜下破裂，CT 示肝右叶前方楔形裂，对应位置前腹壁不连续，肝组织撕裂创周围血肿形成

（三）法医学鉴定

1. 鉴定依据：主要根据外伤史、伤后症状与体征、影像学检查或者手术所见认定。

2. 损伤程度鉴定：《人体损伤程度鉴定标准》规定，肝功能损害（轻度）为轻伤二级；肝包膜下或者实质内出血为轻伤二级；肝包膜破裂或肝脏实质内血肿直径 2.0cm 以上为轻伤一级；肝破裂须手术治疗为重伤二级；肝功能损害（重度）为重伤二级。

3. 伤残等级鉴定：《人体损伤致残程度分级》规定，原位肝移植术后肝衰竭晚期为一级伤残；肝衰竭晚期为二级伤残；肝切除 2/3 以上为四级伤残；肝衰竭中期为四级伤残；肝切除 1/2 以上为六级伤残；肝衰竭早期为六级伤残；肝切除 1/3 以上为七级伤残；肝部分切除术后为九级伤残；肝修补术后为十级伤残。值得一提的是，对于肝切除的比例，需要结合病历记录、影像学检查及病理检验报告等，综合分析。

4. 肝功能损害（见表 10-1）。

表 10-1 肝功能损害分度

程度	血清清蛋白	血清总胆红素	腹水	脑症	凝血酶原时间
重度	<2.5g/dL	>3.0mg/dL	顽固性	明显	明显延长 （较对照组>9 秒）
中度	2.5g/dL-3.0g/dL	2.0mg/dL-3.0mg/dL	无或者少量，治疗后消失	无或者轻度	延长 （较对照组>6 秒）

（续表）

程度	血清清蛋白	血清总胆红素	腹水	脑症	凝血酶原时间
轻度	3.1g/dL-3.5g/dL	1.5mg/dL-2.0mg/dL	无	无	稍延长（较对照组>3 秒）

二、脾损伤

（一）损伤原因与机制

脾是重要的淋巴器官，位于腹腔的左上方，外形似蚕豆，由稍坚韧的脾被膜包裹，有极丰富的血液循环。脾实质脆弱，受到外力极易破裂。

根据损伤原因不同，可以分为三类：①自发性脾破裂：此类脾破裂多见于病理性脾，如疟疾、白血病等。②外伤性脾破裂：此类脾破裂见于胸、腹部及腰背部各种开放性损伤和闭合性损伤，如刀伤、枪弹伤、肋骨刺伤、挤压伤等。③医源性脾破裂：此类脾破裂是在行脾脏邻近器官组织手术时误伤脾脏所致。

按形态及发生部位、范围，脾破裂分三种类型：被膜下破裂、中央型破裂、真性破裂。

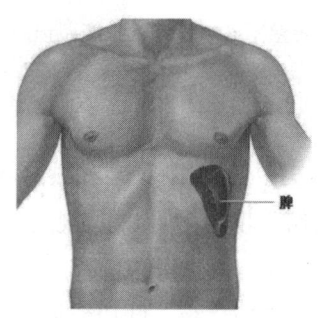

图 10-20　脾脏解剖位置

（二）临床表现

脾损伤的临床表现主要有：①左上腹疼痛；②腹腔内急性出血。

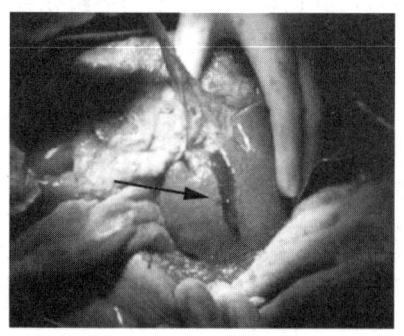

图 10-21　脾破裂大体表现

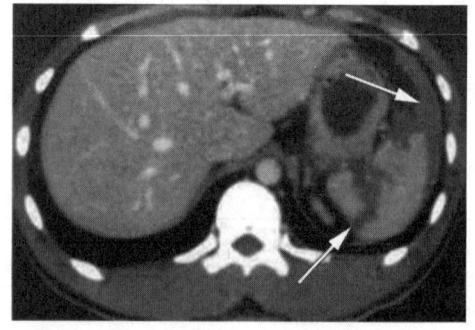

图 10-22　脾破裂，CT 示脾脏体积稍增大，可见破裂创，脾脏密度不均匀，破裂创周围见不规则片状出血

（三）法医学鉴定

1. 鉴定依据：根据外伤史、伤后症状与体征、影像学检查和手术所见认定损伤。外伤性脾破裂常伴有左季肋部、左上腹部的软组织损伤或左下胸部肋骨骨折等。脾挫伤与假性破裂的临床表现不具有特征性，主要靠超声和 CT 动态观察确定。

2. 损伤程度鉴定：《人体损伤程度鉴定标准》规定，脾包膜下或者实质内出血为轻伤二级；脾包膜破裂或脾实质内血肿直径 2.0cm 以上者为轻伤一级；脾破裂，须手术治疗为重伤二级。

3. 伤残等级鉴定：《人体损伤致残程度分级》规定，未成年人脾切除术后为八级伤残；脾部分切除术后为九级伤残；脾修补术后为十级伤残。

三、胰腺损伤

（一）损伤原因与机制

胰位于腹膜后，因位置深不易遭到损伤。胰损伤少数由锐器和枪弹造成，多数是由钝性外力所致，如腹部被钝器猛烈撞击时，使胰被挤压于脊柱上造成损伤，也常见于车祸。

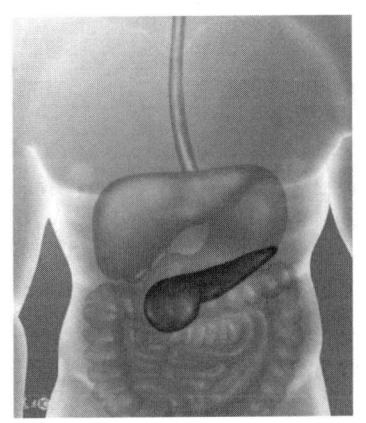

图 10-23　胰腺解剖位置

（二）临床表现

1. 上腹部疼痛，胰液外溢后，疼痛剧烈。

2. 化验血清和腹腔穿刺液淀粉酶值可升高。CT 扫描可显示已破裂出血。

3. 临床表现与损伤的程度、胰液外溢、胰酶激活的情况密切相关。胰腺严重损伤时，因出血可在脐周围皮肤出现不规则形的瘀斑（Cullen 征），或腰部皮肤呈青紫色（Grey-Turner 征）等特殊的体征。

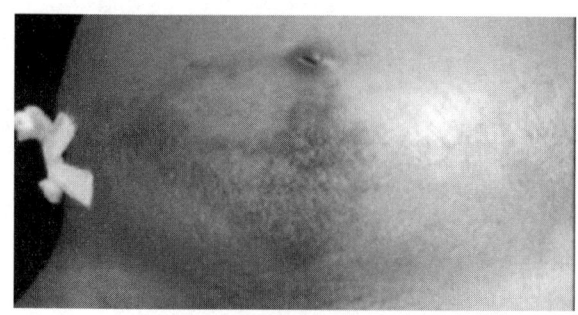 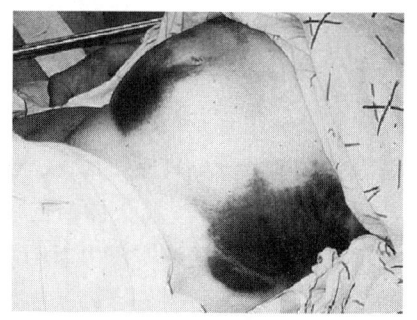

图 10-24　Cullen 征　图 10-25　Grey-Turner 征

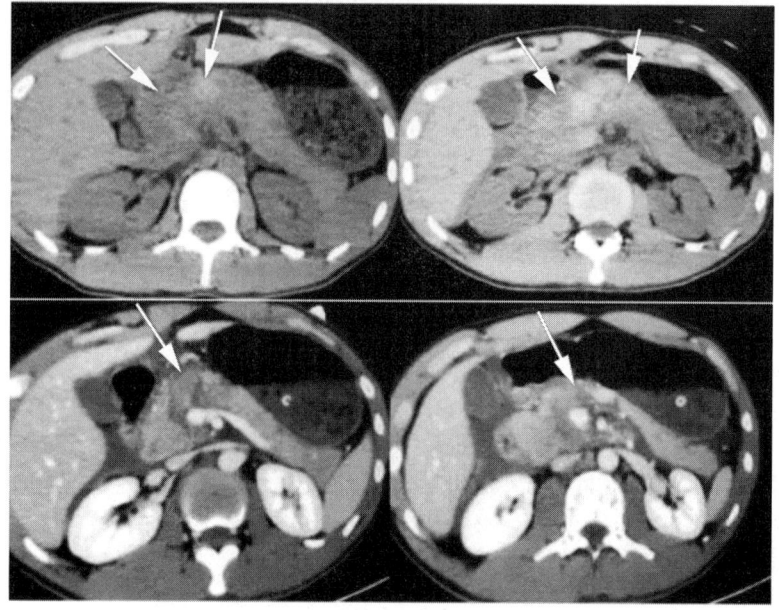

图 10-26　胰腺损伤，CT 示胰腺肿大，呈混杂密度，胰腺周围脂肪层增厚、模糊

（三）法医学鉴定

1. 鉴定依据：根据外伤史、伤后症状与体征、影像学检查和手术所见认定。胰腺损伤因为早期缺乏特异性症状或被其他脏器损伤的症状、体征所掩盖，早期诊断困难。因此，持续性、进行性的血尿淀粉酶升高对于胰腺损伤诊断具有一定意义，再结合 B 超检查进行综合判断。

2. 损伤程度鉴定：《人体损伤程度鉴定标准》规定，胰腺挫伤为轻伤二级；胰腺包膜破裂为轻伤一级；胰破裂，须手术治疗为重伤二级。

3. 伤残等级鉴定：胰腺损伤的伤残等级主要根据是否手术修补、胰腺手术切除的多少及导致的消化吸收功能障碍的程度进行评定。《人体损伤致残程度分级》规定，全胰缺失为三级伤残；胰腺大部分切除，胰岛素依赖为四级伤残；胰头合并十二指肠切除术后为五级伤残；胰腺部分切除术后伴功能障碍，需药物治疗为六级伤残；胰腺部分切除术后为八级伤残；外伤性胰腺假性囊肿术后为九级伤残；胰腺修补术后为十级伤残。

四、肾损伤

(一) 损伤原因与机制

肾脏是一个组织结构较弱的实质器官，外界暴力作用于肾区可造成肾脏的损伤。根据致伤机制不同分为：①直接暴力损伤：上腹部或腰部肾区直接受到钝性外力撞击或挤压所致，这是最常见原因。②间接暴力损伤：此类肾损伤主要见于高坠伤，即足部或臀部着力，肾脏受惯性震动，以及爆震伤等所致。③自发性肾破裂：肾脏在病理条件下，如肾积水、结石、结核、肿瘤、严重感染等，因轻微外力或腰腹部肌肉用力时即可诱发肾破裂。④医源性肾损伤：因穿刺、手术等检测治疗操作不当引起的造成的肾损伤。

根据，损伤部位及严重程度不同，可分为肾挫伤、肾挫裂伤、肾碎裂伤和肾蒂伤。

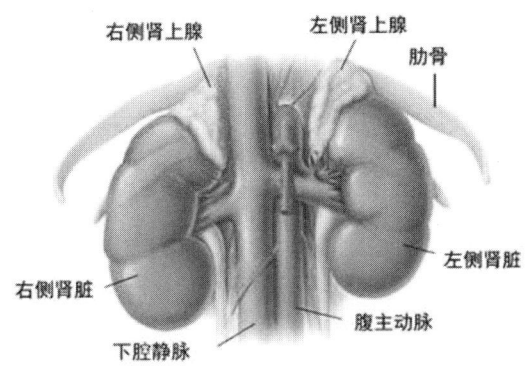

图 10-27　肾脏解剖位置

(二) 临床表现

1. 疼痛。其表现为伤侧肾区或上腹部疼痛，活动及咳嗽时加重，可伴有放射痛。

2. 血尿。血尿是肾损伤最常见、最重要的症状，表现为肉眼血尿或镜下血尿。

3. 休克。伤情越重则休克发生率越高。

4. 肿块。肾周血肿和尿外渗时，可出现伤侧肾区或上腹部肿块。

5. 发热。肾周血肿、尿外渗及并发感染等均可引起不同程度的发热。

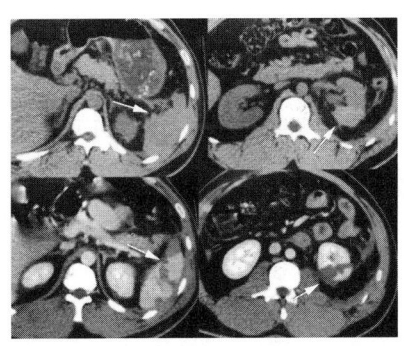

图 10-28　肾损伤，CT 示左肾下极撕裂伤，肾脏周围血肿形成，合并脾破裂

（三）法医学鉴定

1. 鉴定依据：对于肾损伤的认定，需根据外伤史、伤后症状与体征、尿常规、影像学检查及手术所见认定，尤其是经手术修补或摘除者，更容易认定。在临床上对于有腰部外伤史，伤后出现肾区疼痛伴有血尿者要结合各种辅助检查，比如尿常规、B超、CT等检查对肾挫伤进行认定，必须排除其他可以导致血尿的疾病和其他泌尿系统的损伤才能认定。

2. 损伤程度鉴定：《人体损伤程度鉴定标准》规定，肾包膜下或者实质内出血为轻伤二级；肾破裂，须手术治疗者为重伤二级。

3. 伤残等级鉴定：《人体损伤致残程度分级》规定，双肾切除术后或者孤肾切除术后，需透析维持治疗；肾移植术后肾衰竭为一级伤残；肾衰竭为二级伤残；一侧肾切除术后，另一侧肾功能重度下降为三级伤残；肾功能重度下降为四级伤残；一侧肾切除术后，另一侧肾功能中度下降为五级伤残；肾移植术后，肾功能基本正常为五级伤残；肾功能中度下降为六级伤残；一侧肾切除术后为七级伤残；损伤致肾性高血压为八级伤残；肾功能轻度下降为八级伤残；一侧肾部分切除术后为九级伤残；肾、输尿管或膀胱修补术后为十级伤残。

对于肾功能的检验与评估采用临床医学常用规范标准——慢性肾脏病（CKD）肾功能损害分期标准。肾功能损害是指：①肾脏损伤（肾脏结构或功能异常）≥3个月，可有或无肾小球滤过率（GFR）下降，临床表现为病理学检查异常或肾损伤（包括血、尿成分异常或影像学检查异常）；②GFR<60ml/（min·1.73m³）达3个月，有或无肾脏损伤证据。肾功能损害分期见下表：

表 10-2　肾功能损害分期

CKD 分期	名称	诊断标准
1 期	肾功能正常	GFR≥90ml/（min·1.73m³）
2 期	肾功能轻度下降	GFR 69-89ml/（min·1.73m³）≥3 个月，有或无肾损伤证据
3 期	肾功能中度下降	GFR 30-59ml/（min·1.73m³）
4 期	肾功能重度下降	GFR 15-29ml/（min·1.73m³）
5 期	肾衰竭	GFR<15ml/（min·1.73m³）

项目六　综合案例分析

一、简要案情及病史摘要：

被鉴定人黎某（女，38岁）于2021年1月20日因交通事故受伤。因理赔需要，某公司委托本中心依据两院三部《人体损伤致残程度分级》对其进行伤残程度鉴定。

住院日期：2021年1月20日至2021年2月3日。入院情况：因"车祸后腹痛7小时"入院。专科情况：腹平坦，腹部软，未见明显瘀青、出血、皮肤破损，未及包块，下腹有压痛，无反跳痛，无肌紧张，其余腹部有轻度压痛，肝脾肋下未触及。肝肾无叩击痛，无移动性浊音，肠鸣音3次/分。

辅助检查：胸腹、盆腔CT示：腹盆腔少量积液。肠系膜根部、空肠近段结构欠清；肝脏、胆囊、双肾、胰腺、脾平扫未见异常密度。

诊疗经过：入院后完善相关检查，排除相关禁忌症后于2021年1月26日行"腹部探查术+空肠破裂修补术"，术中见腹腔内大量淡黄色浑浊渗液，游离空肠后，发现距屈氏韧带约30cm的肠壁破裂，破口直径约2cm，周围组织粘连；横结肠中段见浆肌层破损。术后予禁食、镇痛等对症支持治疗。

出院诊断：1. 腹部闭合性损伤：①空肠破裂。②横结肠挫裂伤；2. 局限性腹膜炎；3. 腹腔出血。

出院情况：患者一般情况可，无腹痛、腹胀、腹泻，肛门有排气、排便；查体：腹部平软，无压痛、反跳痛，切口敷料干洁。

二、法医学鉴定

体格检查：被鉴定人黎某步入鉴定室，神志清楚，对答切题，检查合作。自诉饭后胃痛、胀气。检查左腹部见一8.0cm×0.5cm纵形条状增生性手术瘢痕，呈暗红色，质硬。左腹外侧区见一0.9cm×0.4cm引流口瘢痕。腹软无抵抗，无压痛、反跳痛。余检查未见明显异常。

阅片：盆腔少量积液，肠系膜根部、空肠近段结构欠清。

鉴定意见：被鉴定人黎某因交通事故致空肠破裂及横结肠挫裂伤，后经手术修补治疗。根据《人体损伤致残程度分级》第5.10.4.3）款项之规定，其空肠破裂经修补术治疗后，评定为十级伤残。

三、案例评析

被鉴定人黎某因交通事故受伤，伤后入院查体见下腹压痛，影像学检查见肠系膜根部及空肠近段结构不清，术中见空肠破裂及横结肠挫裂伤，结合法医临床检查见其腹部遗留手术瘢痕。根据书证摘要及法医临床检验结果，综合分析认为，临床诊断空肠破裂、横结肠挫裂伤成立。腹部损伤，特别是经过剖腹手术治疗，除了掌握外伤病史、伤后症状与体征、辅助检查外，尤其关注其手术记录，细致了解手术所见及手术切除等，对于损伤认定并进行鉴定有重要作用。

项目七　技能训练

一、训练内容

腹部损伤鉴定方法的训练。

二、训练目的与要求

（一）目的

通过完成该项训练，使学生掌握人体腹部损伤鉴定的基本方法。

（二）要求

1. 应用人体解剖学检查与识别腹部损伤的基本要领。

2. 利用影像学方法鉴定腹部损伤的基本要领。

3. 运用鉴定标准分析并确立鉴定意见的基本要领。

（三）训练方法

1. 给定人体损伤模型，学生根据所学解剖学知识检查并记录确腹部的损伤。

2. 通过系列影像学照片的观察，由学生指出腹部损伤的部位及损伤的性质，并进行分析说明。

3. 学生通过模拟案例训练，完成对腹部损伤案件的人身检查、影像学查验、鉴定标准套用、分析说明以及鉴定意见确立的综合运用。

（四）训练素材

人体损伤模型（实训室）、影像学照片（胶片或数字图像）、训练案例（或声像资料）。

（五）训练评价

通过训练，综合评价学生对腹部损伤的体格检查能力、阅片能力、标准运用能力以及案例逻辑分析能力等。

📝 **启发与思考**

1. 腹部损伤的分类有哪些？

2. 肾损伤的临床表现是什么？

3. 腹壁疝的损伤原因是什么？

4. 腹部损伤常见的并发症和后遗症有哪些？鉴定要点是什么？

盆腔与泌尿生殖系统损伤鉴定

📖 **学习目标**

1. 知识目标：了解盆腔、泌尿生殖系统的解剖生理特点，熟悉盆腔、泌尿生殖系统损伤体表及影像学检查特点，了解鉴定基本程序，掌握鉴定标准的运用。

2. 能力目标：熟悉盆腔、泌尿生殖系统损伤的特点，初步掌握盆腔、泌尿生殖系统损伤鉴定的工作能力。

📖 **内容结构**

1. 解剖生理概述。
2. 骨盆损伤及法医鉴定。
3. 泌尿系统损伤及法医鉴定。
4. 生殖系统损伤及法医鉴定。
5. 综合案例分析。
6. 技能训练。

📖 **导读**

骨盆及盆腔内脏器损伤常见于交通事故、高坠伤、意外跌倒及灾害事故等。目前统计显示，外伤所致骨盆骨折中，因交通事故导致的损伤占总数的一半以上。司法鉴定实践中涉及骨盆及盆腔内脏器损伤鉴定的案例并不少见。尤其是涉及骨盆不稳定性骨折、女性产道破坏、泌尿及生殖器官损伤和生殖功能障碍的鉴定更是法医学鉴定的难点问题。了解及掌握盆腔及泌尿生殖系统解剖要点、损伤特点及鉴定方法是实践中解决相关问题的关键。

项目一　解剖生理概述

一、盆腔及会阴部解剖与生理特点

盆腔以骨盆为支架，上与腹部相连，下由盆膈封闭。盆腔内主要为泌尿器和生殖器以及神经、血管等。盆腔与泌尿生殖系统损伤根据损伤部位分为骨盆骨折、盆腔器官损伤、会阴部软组织损伤等；根据组织结构的完整性分为开放性损伤和闭合性损伤。

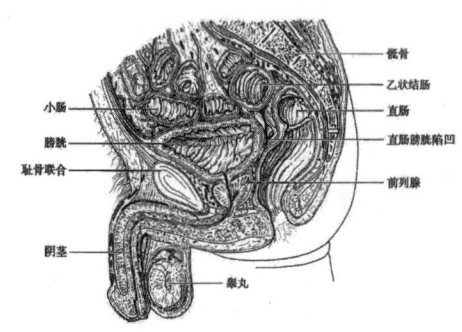
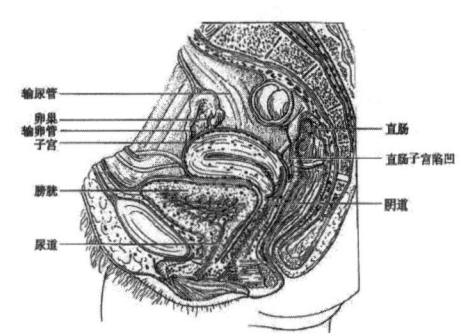

图 11-1　男性盆腔矢状位概观　　　　　图 11-2　女性盆腔矢状位概观

项目二　骨盆损伤及法医鉴定

　　骨盆由骶骨、尾骨和左右髋骨以及其间的骨连接组成的一个完整闭合骨环。骨盆以髋臼为界，分为前后两部分。骨盆前部称为副弓，后部称为承重弓或主弓，主弓骨质粗厚坚实，副弓相对较薄弱，因此骨盆受损时常见副弓先断裂。女性骨盆是胎儿自然分娩的产道，所以男女骨盆有着显著的差异。女性骨盆宽而短，上口近似圆形，下口较宽大；男性骨盆窄而长，上口近似心形，下口窄小。

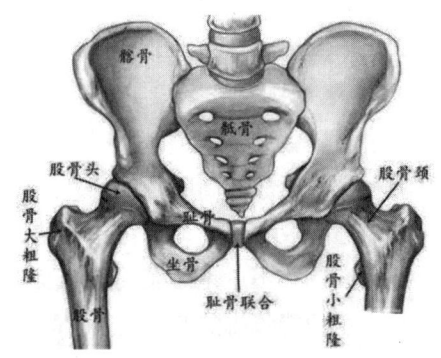

图 11-3　骨盆解剖概况

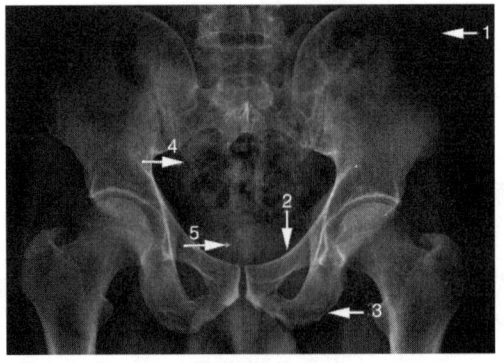

图 11-4　正常骨盆 X 线片 1. 髂骨 2. 耻骨 3. 坐骨 4. 骶骨 5. 尾骨

一、损伤原因与机制

骨盆骨折多见于交通事故、撞击、碾压、砸伤及高坠等，锐器和枪弹也可直接损伤骨盆。当骨盆遭受暴力作用时，副弓往往首先受损，耻骨支、耻骨联合及靠近骶髂关节部位的髂骨最易骨折。当主弓折断时，副弓大多同时骨折。

直接暴力撞击骨盆前部，可造成耻骨支骨折；撞击骨盆侧部，可造成髂骨翼骨折、髋臼骨折和股骨头中心性脱位；撞击骨盆后部，可造成骶尾骨骨折。严重的骨盆骨折常合并膀胱、尿道、子宫、直肠损伤。

二、临床表现

骨盆骨折主要表现为局部疼痛、肿胀，活动时加重；站立、行走及负重功能障碍；损伤严重者，可导致骨盆倾斜。影像学检查可显示骨折的部位、类型与程度。

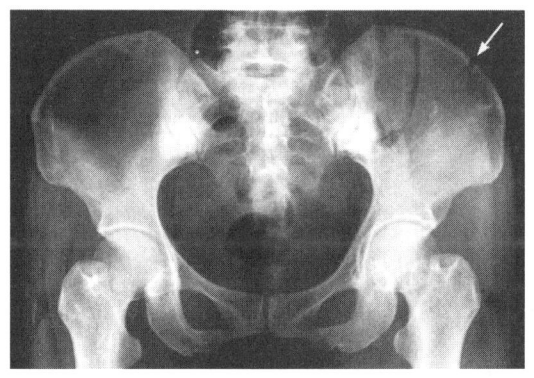
图 11-5　X 线片示左髂骨翼骨折

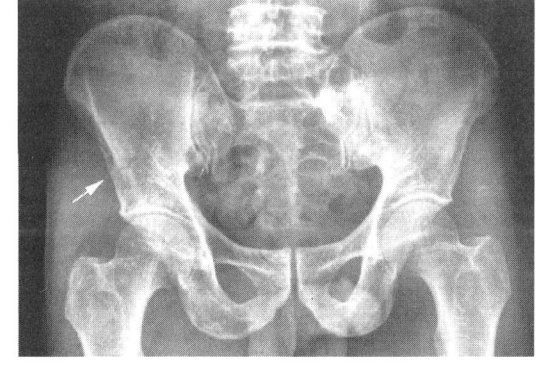
图 11-6　X 线片示右髂前下棘骨折

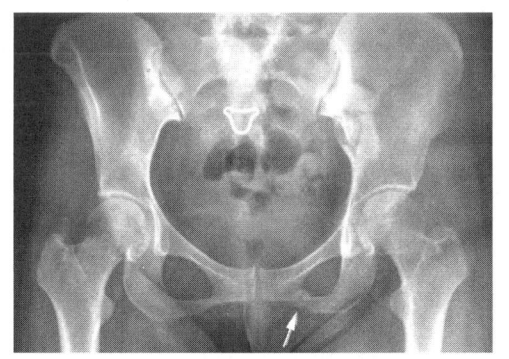

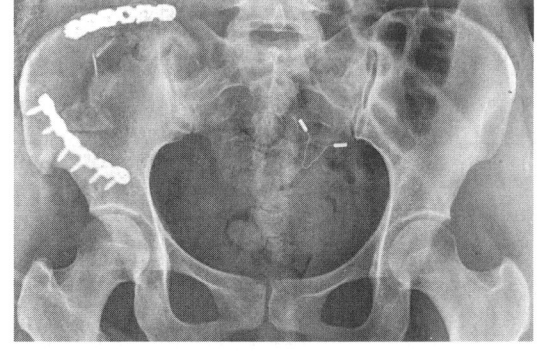

图 11-7　X 线示左耻骨下支骨折，有骨痂形成　图 11-8　右髂骨翼粉碎性骨折术后一周

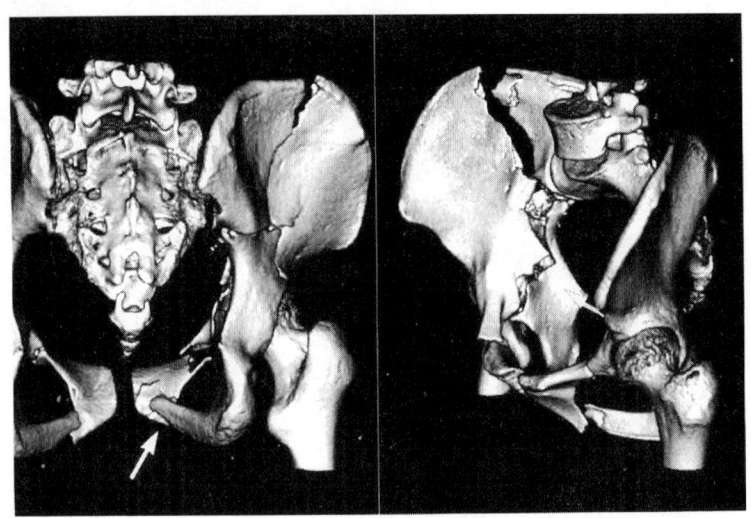

图 11-11　CT 三维重建示双侧耻骨上下肢粉碎性骨折伴髂骨体骨折

三、法医学鉴定

1. 鉴定依据：骨盆骨折主要根据外伤史、临床症状及影像学检查认定。X 线检查可以了解骨盆的整体情况，大多数骨盆骨折通过 X 线片可以确认；CT 可在多个平面上显示骨折及骨折端位移情况。

2. 损伤程度鉴定：依据骨盆骨折的程度、数量及骨折愈合情况综合评定。如按《人体损伤程度鉴定标准》规定，骨盆骨折即构成轻伤二级；骨盆两处以上骨折或骨盆骨折畸形愈合即符合轻伤一级。

3. 伤残等级鉴定：根据骨盆骨折的类型、数量及愈合情况进行鉴定。如按《人体损伤致残程度分级》规定，骨盆两处以上骨折或粉碎性骨折，畸形愈合即构成十级伤残；骨盆两处以上骨折或粉碎性骨折，严重畸形愈合为九级伤残。

项目三　泌尿系统损伤及法医鉴定

泌尿系统由肾、输尿管、膀胱及尿道组成。其主要功能是排出机体新陈代谢产生的废物和多余的水，保持机体内环境的平衡和稳定。本节内容包括输尿管损伤、膀胱损伤及尿道损伤。

一、输尿管损伤

输尿管是一对细长的肌性管道，起于肾盂，终于膀胱，长约 20cm～30cm。输尿管的管壁具有较厚的平滑肌，可作节律性蠕动，能使尿液不断的注入膀胱。

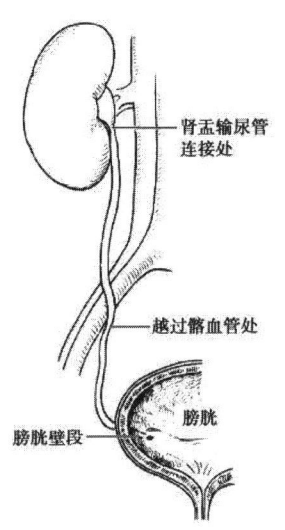

图 11-12　输尿管概况

（一）损伤原因与机制

输尿管位于腹膜间隙内，位置深，受到骨盆、脊柱、肌肉和腹腔脏器保护，直接损伤少见，仅占泌尿系统损伤的 1%，多为盆腔手术所致的医源性损伤。暴力作用导致的输尿管损伤多伴其他部位的损伤，如交通事故、高坠伤等造成的脊柱或腰椎横突骨折引起的输尿管刺伤或挫伤，锐器及火器造成的输尿管开放性损伤。

（二）临床表现

输尿管损伤若发生两侧输尿管梗阻或输尿管断裂则表现为无尿，一侧输尿管创伤，有时会引起对侧反射性肾功能障碍，也表现为无尿。尿液由输尿管损伤处外渗到后腹膜间隙，可引起局部肿胀和疼痛，腹胀、患侧肌肉痉挛和明显压痛。如腹膜破裂，则尿液可漏入腹腔引起腹膜刺激症状。一旦继发感染，可出现脓毒血症如寒战、高热。如尿液与腹壁创口或与阴道、肠道创口相通，形成尿瘘，经久不愈。输尿管损伤后，易出现血尿。输尿管黏膜挫伤或裂伤，血尿可较明显，但输尿管完全离断，不一定出现血尿。

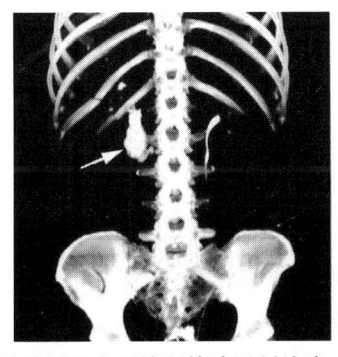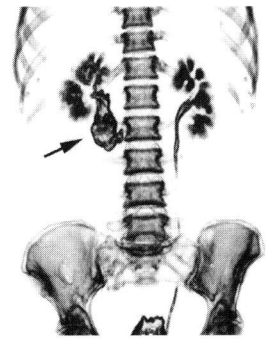

图 11-13　尿路造影示右侧输尿管造影剂外渗，其下方输尿管不显示；右侧 11、12 肋骨骨折

（三）法医学鉴定

1. 鉴定依据：根据外伤史、临床表现及辅助检查综合认定。核素肾图、静脉尿路造影、逆行尿路造影以及 CT、MRI 等可以直接或间接显示输尿管损伤的部位和程度。

2. 损伤程度鉴定：《人体损伤程度鉴定标准》规定，一侧输尿管挫裂伤为轻伤二级，输尿管狭窄则为轻伤一级。若输尿管损伤合并其他脏器损伤或遗有肾功能障碍则比照相应条款进行鉴定。

3. 伤残等级鉴定：《人体损伤致残程度分级》主要依据输尿管损伤后采取的手术方式及输尿管损伤后遗留的狭窄程度进行鉴定。如输尿管修补术后即符合十级伤残；输尿管损伤行代替术或者改道术后为八级伤残。

二、膀胱损伤

膀胱为肌膜性囊状器官，位于盆腔深面，耻骨联合后方，四周有骨盆保护，其大小、形状、位置及壁的厚度均随储尿量而变化。

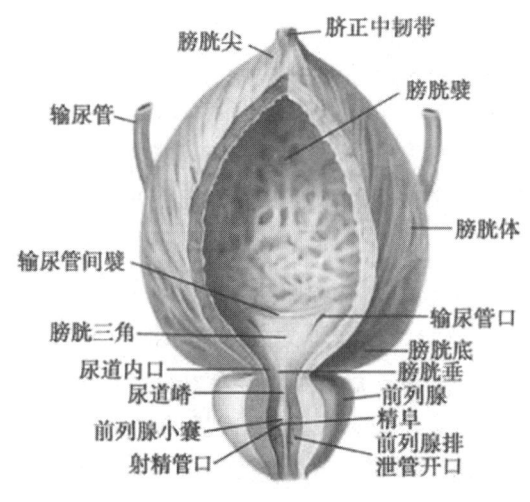

图 11-14　膀胱前面观

（一）损伤原因与机制

膀胱损伤以闭合性损伤最为常见。如拳击、脚踢、高坠、撞击等造成膀胱内部压力骤然增高或剧烈震动，造成膀胱最薄弱、有腹膜覆盖的膀胱顶部破损，形成腹膜内膀胱破裂。若膀胱充盈时下腹部遭受钝性外力打击，更易发生膀胱破裂。当骨盆受到强大外力作用而引发骨盆骨折时，骨折端也有可能刺破膀胱；或骨盆环断裂、移位、剧烈牵扯可导致膀胱撕裂，造成腹膜外膀胱破裂。此外，医源性膀胱损伤尤其是妇科手术如剖宫产、子宫切除术等也时有发生。

（二）临床表现

多数膀胱损者可见肉眼血尿，膀胱内若有大量凝血块堵塞时，还会出现排尿困难。伤者多表现为下腹部或耻骨后疼痛，合并骨盆骨折时，疼痛显著。若膀胱破裂致大量尿液进入腹腔可引起剧烈腹痛，导致创伤性休克；如合并其他器官损伤严重出血时，可导致失血性休克。

（三）法医学鉴定

1. 鉴定依据：膀胱损伤根据外伤史、体格检查及导尿、膀胱造影等检查较易明确诊断。

2. 损伤程度鉴定：《人体损伤程度鉴定标准》主要依据膀胱损伤类型进行鉴定。膀胱挫裂伤为轻伤二级；膀胱破裂需手术治疗为重伤二级。

3. 伤残等级鉴定：《人体损伤致残程度分级》主要依据损伤后采取手术治疗方式及对排尿功能影响程度进行鉴定。如膀胱修补术后为十级伤残；膀胱部分切除术后为九级伤残；若膀胱部分切除术后合并轻度排尿障碍则为七级伤残。

三、尿道损伤

男性尿道长约18cm，自然状态下呈"S"形，以泌尿生殖隔为界，分为前尿道和后尿道。女性尿道粗而短，长约5cm，起于尿道内口，经阴道前方，开口于阴道前庭。

（一）损伤原因和机制

由于尿道解剖学特征，损伤多见于男性，女性尿道损伤相对少见，损伤类型大致分为挫伤、破裂、断裂。尿道损伤可由钝器、锐器、火器造成。钝性外力中最常见的为骑跨伤与骨盆骨折。骨盆骨折导致尿道损伤多因骨折移位、牵拉会导致尿道撕裂或断裂，少数因骨折断端或碎骨片刺伤，损伤部位以后尿道多见。

（二）临床表现

尿道损伤后主要表现为血尿、会阴部肿胀、疼痛及排尿困难、尿潴留等。尿道黏膜的挫伤或小的尿道撕裂可引起严重的血尿，而尿道完全离断反而血尿很轻微。尿道挫伤及尿道断裂都可导致排尿困难及尿潴留。

（三）法医学鉴定

1. 鉴定依据：尿道损伤根据外伤史、临床表现、导尿及尿道造影结果可以明确诊断。手术探查所见是尿道损伤的确认依据。对于未经手术探查尿道损伤认定困难的，可以通过尿道镜或逆行尿道造影明确。

2. 损伤程度鉴定：《人体损伤程度鉴定标准》规定主要依据尿道损伤部位、损伤类型及对排尿功能影像综合评定。如尿道挫裂伤为轻伤二级；前尿道破裂须行修补术治疗为轻伤一级；后尿道破裂须手术治疗、尿道损伤致重度狭窄则为重伤二级。

3. 伤残等级鉴定：《人体损伤致残程度分级》主要依据治疗手术方式及损伤后遗留尿道狭窄程度进行鉴定。如尿道修补术后为十级伤残；尿道狭窄（轻度）为九级伤残；尿道狭窄（重度）或成形术后为七级伤残。

项目四 生殖系统损伤及法医鉴定

生殖系统的器官，男、女有别，但按其功能均由生殖腺、生殖管道和附属器官等组成。生殖器官通过其各种活动、受精、妊娠等生理过程，达到繁衍后代的作用。按其所在部位，又可分为内生殖器和外生殖器两部分。

一、男性生殖系统损伤

男性性器官可分为外生殖器及内生殖器两部分。外生殖器包括阴茎及阴囊，内生殖器包括睾丸、附睾、输精管、射精管及附属腺（如前列腺）等。其中阴茎可分为前端膨大部分的阴茎头、中部的阴茎体以及后部的阴茎根三个部分。

（一）损伤原因与机制

1. 阴茎损伤：阴茎损伤是男性生殖器官损伤中最常见的损伤。常见的阴茎损伤有挫伤、皮肤撕脱、切割伤、阴茎折断、阴茎脱位及绞窄等。

2. 阴囊损伤：阴囊是位于阴茎下方的囊袋，由皮肤和浅筋膜构成。阴囊闭合性损伤多见于踢伤、运动意外、交通事故等；开放性损伤多为锐器或火器所致。

3. 睾丸及其附件损伤：睾丸位于阴囊内，左右各一，为男性生殖腺，能产生精子及分泌男性激素。睾丸表面有附睾及输精管下段附着。精索起自睾丸，止于腹股沟内环处，其内主要有输精管、血管、神经及淋巴管等。睾丸及其附件损伤主要包括睾丸损伤、附睾损伤和精索损伤，以闭合性损伤多见。睾丸单独损伤较少，通常伴有精索等组织损伤。睾丸损伤根据损伤性质及程度不同分为睾丸挫伤、睾丸内血肿、睾丸破裂、睾丸脱位等。

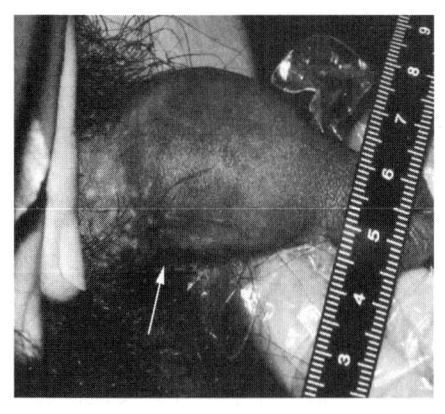

图 11-15　阴茎挫伤

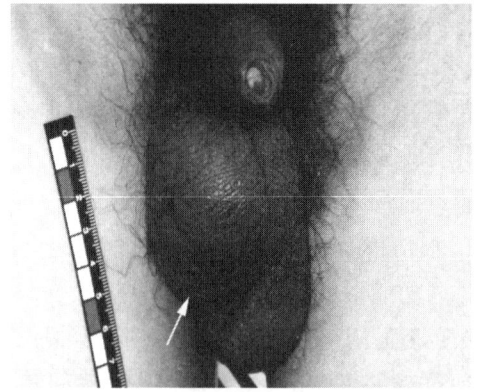

图 11-16　右侧阴囊挫伤，睾丸血肿

（二）临床表现

1. 阴茎损伤：阴茎挫伤常表现为阴茎血肿、排尿困难伴疼痛。阴茎折断、撕裂或离断表现为剧痛伴严重出血，甚至休克。

2. 闭合性阴囊损伤：表现为阴囊表皮剥脱或皮下出血；若损伤严重者可出现阴囊血肿，表现为阴囊明显肿胀，皮肤呈紫红色或暗红色，疼痛明显。阴囊开放性损伤可见不同程度的裂伤及撕裂，严重者可见睾丸及附睾裸露。

3. 睾丸及其附件损伤：主要表现为阴囊肿胀、睾丸肿大，疼痛明显。睾丸脱位时表现为阴囊空虚，在腹股沟、下腹部、耻骨前等位置可触及球形肿物，并有触痛。

（三）法医学鉴定

1. 鉴定依据：根据外伤史、临床表现认定，B 超、CT 和 MRI 检查对损伤程度、性质认定有诊断价值。

2. 损伤程度鉴定：《人体损伤程度鉴定标准》主要依据阴茎、阴囊等器官缺损程度及对生育能力影响程度进行鉴定。如睾丸或阴茎挫伤为轻微伤；龟头缺失 1/2 以上或一侧睾丸缺失或一侧附睾缺失为轻伤一级；双侧睾丸或附睾或输精管损伤，生育能力丧失为重伤二级。

3. 伤残等级鉴定：《人体损伤致残程度分级》主要依据阴茎或睾丸的缺失程度、损伤后采取手术治疗方式及对生殖功能损害程度综合评定。如睾丸破裂修补术后、一侧输精管破裂修补术后或阴茎头部部分缺失为十级伤残；一侧睾丸缺失或阴茎冠状沟以上缺失或睾丸损伤，生殖功能轻度损伤均符合八级伤残。

二、女性生殖系统损伤

女性生殖系统包括内生殖器和外生殖器。内生殖器包括卵巢、输卵管、子宫，外生殖器包括阴道、外阴、会阴。

（一）损伤原因与机制

女性生殖系统损伤主要包括卵巢损伤、输卵管损伤、子宫损伤和阴道损伤等，分为开放性损伤及闭合性损伤。闭合性损伤常见于交通事故、高坠伤和工伤事故导致的骨盆骨折，骨折断端可刺伤阴道等。开放性损伤可见于利器及火器损伤。此外，性暴力或性犯罪也可导致阴道损伤。医源性损伤多见于人工流产、诊断性刮宫、放取节育器等。

（二）临床表现

1. 阴道损伤：阴道组织血管丰富，故损伤后主要表现为疼痛伴流血不止。

2. 子宫损伤：子宫穿孔小者可无明显症状，仅表现为下腹部疼痛或局部腹膜刺激症状；穿孔较大者或伤及大血管时表现为阴道或腹腔内大出血；子宫完全破裂时，伤者突然腹部剧烈疼痛，并出现腹膜刺激症状等。

3. 输卵管及卵巢损伤：输卵管破裂变现为下腹部疼痛，合并盆腔炎时，可出现发热及泌尿系统症状和体征。卵巢破裂主要表现为下腹部疼痛，甚至波及全腹。

（三）法医学鉴定

1. 鉴定依据：根据外伤史和临床表现综合认定。阴道损伤法医学鉴定时需注意破裂的部位、范围和深度。如为性犯罪所致，应检测阴道内容物是否有精子存在。

2. 损伤程度鉴定：《人体损伤程度鉴定标准》主要依据损伤的类型及遗留的功能障碍

进行鉴定。如子宫挫裂伤或阴道撕裂伤均为轻伤二级；子宫破裂需手术治疗或阴道Ⅲ度撕裂或阴道重度狭窄均符合重伤二级。

3. 伤残等级鉴定：《人体损伤致残程度分级》主要根据被鉴定人年龄、损伤类型、手术方式及实验室检查结果综合评定。如外阴、阴道、子宫或卵巢修补术后均符合十级伤残；子宫部分切除术后或一侧输卵管缺失或功能丧失均符合九级伤残；未成年人双侧卵巢萎缩，部分功能丧失即符合六级伤残。

项目五　综合案例分析

一、简要案情及病史摘要：

余某，男，30岁，某年6月4日因骑摩托车撞到施工铁管致伤。入院查体见：右髋部局部压痛，右侧阴囊肿胀，瘀黑，表面皮肤可见一大小约8.0cm×6.0cm之裂口。双手散在皮损，右手患指近节关节肿胀，活动好。辅助检查，CT示：右侧腹股沟-阴囊损伤并出血；右侧耻骨上下支骨折；膀胱充盈欠佳，其内见导尿管影。

住院经过：入院后完善相关检查，于当年6月5日行"右侧阴囊清创、切开探查+右侧碎裂睾丸、附睾切除术"，术中见右侧阴囊内肿胀团块内容物为大量黑红色血块及网团状、"丝瓜络"状的弯曲小管，右侧睾丸浆膜碎裂，在右侧附睾尾部近端切断精索，移去右侧碎裂睾丸及附睾。

二、法医学鉴定

次年5月余某委托某司法鉴定机构行伤残等级鉴定。体格检查：右侧阴囊皮肤有1.4cm长手术瘢痕，右侧睾丸缺如。双侧髋关节、膝关节活动及四肢肌力、肌张力无明显异常。双手各指关节活动无明显异常。余检查未见明显异常。

阅片：当年6月4日CT片示：右耻骨下支骨折，断端稍错位，右耻骨上支骨折；右侧阴囊肿胀。

次年5月13日X线片张示：右耻骨上下支骨折线消失，右耻骨下支骨折端增粗膨隆，内缘欠规整，双侧闭孔形态不对称。

鉴定意见：①根据《人体损伤致残程度分级》第5.8.5.5）款项之规定，被鉴定人余某因外伤致一侧睾丸缺失，评定为七级伤残；②根据《人体损伤致残程度分级》第5.10.6.4）款项之规定，被鉴定人余某因外伤致骨盆骨折（右耻骨上、下支骨折）后遗骨盆畸形愈合，评定为十级伤残。

三、案例评析

本案例中被鉴定人属道路交通事故中摩托车驾驶员骑跨伤致骨盆、会阴部组织器官等多发损伤。鉴定时应注意结合案情、病史资料及受伤前后影像学检查结果综合分析评定。本案例中被鉴定人伤后入院查体见其右阴囊破裂，术中见右侧睾丸浆膜碎裂，手术摘除，结合法医临床检查结果，根据标准评定为八级伤残。另一方面，受伤后影像学检查示其右侧耻骨上、下支骨折，复查影像片示其右侧耻骨下支骨折后畸形愈合，双侧闭孔不对称，应评定为十级伤残。

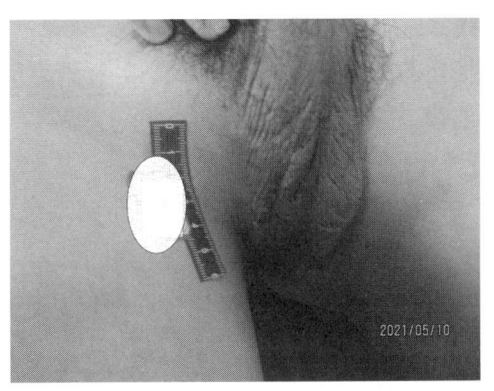

图 11-17　阴茎挫伤右侧阴囊空虚，睾丸缺失

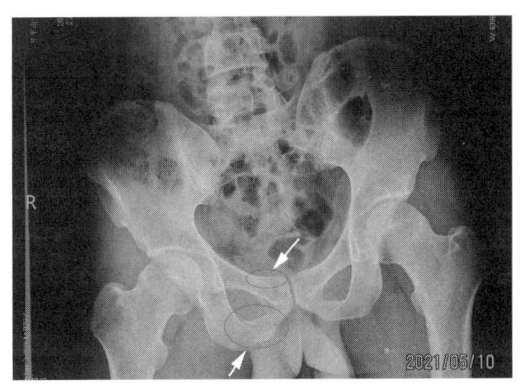

图 11-18　伤后 X 线示右侧耻骨上、下支骨折，耻骨下支骨折端错位

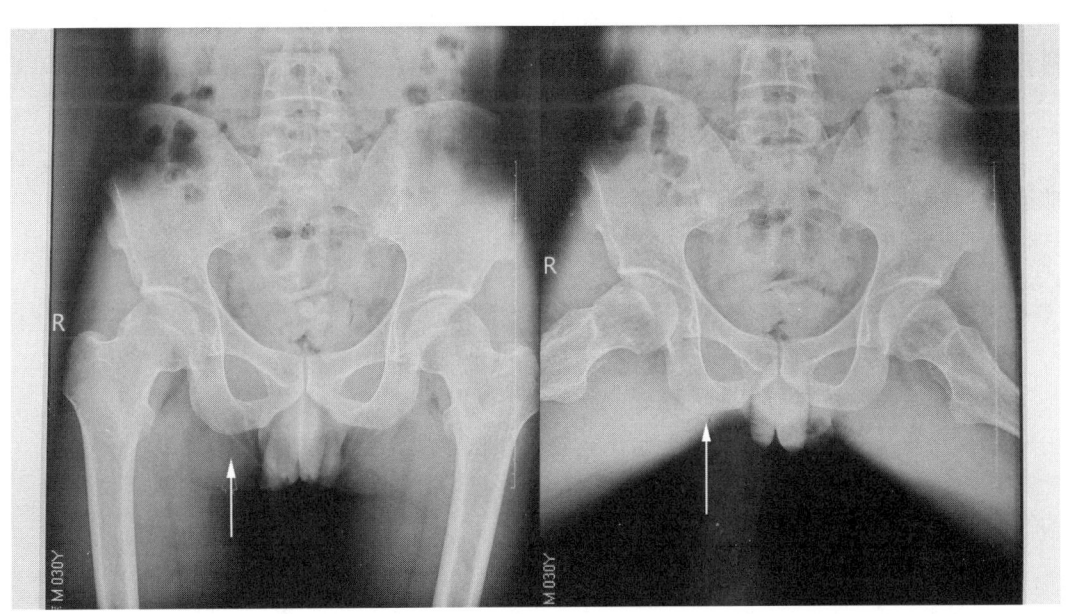

图 11-19　复查 X 线片示右耻骨下支骨折端增粗膨隆，内缘欠规整，双侧闭孔形态不对称

项目六　技能训练

一、训练内容

盆腔、泌尿生殖系统损伤鉴定方法的训练。

二、训练目的与要求

（一）目的

通过完成该项训练，使学生掌握人体盆腔、泌尿生殖系统损伤鉴定的基本方法。

（二）要求

1. 应用人体解剖学检查与识别盆腔、泌尿生殖系统损伤的基本要领。

2. 利用影像学方法鉴定盆腔、泌尿生殖系统损伤的基本要领。

3. 运用鉴定标准分析并确立鉴定意见的基本要领。

（三）训练方法

1. 给定人体损伤模型，学生根据所学解剖学知识检查并记录盆腔、泌尿生殖系统的损伤。

2. 通过系列影像学照片的观察，由学生指出盆腔、泌尿生殖系统损伤的部位及损伤的性质，并进行分析说明。

3. 学生通过模拟案例训练，完成对盆腔、泌尿生殖系统损伤案件的人身检查、影像学查验、鉴定标准套用、分析说明以及鉴定意见确立的综合运用。

（四）训练素材

人体损伤模型（实训室）、影像学照片（胶片或数字图像）、训练案例（或声像资料）。

（五）训练评价

通过训练，综合评价学生对盆腔、泌尿生殖系统损伤的体格检查能力、阅片能力、标准运用能力以及案例逻辑分析能力等。

📝 **启发与思考**

1. 骨盆损伤的原因和机制，法医学鉴定注意事项？

2. 泌尿生殖系统损伤的主要检查方法有哪些？

3. 泌尿生殖系统损伤后的主要临床体征及法医学鉴定要点？

学习单元十二

脊柱与脊髓损伤鉴定

学习目标

1. 知识目标：了解脊柱的解剖生理特点，熟悉脊柱及脊髓损伤的检查特点，了解鉴定基本程序，掌握鉴定标准的运用。

2. 能力目标：熟悉脊柱及脊髓损伤的特点，初步掌握脊柱及脊髓损伤鉴定的工作能力。

内容结构

1. 解剖生理概述。

2. 脊柱损伤及法医鉴定。

3. 脊髓损伤及法医鉴定。

4. 综合案例分析。

5. 技能训练。

导读

脊柱损伤常见于交通事故、高坠、重物压砸及运动性损伤中，特别是脊柱合并脊髓损伤时，危害性大，致残率高。司法鉴定实践中涉及脊柱、脊髓损伤鉴定的案例并不少见，是法医人身损害鉴定的重点内容之一。熟练掌握脊柱的解剖特点、损伤机制及检验方法是法医鉴定工作者的必要技能。

项目一　解剖生理概述

脊柱由 26 块椎骨（颈椎 7 块、胸椎 12 块、腰椎 5 块、骶骨 1 块、尾骨 1 块）借软骨、韧带、关节及椎间盘连接而成，周围还有肌肉包裹、附着。脊髓位于椎管内，呈前后稍扁的圆柱体，全长粗细不等。

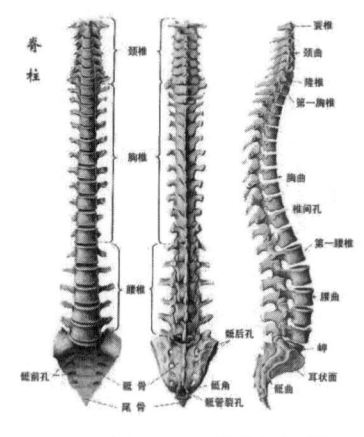

图 12-1 脊柱解剖概况

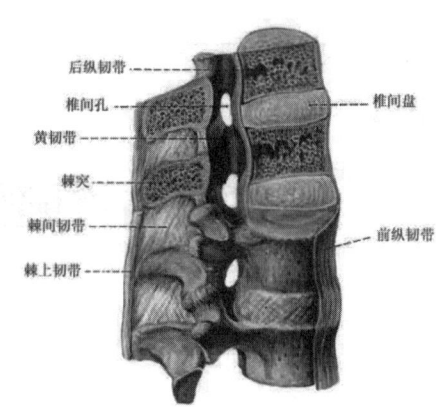

图 12-2 脊柱连接

脊髓系中枢神经的一部分，位于脊椎骨组成的椎管内，呈长圆柱状，全长 41cm～45cm。上端与颅内的延髓相连，下端呈圆锥形，终于第一腰椎下缘（初生儿则平第三腰椎）。脊髓的末端变细，称为脊髓圆锥。自脊髓圆锥向下延为细长的终丝，它已是无神经组织的细丛。

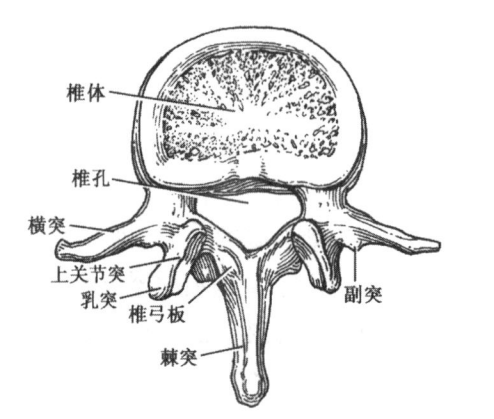

图 12-3 椎体解剖

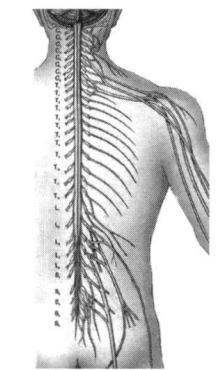

图 12-4 脊髓的外形

项目二 脊柱损伤及法医鉴定

脊柱损伤是指直接或间接外力作用导致脊柱结构的损伤，包括椎骨、椎间盘、关节、肌肉和韧带等结构破坏或功能障碍。

一、脊椎损伤概要

（一）损伤原因与机制

椎体位于椎骨的前方，承受着该椎体自头至躯干部的重量。在各种损伤中，椎体遭受来自矢状轴的屈曲暴力和来自纵轴的垂直暴力，容易导致椎体压缩性骨折或粉碎性骨折。另外，椎体骨折可能累及附件，同时多种直接或间接暴力作用也可单独作用于横突、棘突等附件，造成附件骨折。

（二）损伤分型

临床上对于广泛采用了脊柱的"三柱"理论，该理论将脊柱按解剖范围划为前、中、后三柱。前柱包括前纵韧带、椎体前 2/3、椎间盘前部；中柱包括后纵韧带、椎体后 1/3 及椎间盘后部；后柱包括椎弓根、椎板、关节突及周围韧带等。

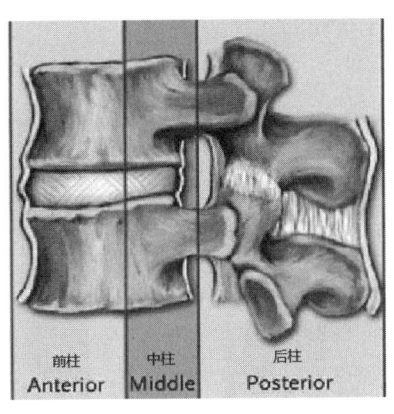

图 12-5　脊柱"三柱"划分

二、脊椎骨损伤

（一）椎体压缩性骨折

单纯的椎体压缩性骨折多属于过度屈曲及轴向外力作用所致，暴力作用于椎体前上部，松质骨压缩变形，椎体呈楔形变，常发生在下胸椎和上腰椎。影像学上表现为椎体呈楔形变，椎间隙常仍保持正常，椎体前缘可见分离的骨碎片，骨松质因压缩而致密，骨小梁排列紊乱，但骨折线一般仅累及椎体前柱。

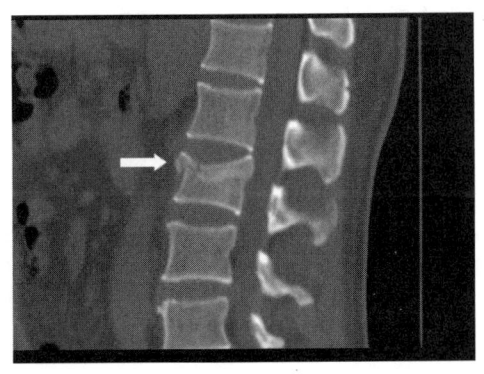

图 12-6　腰椎压缩性骨折（X 光片）

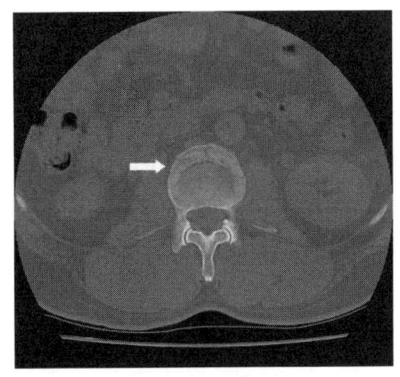

图 12-7　腰椎压缩性骨折（CT）

在人体损伤伤残评定过程中，经常涉及椎体压缩性骨折椎体压缩程度的测量，主要是指椎体压缩性骨折致其变形、变扁的程度，通常根据椎体前缘压缩程度或者压缩最明显处判定。压缩程度应以同一椎体前后缘比较，或与相邻椎体比较，但注意应胸椎与相邻胸椎比较、腰椎与相邻腰椎比较。

（二）椎体粉碎性骨折

椎体粉碎性骨折是指椎体两处或两处以上骨折，多因纵轴的垂直暴力作用或联合矢状轴的屈曲暴力作用所致，骨折线累及椎体的中、后柱。有时因椎体骨折累及中柱达椎体后缘，椎管前壁完整性遭到破坏，有碎骨块突入椎管内，使相应部位的硬脊膜囊压迫，从而造成脊髓损伤，或存在脊髓损伤的可能。

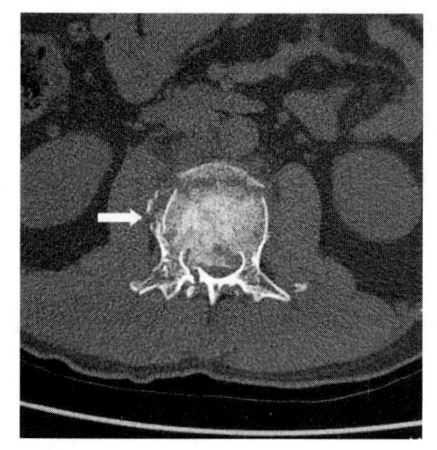
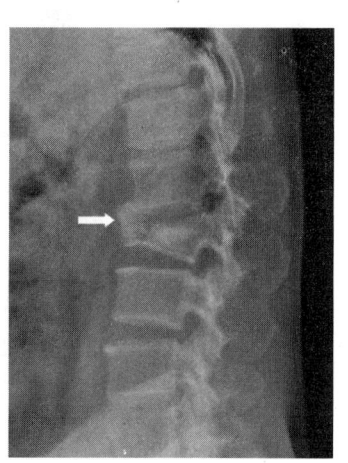

图 12-8　腰椎粉碎性骨折，碎骨块突入椎管内　　　　图 12-9　腰椎粉碎性骨折

（三）脊柱关节脱位及滑脱

脊柱关节脱位常发生在颈椎，其中寰枢关节脱位最为常见的情况，多见于车祸或运动损伤，通常暴力作用不大，有时轻微的扭转力即可发生半脱位。老年人患有各类退行性骨关节病损，或寰枢椎存在先天发育畸形时，由于关节不稳定，外伤更易诱发脱位。

脊椎滑脱是指上一节段椎体与下方椎体脱离而向前方移位，最常见于腰骶椎之间，下腰段亦可发生。先天发育异常、退行性变以及外伤均可导致脊椎滑脱。因脊椎先天发育异常而发生的谓椎弓崩裂；因退行性变引发的称脊柱不稳；由于外伤所造成的多为椎弓和/或椎小关节突骨折、脱位所致。

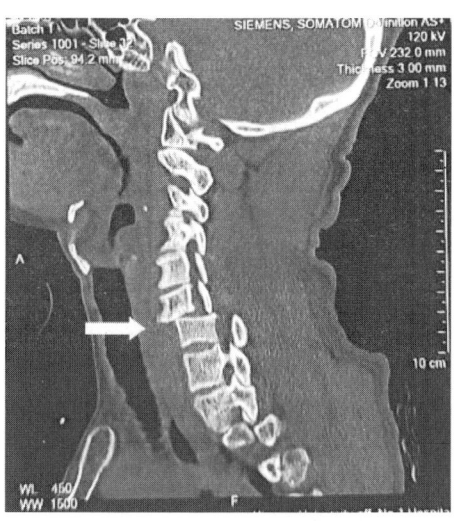

图 12-10 颈椎向前脱位

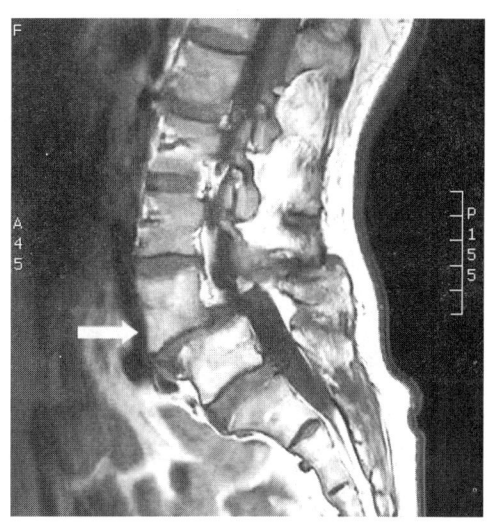

图 12-11 腰椎向前脱位

（四）附件损伤

一般是指棘突、横突、关节突以及关节突间部骨折，常致伤者腰部疼痛或脊椎不稳，利用影像学手段一般可以明确诊断。

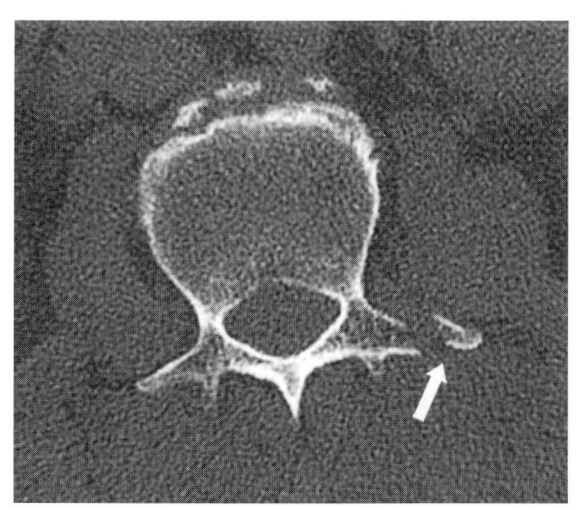

图 12-12 腰椎横突骨折

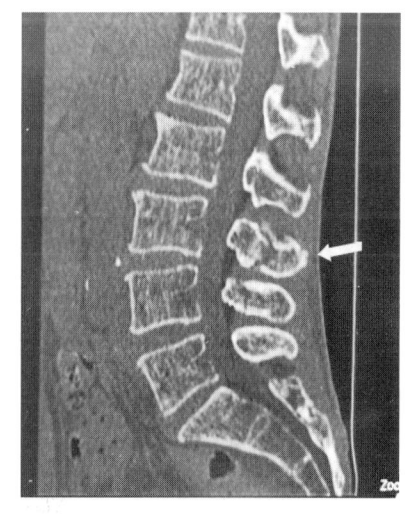

图 12-13 腰椎棘突骨折

（五）临床表现

脊柱损伤后的临床表现包括：局部疼痛、肿胀；脊柱畸形，如骨折、移位致局部肿胀和明显畸形等；运动功能障碍，导致脊柱局部僵硬、脊柱活动受限；负重、支撑功能障碍等。

（六）法医学鉴定

1. 损伤认定：有明确的脊柱损伤的外伤史，损伤后出现脊柱局部疼痛、活动受限等临床表现，利用影像学检查一般可以明确脊柱损伤。特别注意陈旧性和新鲜性椎体骨折的区别，可根据致伤方式、临床表现以及影像学特征准确分析，如损伤早期 CT 扫描可显示骨折线，MRI 图像上可见椎体内低 T1W1、高 T2W1 信号影等。

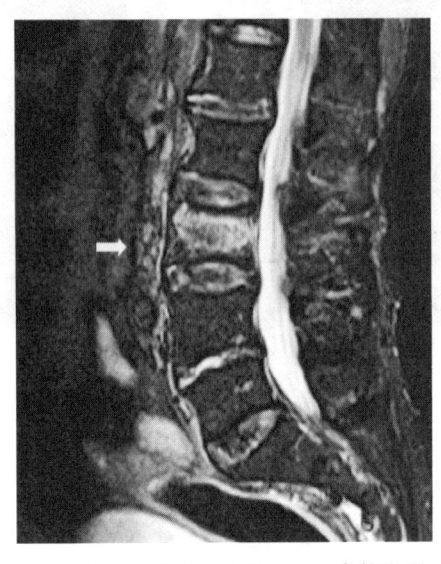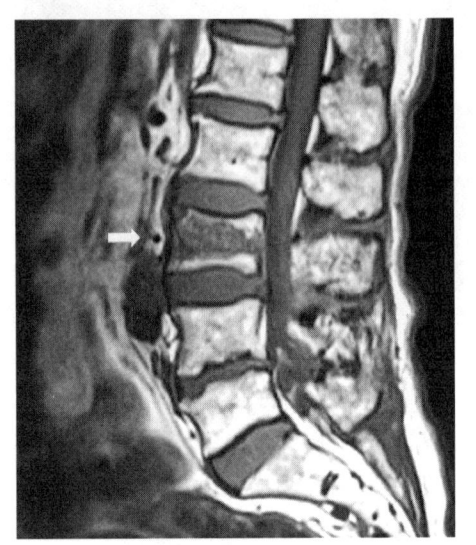

图 12-14　腰椎新鲜骨折 T2W1 高信号影　　　　图 12-15　腰椎新鲜骨折 T1W1 低信号影

2. 损伤程度鉴定：依据损伤的性质、位置及损伤程度进行鉴定。如按《人体损伤程度鉴定标准》规定，一节椎体压缩骨折超过 1/3，或二节以上椎体骨折，或三处以上横突、棘突、椎弓骨折可鉴定为轻伤一级；椎骨骨折或者脊椎脱位（尾椎脱位不影响功能的除外）可鉴定为轻伤二级。

3. 伤残等级鉴定：根据骨折的性质、程度及颈、腰部活动功能的影响程度进行鉴定。如按《人体损伤致残程度分级》规定，一椎体粉碎性骨折，椎管内骨性占位可评定为九级伤残；一椎体压缩性骨折（压缩程度达 1/3）或者粉碎性骨折则评定为十级伤残。

三、外伤性椎间盘突出

两个相邻椎骨的椎体之间的软骨连结称椎间盘，由外围的纤维环和中心的髓核组成。纤维环由多层交错排列的纤维软骨环组成，牢固地将椎体连接在一起，具有较大的弹性和坚韧性，除承受压力之外，还可防止髓核溢出。髓核为白色胶状物质，富有弹性，在蛋白多糖作用下主要维持椎间盘组织容积。椎间盘主要作为维持相邻椎体间隙的高度、对抗压缩，并使椎体的相对活动限制在一定范围之内。

（一）损伤原因与机制

正常的椎间盘常需遭受强大的暴力作用致纤维环撕裂，才能引致髓核突出。比如脊柱过度扭转或过伸、过屈时，超出了纤维环的弹性，就会发生髓核的突出。此外，长期前屈位活动或负重以及反复扭转都可造成软骨终板和纤维环外层的慢性损伤，长期振动状态也可使椎间盘承受的压力负荷增大，同时也影响椎间盘的营养。

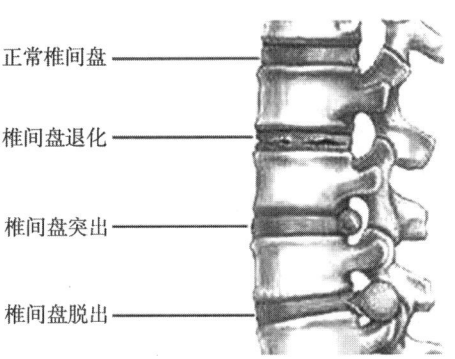

正常椎间盘 ———

椎间盘退化 ———

椎间盘突出 ———

椎间盘脱出 ———

图 12-16　椎间盘突出示意图

（二）临床表现

突出的髓核压迫纤维环内的痛觉神经纤维导致病变部位疼痛，当压迫至神经根时可产生沿神经根支配区域的放射性疼痛及麻木感。当脊髓下段或马尾神经受压时，可表现为大小便障碍、会阴和肛周感觉异常等，严重者可出现大小便失控及双下肢不完全性瘫痪等症状。此外，还可表现为脊柱生理曲度的改变等。影像学检查中，CT 检查可直接显示椎间盘有无突出及突出程度。

（三）法医学鉴定

1. 损伤认定：外伤性椎间盘突出的认定必须以外界因素对人体直接造成的原发性损伤为依据，鉴定时应充分考虑伤者的年龄、职业等因素，结合受伤当时的临床表现、作用力的方式及大小、受伤时的姿势，通过影像学检查分析椎体、关节、韧带等有无退行性变，认真分析损伤和疾病（退行性病）在损害后果中的作用程度。

2. 损伤程度鉴定：确认为外伤性椎间盘突出者，依照《人体损伤程度鉴定标准》可构成轻伤二级。

3. 伤残等级鉴定：《人体损伤致残程度分级》中所列举的脊柱损伤类型中并未涉及椎间盘突出，需用比照原则予以评定。如对于确认为外伤性椎间盘突出，并行手术治疗缓解椎间盘突出造成的神经压迫症状者，可比照"一椎体骨折经手术治疗后"评定为十级伤残。

项目三　脊髓损伤及法医鉴定

脊髓损伤是指由外伤导致脊髓发生水肿、出血、坏死或横断，并出现相应脊髓功能障碍的临床表现。此种损伤常为复合性损伤，临床预后效果往往不理想，容易导致伤者终身残疾，甚至会危及生命。

一、损伤原因与机制

1. 脊髓震荡。脊髓受到外力后使脊髓的功能受到暂时性抑制或功能紊乱，在病理上无实质性的改变，一般经过数小时或数天，其功能可得到恢复。

2. 脊髓挫伤。外力直接作用于脊髓，如锐器、枪弹，或者由于脊柱骨折、脱位或椎间盘脱出的髓核挤压、刺伤脊髓所致，系脊髓实质性损害。根据损伤的程度不同，可分为脊髓挫伤、脊髓挫裂伤和脊髓碾挫伤。

3. 脊髓受压。脊柱损伤后，突入椎管内的骨折片、移位的椎体、脱出的椎间盘、内陷的韧带、血肿等直接压迫脊髓所致。此种压迫可导致脊髓的淤血、缺血、水肿，甚至软化坏死。

4. 脊髓断裂。脊髓受到严重的外力撞击或锐器伤可出现部分或完全断裂，导致脊髓传导功能的全部或大部分丧失，产生严重的后果。

二、临床表现

脊髓损伤的临床表现与脊髓损伤的部位、性质、程度及范围有关。

颈上段脊髓损伤可造成立即死亡；颈中段损伤表现为四肢瘫，颈部以下感觉消失；颈下段损伤可致手指活动有明显的瘫痪并伴有手部小肌肉的萎缩。

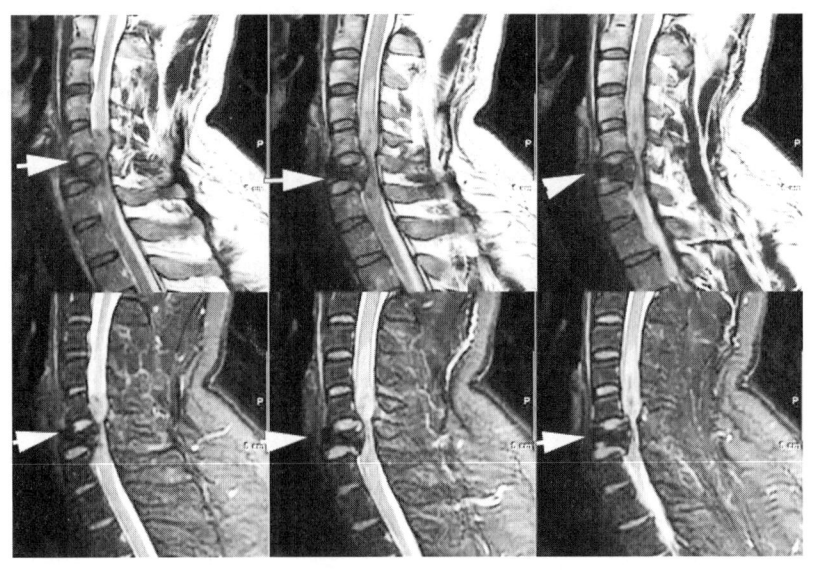

图 12-17　MRI 示颈椎骨折合并脊髓损伤

胸腰段损伤可使双下肢运动与感觉产生障碍，脊髓圆锥损伤四肢运动与感觉功能正常，会阴区感觉障碍，肛门反射、球海绵体反射消失，括约肌功能丧失导致大小便不能控制和性功能障碍。马尾神经损伤可致平面以下松弛性瘫痪，腱反射消失，下肢及鞍区感觉障碍等。

X 线和 CT 可以发现损伤部位的脊柱骨折或脱位，CT 还可以反映脊髓水肿及脊髓内出血，对于了解外伤后椎管狭窄情况和神经根是否受损有重要价值。MRI 不仅可以了解脊髓的损伤程度和性质，可清楚地分辨脊髓水肿、出血、坏死、脊髓萎缩等。神经电生理检查也是常用的检查方法，诱发电位无论对完全性脊髓损伤还是不完全性脊髓损伤，判断准确率都很高，对脊髓损伤判定具有重要意义。

三、法医学鉴定

1. 损伤认定：充分了解外伤史、病史记载并审阅影像资料，确证存在脊髓损伤。脊髓损伤往往造成肢体瘫痪，应明确瘫痪的类型（单瘫、偏瘫、截瘫或四肢瘫），是否与损伤部位相吻合。脊髓损伤应由影像学检查、神经电生理检查等客观检查结果证实。

2. 损伤程度鉴定：脊髓的损伤程度和伤残等级的鉴定都主要根据脊髓的功能障碍程度进行，包括肢体运动功能、性功能和大小便功能等。《人体损伤程度鉴定标准》中规定，脊髓损伤导致重度肛门失禁或者重度排尿障碍为重伤二级；脊髓损伤致排便或排尿功能障碍（轻度）、脊髓挫裂伤为轻伤一级。

3. 伤残等级鉴定：《人体损伤致残程度分级》规定根据脊髓损伤后遗留的功能障碍程度进行评定，最低可评定为十级，最高可至一级。

项目四　综合案例分析

一、简要案情及病史摘要

林某，女，45 岁，2018 年 4 月 11 日因"车祸致腰痛双下肢活动感觉障碍 5 小时"就诊。专科检查：前胸部压痛，胸廓挤压征阳性，心肺腹无明显异常，腰部后方压痛，腰 1 棘突扣压痛。腰部活动障碍，双下肢及膝关节以下皮肤感觉障碍，双下肢肌力 0 级，下肢各关节活动障碍。辅助检查，CT 示：L1 椎体爆裂骨折伴 T12 椎体前 Ⅱ°滑脱，T12-L1 层面骨性狭窄，脊髓受压。MRI 示：L1 爆裂性骨折累及椎管，T12-L1 水平脊髓损伤，T12 椎体双椎弓根崩裂并向前 Ⅱ°滑脱。

住院经过：入院后于 2018 年 4 月 16 日行脊椎骨折复位术+椎弓根钉内固定术+后入路胸腰椎融合术+腰椎脱位切开复位内固定术+椎管减压术+脊髓神经根粘连松解手术，术程顺利，术后转康复医院行截瘫肢体综合训练、针灸推拿、理疗等综合康复治疗。

二、法医学鉴定

（一）法医检查

2019 年 4 月委托某司法鉴定机构行伤残等级鉴定。自诉臀部腰骶麻木，排尿较困难。体格检查：背部正中一长约 24.0cm 纵形瘢痕。双小腿肌萎缩明显，双足趾屈曲畸形。脐平面以下感觉减退，双下肢肌力 2-级，双侧巴氏征（-）。肛指诊反射可引出，肛门自主收缩较弱。余检查未见明显异常。

（二）阅片

2018 年 4 月腰椎 CT、MRI 示：腰 1 椎体爆裂性粉碎性骨折并椎管狭窄，胸 12-腰 1 水平脊髓损伤，胸 12 椎体双侧椎弓根崩裂并向前 II°滑脱。2019 年 4 月胸腰椎正位片示：胸 10-腰 3 椎体内固定在位，胸 12-腰 1 间椎间孔稍狭窄。

（三）特殊检查

2019 年 4 月肌电诱发报告示：①MNCV：双侧腓总神经未引出 CMAP；右侧股神经未引出 CMAP；左侧股神经远端潜伏期正常，CMAP 波幅降低；双侧胫神经传导速度正常，左侧 CMAP 波幅降低，右侧 CMAP 波幅正常；②SNCV：双侧腓浅神经、双侧腓肠神经、双侧隐神经传导速度正常，右侧 SNAP 波幅均较对侧降低；③H 反射：双侧胫神经 H 反射消失，M 波潜伏期延长，波幅降低。

2019 年 4 月尿流量动力学检查：①充盈期以 70ml/min 灌注，膀胱感觉减退，容量大于 500ml，顺应性高，逼尿肌稳定；②排尿期未见逼尿肌收缩，依靠增加负压排尿。印象：膀胱逼尿肌不反射，高顺应性膀胱，大量残余尿（>100ml）。

（四）鉴定意见

被鉴定人林某因交通事故外伤致双下肢截瘫肌力 2 级、腰椎粉碎性骨折并椎管内骨性占位，分别评定为二级、九级伤残。

三、案例评析

本案例为典型的脊柱骨折致脊髓损伤并遗留神经功能障碍的情况。本案例中被鉴定人因交通事故致腰椎爆裂性骨折并相应水平脊髓受压，鉴定中见脐平面以下感觉减退、双下肢截瘫肌力 2 级以下，肌电图检查可证实神经损伤与症状相符，根据两院三部《人体损伤致残程度分级》第 5.2.1.4）款项评定为二级伤残。同时，由于存在腰椎的爆裂骨折，腰椎骨折和脊髓损伤可视为非相同部位，且损伤性质不一，因此腰椎骨折应根据两院三部《人体损伤致残程度分级》第 5.9.6.1）款项评定为九级伤残。

本案中需注意的是，被鉴定人存在重度排尿功能障碍，但未存在排便功能障碍，如经肛门测压测定存在重度大便失禁，则等级将按规定产生相应变化。

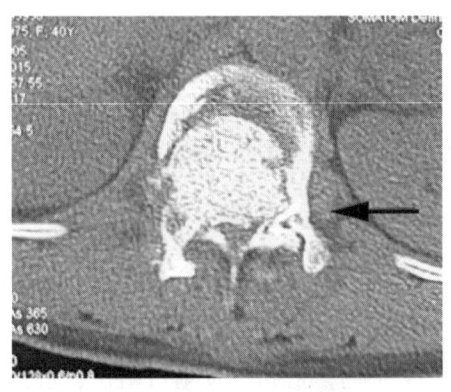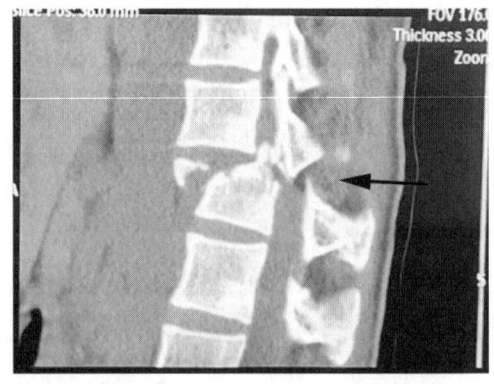

图 12-18　CT 片见腰椎骨折情况

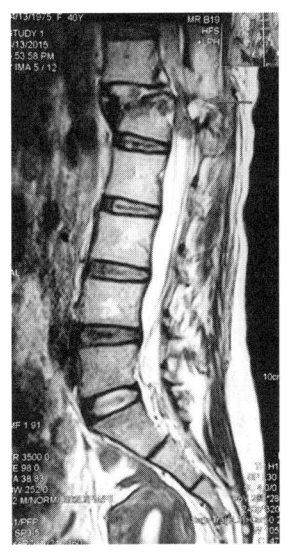

图 12-19　MRI 示脊髓损伤

项目五　技能训练

一、训练内容

脊柱、脊髓损伤鉴定方法的训练。

二、训练目的与要求

（一）目的

通过完成该项训练，使学生掌握人体脊柱、脊髓损伤鉴定的基本方法。

（二）要求

1. 应用人体解剖学检查与识别脊柱、脊髓损伤的基本要领。

2. 利用影像学方法鉴定脊柱、脊髓损伤的基本要领。

3. 运用鉴定标准分析并确立鉴定意见的基本要领。

三、训练方法

1. 给定人体损伤模型，学生根据所学解剖学知识检查并记录脊柱及脊髓损伤的表现。

2. 通过系列影像学照片的观察，由学生指出脊柱、脊髓的部位及损伤的性质，并进行分析说明。

3. 学生通过模拟案例训练，完成对脊柱、脊髓损伤案件的人身检查、影像学查验、鉴定标准套用、分析说明以及鉴定意见确立的综合运用。

四、训练素材

人体损伤模型（实训室）、影像学照片（胶片或数字图像）、训练案例（或声像资料）。

五、训练评价

通过训练，综合评价学生对脊柱、脊髓损伤的体格检查能力、神经系统专科检查能力、辅助检查的诊断能力、标准运用能力以及案例逻辑分析能力等。

启发与思考

1. 脊髓损伤的主要临床症状与体征?
2. 脊柱损伤的分类及影像学特征?

学习单元十三

四肢损伤鉴定

📖 **学习目标**

1. 知识目标：了解上、下肢的解剖生理特点，熟悉四肢损伤体表及影像学检查特点，了解鉴定基本程序，掌握鉴定标准的运用。

2. 能力目标：熟悉四肢损伤的特点，初步掌握四肢损伤鉴定的工作能力。

📖 **内容结构**

1. 解剖生理概述。

2. 四肢损伤概述。

3. 四肢损伤的法医学检查。

4. 四肢骨关节损伤及法医鉴定。

5. 四肢重要神经损伤及法医鉴定。

6. 综合案例分析。

7. 技能训练。

📖 **导读**

被鉴定人张某因交通事故致左肘部受伤，诊断为左肘关节脱位，经治疗后其左肘关节活动功能出现明显障碍。对方车主投保的保险公司认为单纯的肘关节脱位不足以导致功能出现明显障碍，且目前后果与本次交通事故无关，拒绝赔偿。为正确处理此案，办案机关委托司法鉴定机构就张某的伤残等级及目前损害后果与交通事故是否存在因果关系进行司法鉴定。

四肢损伤一直是法医临床鉴定中最常见的损伤。是否存在骨折、新鲜性损伤还是陈旧性损伤，以及损伤机制等基本问题有时因受多种因素影响，往往成为鉴定难点。四肢损伤包括四肢软组织损伤（皮肤及皮下组织损伤、肌肉、肌腱、神经与血管）、骨与关节损伤等。

项目一   解剖生理概述

四肢是人体运动系统的重要组成部分。附肢骨包括上肢骨和下肢骨。上、下肢骨分别由与躯干相连接的肢带骨和游离的自由肢骨组成。

表 13-1　附肢骨的配布

		上肢骨	下肢骨
自由肢骨	肢带骨	肩胛骨、锁骨	髋骨
	近侧部	肱骨	股骨
	中间部	桡骨、尺骨	胫骨、腓骨、髌骨
	远侧部	腕骨、掌骨、指骨	跗骨、跖骨、趾骨

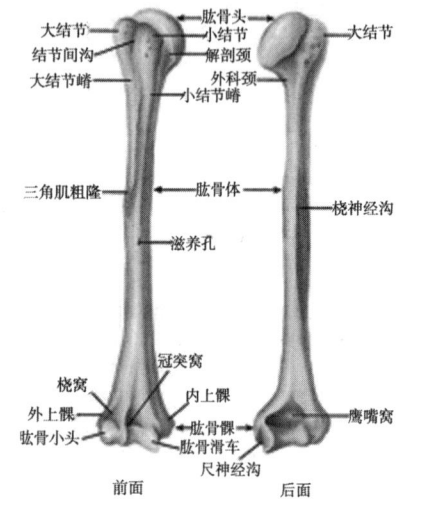

图 13-1　肱骨

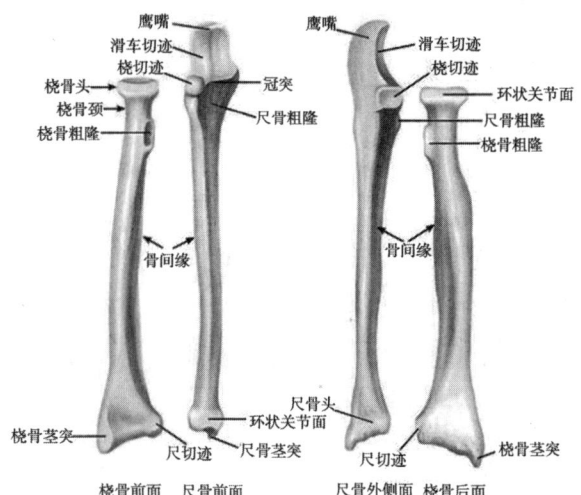

图 13-2　桡骨、尺骨

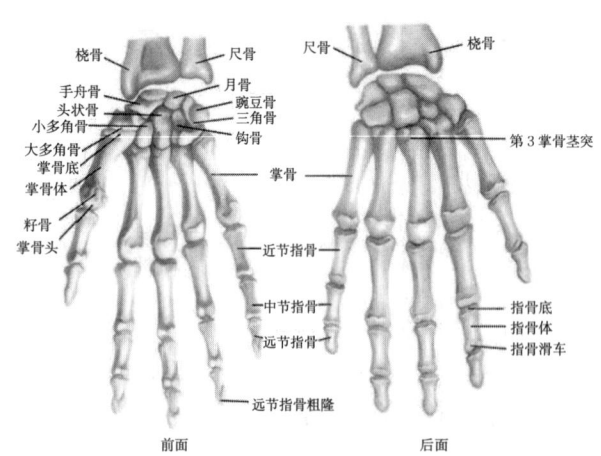

图 13-3　手骨

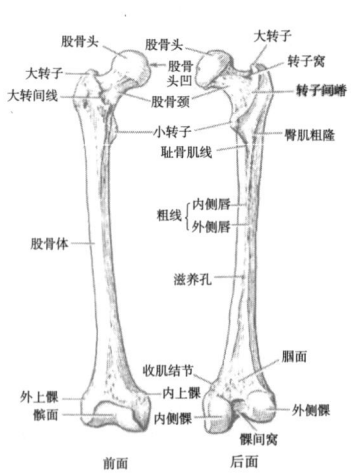

图 13-4　股骨

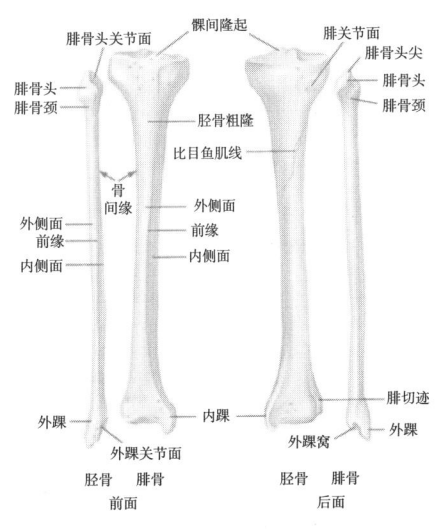

图 13-5　胫骨、腓骨

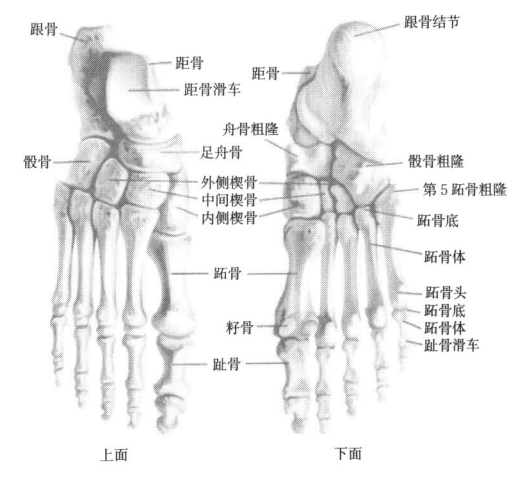

图 13-6　足骨

　　四肢软组织包括四肢皮肤、皮下组织、筋膜、肌腱、肌肉、韧带、血管、神经等组织。其中，周围神经损伤是四肢损伤中常见的损伤。周围神经是指脑和脊髓以外的所有神经，包括神经节、神经干、神经丛，从解剖学上，常将其分为三部分：脑神经、脊神经和自主神经。周围神经的主要功能是传递感觉与运动神经冲动及组织营养的功能。在法医鉴定中，常涉及四肢重要神经损伤，四肢重要神经是指臂丛及其分支神经，包括正中神经、尺神经、桡神经和肌皮神经，以及腰骶丛及其分支神经，包括坐骨神经、腓总神经和胫神经等。

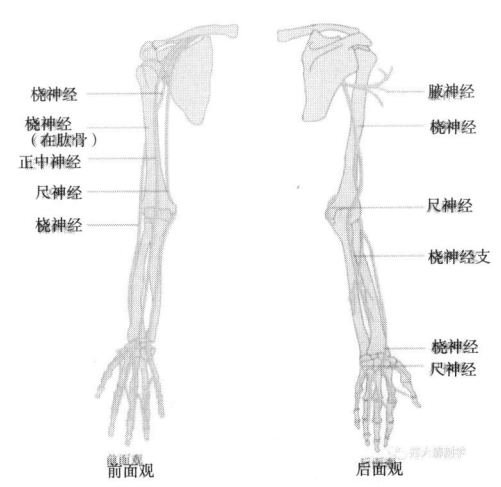

图 13-7　上肢神经

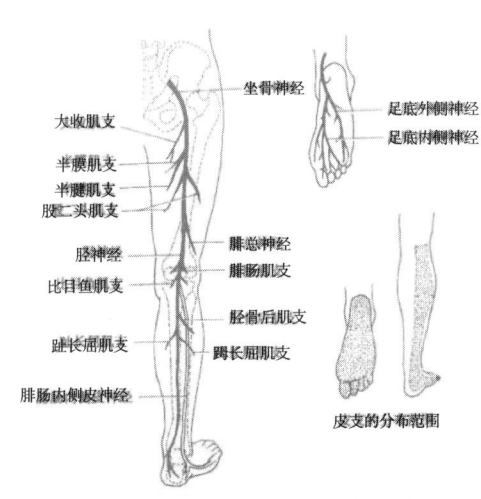

图 13-8　下肢神经

项目二 四肢损伤概述

一、相关概念

骨折是指骨的完整性或连续性中断。骨折断裂处多为不整齐的断面，在 X 线片上的表现为骨折断端间存在透亮线，即骨折线。

完全性骨折是指骨的完整性或连续性全部中断或破坏，即骨折线贯穿骨骼全径，骨骼完全离断、分离或错位。

不完全性骨折是指骨的完整性或连续性仅有部分中断或破坏，骨折线未贯穿骨全径，或只有部分骨质分离。

螺旋形骨折是指骨折线呈螺旋状，多见于间接扭转暴力所致。

粉碎性骨折是指同一部位骨碎裂成 3 块以上。

撕脱性骨折是指肌肉收缩牵拉，致使肌腱附着处的骨质分离。

关节脱位是指构成关节的两个骨端位置改变或距离增宽，不能回到正常体位的病理状态。

关节主动活动度是指作用于关节的肌肉随意收缩使关节活动时所能达到的最大范围。

关节被动活动度是指在控制关节活动的肌肉松弛的情况下，通过外力使关节活动时所能达到的最大范围。

周围神经是指中枢神经系统（脑和脊髓）以外的神经成分，包括神经干、神经节和神经丛。周围神经通常分为脑神经、脊神经和内脏神经。脊神经与脊髓相连，分布于躯干和四肢，在法医学鉴定中，最常见的是脊神经损伤。

二、四肢骨折

（一）损伤机制

1. 直接暴力：直接作用于骨骼某一部位并导致该部位骨折的外力，称为直接暴力。直接暴力所致骨折常为横形或粉碎性骨折，并伴有不同程度的周围软组织损伤。

2. 间接暴力：暴力通过传导、杠杆或旋转等作用致使远处发生骨折。高处坠落时，传导力可以导致胫骨上端、脊柱等发生骨折；扭转力可形成螺旋骨折。

3. 肌肉拉力：骨骼的隆起部位，大多是强大肌肉的肌腱起止点，当肌肉突然剧烈收缩时，可拉断肌腱附着出的骨质，发生撕脱性骨折。撕脱性骨折的骨折线常为横形，撕脱的骨块随着肌肉牵拉方向移位。

4. 积累应力：长期反复的外力集中作用于正常骨骼某一点引起的骨折，又称为应力性骨折。好发于第 2、3 跖骨或腓骨、胫骨下端。

（二）骨折的形成时间

1. 新鲜性骨折：一般将 3 周以内的骨折称为新鲜性骨折。在 X 线、CT 影像上，新鲜性骨折的骨折线清晰锐利，无骨痂，伴明显周围软组织肿胀等。MRI 可见明显骨髓水肿、骨挫伤等影像学表现。

2. 陈旧性骨折：骨折超过 3 周以后，骨折断端可见骨质吸收，骨膜下有新骨形成。在 X 线、CT 影像上，骨折线模糊、骨折断端圆钝，有的可见骨痂生长。在 MRI 上骨髓信号往往趋于正常。

（三）骨折的愈合

骨折后，骨折断端之间、骨髓腔内和骨膜下形成血肿，骨折间隙增宽，纤维血管增生，2 天~3 天后血肿机化形成纤维性骨痂，进而骨化形成骨性骨痂。随着骨痂形成与不断增多，骨折断端不再活动，即达临床愈合期。此后，骨痂范围加大，生长于骨折断端之间和骨髓腔内，使骨折连接坚实，骨折线消失而成为骨性愈合。

三、周围神经损伤分类

1. 神经传导障碍：是周围神经损伤最轻的一种类型，神经纤维传导功能暂时性障碍，但神经纤维组织结构无明显改变，主要表现为运动和感觉功能障碍，一般数日或数周后功能可自行恢复，无需手术治疗。

2. 神经轴索断裂：又称为鞘内中断，神经纤维的轴索和髓鞘断离，而神经膜完整，主要表现为运动和感觉功能障碍，相应肌肉出现萎缩。由于神经鞘膜完整，近端轴突逐渐生长，多可自行恢复。

3. 神经部分断裂：神经纤维部分离断，相应神经功能部分丧失，其功能恢复常需手术修复。

4. 神经完全断裂：神经纤维完全离断，相应神经功能完全丧失，表现为运动、感觉功能完全障碍和所支配肌肉萎缩，临床上需手术进行修复。

项目三　四肢损伤的法医学检查

一、一般检查

（一）体表检查

局部皮肤有无损伤，肢体有无畸形或功能障碍等；对于创口或疤痕的形状应详细描述，创口或疤痕的大小需要标尺准确测量并拍照留存。

（二）神经功能检查

主要包括运动功能、感觉功能、反射功能和自主神经功能四个方面。

（三）关节活动度检查

关节活动度指是关节运动时所通过的运动弧。常以度数表示。关节活动范围的测定是评定关节运动功能损害的范围与程度的重要指标。关节活动度的测量，分为主动活动范围测量和被动活动范围测量。

1. 关节活动度检验应采取规范的关节活动轴位、测量轴线和肢体摆放体位，避免因测量体位以及标志点不一致影响检查结果的准确性与可靠性。同一受检者应采用相同的测量体位和方法。

2. 对于单侧肢体损伤的受检者，应同时测量健侧肢体相应关节的活动度，并以健侧测量结果为正常参考值；双侧肢体同一关节均损伤，可参照相应正常参考值。

3. 检查者应固定待检关节近端部分，以便检验单一关节的活动度，排除邻近关节联合运动的干扰。

4. 确定关节活动的终点并感知终末感，检验过程中出现关节活动阻抗时，应分析原因，切忌过度用力，避免对受检者造成附加损害。

5. 受检者伪装或不配合检查的识别，以下情况应考虑受检者伪装或不配合检查：

（1）受检者关节主动活动度与损伤程度及范围不一致；

（2）受检者主动活动时表现呈关节僵硬，不能活动，原动肌与拮抗肌均收缩；

（3）受检者被动活动时关节对应的拮抗肌收缩。

二、辅助检查

（一）X 线检查

X 线检查是骨与关节损伤的首选检查方法，其检查简便快捷，但存在影像重叠、分辨率较低的缺点。

（二）CT 检查

CT 对形态、结构复杂的骨折判定具有重要价值，利用多轴位与多角度的多维重建，较好地显示解剖关系复杂、重叠较多的部位，如手腕骨等。

（三）MRI 检查

MRI 具有高组织分辨力、无辐射、可重复操作等优点，可进行多参数、多方向成像。MRI 可以显示神经走行及神经内部信号改变，对于隐匿性骨折、骨挫伤、软骨骨折等有确诊价值，对于关节脱位、关节内损伤、肌腱断裂等有特殊的诊断意义。

（四）肌电图/神经传导速度

作为一种客观的检查方法，不仅可以判断周围神经有无损伤以及损伤程度，而且还可判断损伤的预后和恢复情况。神经传导速度检查分为运动神经传导速度和感觉神经传导速度检查，可以判断是运动神经损伤还是感觉神经损伤，是完全损伤还是部分损伤。

（五）高频超声

在临床上应用较为广泛，其具有无创、可重复操作、多方位成像等特点，可以显示神经损伤的具体部位、损伤程度、周围软组织情况以及神经卡压情况。高频超声检查过程需要患者配合，且易受操作者个人因素的影响。

（六）关节镜检查

关节镜检查可以确定关节内脱落的软骨片，特别是对膝关节半月板损伤的检查效果较好。

项目四　四肢骨关节损伤及法医鉴定

一、上肢骨骨折

（一）肱骨骨折

肱骨骨折，包括肱骨外科颈骨折、肱骨大结节骨折、肱骨干骨折、肱骨髁上骨折骨骺分离等。肱骨外科颈为松质骨和皮质骨的邻界部位，易发生骨折。有时并发肩关节脱位，还可能合并腋神经损伤或尺神经、正中神经损伤。肱骨大结节受直接外力打击可发生粉碎性骨折，受肩袖肌腱牵拉而导致撕脱性骨折。

肱骨干骨折是发生在肱骨外科颈以下 1cm~2cm 至肱骨髁上 2cm 之间的骨折，最常见的两种类型是肱骨近端骨折和肱骨髁上骨折。肱骨近端骨折多因跌倒时手掌着地，暴力上传、身体前倾或侧方倒地所致。青少年因骨强度较大，外伤后易发生肩关节脱位，而肱骨近端骨折较少见。若暴力过于强大，则间接与直接暴力均可引起肱骨头粉碎性骨折。肱骨干中 1/3 或中、下 1/3 交界处骨折，有伤及桡神经的可能。

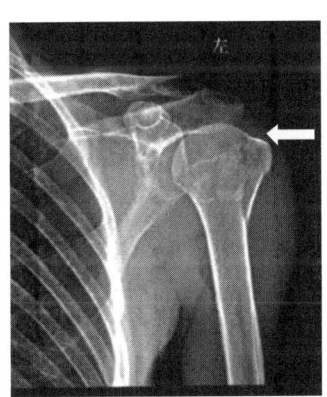

图 13-9　左肱骨大结节骨折

（二）尺桡骨骨折

尺桡骨骨折可由直接暴力、间接暴力、扭转暴力引起，有时导致骨折的暴力因素复杂。骨折平面多为横行或粉碎型骨折。伤后前臂出现疼痛，肿胀、畸形及功能障碍。检查可发现骨末残音及假关节活动，骨传导音减弱或消失折。

1. 尺桡骨干双骨折。直接暴力如重物砸伤、撞击伤和压轧伤或间接暴力，如跌倒手掌着地时传导暴力上以及扭转暴力均可造成。

2. 桡骨头骨折。桡骨头骨折会造成前臂旋转功能障碍，或引起创伤性关节炎。

3. 桡骨干骨折。桡骨干骨折多由间接暴力造成。

4. 尺骨干骨折。尺骨干骨折多由直接暴力造成，偶尔由旋转应力引起。

5. 尺骨鹰嘴骨折。间接暴力形成撕脱骨折，直接暴力可造成粉碎性骨折。

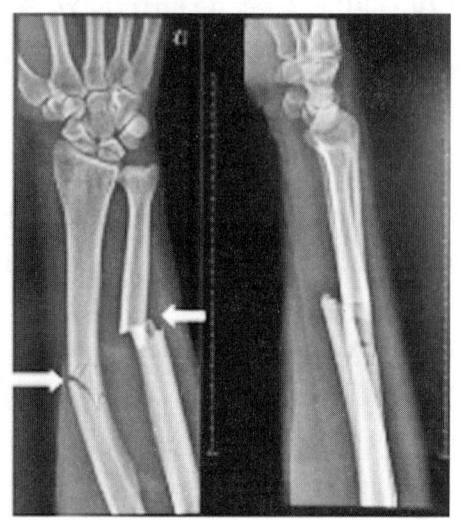

图 13-10　右桡骨、尺骨双骨折

（三）桡骨下端骨折

桡骨下端骨折多为间接暴力引起。跌倒时手掌撑地，暴力上传致桡骨下端骨折。因具体机制不同可分为：①伸直型骨折，多因腕关节处于背伸位，手掌着地，前臂旋前时所致；②屈曲型骨折，多因跌倒时，腕关节屈曲位手背着地所引起；③桡骨远端关节面骨折伴腕关节脱位，腕背伸位，前臂旋前时跌倒时，手掌着地，暴力通过腕骨传导，撞击桡骨背侧发生骨折所致。

（四）腕掌骨骨折

1. 舟状骨骨折。手处在外展、桡偏、背伸位，手掌着地，间接暴力传导所致。

2. 掌骨骨折。掌骨骨折是指掌骨基底骨折、掌骨干骨折和掌骨颈骨折。掌骨基底骨折多因直接撞击所致。

3. 指骨骨折。指骨骨折多由直接暴力引起。

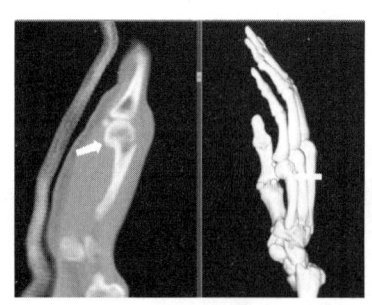

图 13-11　左第 5 掌骨颈部骨折

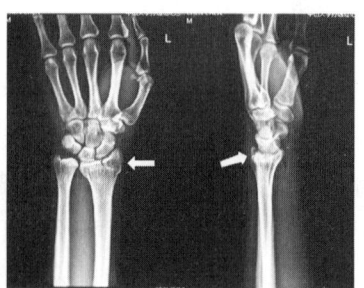

图 13-12　左桡骨远端骨折

二、下肢骨骨折

（一）股骨骨折

1. 股骨颈骨折。股骨颈骨折是指自股骨头以下至股骨颈基底部之间的骨折，属关节囊内折。由间接暴力致伤，主要是为扭转应力致股骨颈抵于髋臼后缘而引起。股颈骨折多发生于骨质疏松老年人，而造成青壮年骨折需要较大的暴力。

2. 股骨干骨折。股骨干骨折相当多见，常合并血管神经损伤。

3. 股骨转子部骨折。股骨转子部骨折，包括股骨颈基底部至小转子水平之间的骨折。其中以转子间骨折最为常见，其次为转子下骨折，大转子骨折较少见。

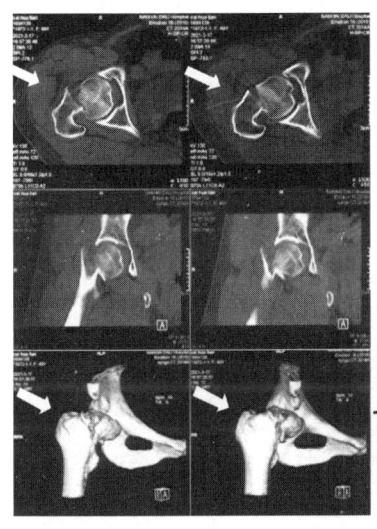 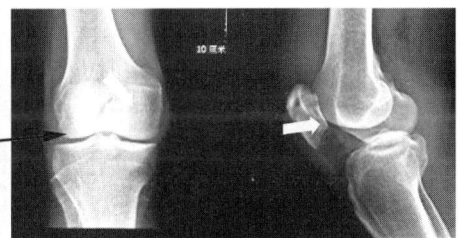

图 13-13　右股骨骨折　　　　图 13-14　右侧髌骨骨折

（二）髌骨骨折

髌骨是膝关节的重要组成部分。由于髌骨位置表浅，且处于膝关节的最前方，因此极易受到直接暴力的损伤，如撞击伤、踢伤等。当股四头肌突然猛力收缩，超过髌骨内在的应力时，也可引起髌骨骨折。髌骨骨折后如处理不当，将会严重影响膝关节的活动，甚至造成终身残疾。

（三）胫腓骨骨折

小腿骨折中，胫腓骨双骨折最常见，其次为胫骨干骨折、胫骨平台骨折，而单独腓骨干骨折则少见，且常为直接打击所致。胫骨平合骨折往往是强大的内翻或外翻应力合并轴向载荷的结果。

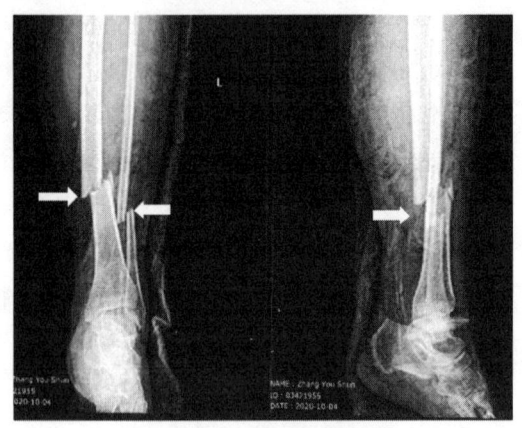

图 13-15　左侧胫腓骨双骨折

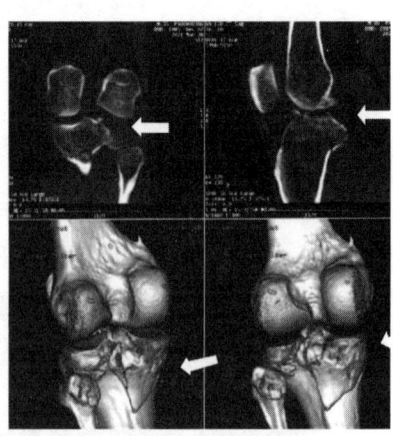

图 13-16　左胫骨平台骨折

（四）踝部骨折

踝关节由胫腓骨下端与距骨组成。踝部骨折多由间接暴力引起，踝跖屈扭伤，力传导引起骨折。因间接暴力的大小、方向，踝足所处的具体姿势不一，可发生不同类型的骨折，如内翻内收型骨折、外翻外展型骨折和内翻外旋型骨折。有时暴力直接打击也可以发生复杂性骨折。

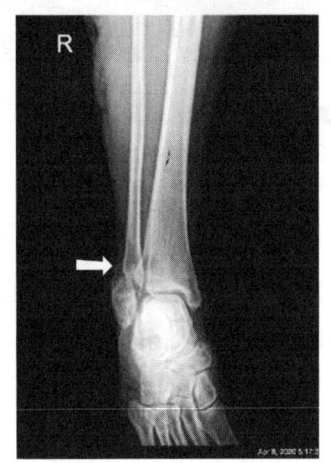

图 13-17　右外踝骨折

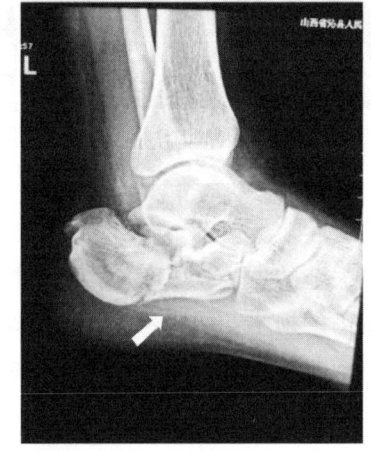

图 13-18　跟骨骨折

（五）跟骨骨折

跟骨骨折多因高处跌下时足跟直接着地压缩所引起，少数为撕脱骨折。

1. 撕脱骨折。足趾屈位时受暴力突然背伸，或躯干突然前倾或用力伸直膝关节，均可引起腓肠肌强力收缩，跟腱牵拉附着的跟骨结节致撕脱骨折，其骨折线多呈横行。

2. 垂直压缩力。有高处坠落足跟着地时，身体向下的重力与跟骨向上的反作用力对跟骨形成压缩力，可引起跟骨结节纵行骨折、体部的关节外骨折或关节面的塌陷骨折。

3. 剪切力。由高处坠落时，足跟常呈不同程度的内翻或外翻位，使跟骨受到剪切暴力的作用，足外翻位着地多见。足外翻位着地时，跟骨劈裂成为前内侧和后外侧两个骨折块。

三、关节损伤

（一）概述

关节结构，包括关节软骨及其覆盖的骨端、骨滑膜液、纤维及内外韧带等。关节活动的基本条件是：①关节骨端的关系正常；②关节软骨膜平整；③关节的韧带完好；④支配关节运动的肌肉、肌腱及其神经功能正常。关节损伤会造成不同程度的功能障碍。

造成关节损伤的原因，有直接暴力，如机动车保险杠撞击、锐器砍伤及枪弹击伤等；还有间接暴力如传导外力及扭转外力等。关节韧带损伤除部分由直接暴力作用外，多数由关节超常活动致韧带被牵拉引起，最常见韧带损伤部位为踝关节。

关节损伤主要分为韧带损伤、关节挫伤、关节扭伤、关节脱位、关节内骨折和关节骨折脱位六种类型。

（二）韧带损伤

关节活动超越正常范围，韧带被牵拉而产生损伤。韧带损伤分为不完全损伤和完全损伤两种类型：①韧带不全损伤，表现局部肿胀、疼痛和压痛、关节周围肌肉皮肤瘀斑、活动受限。②韧带完全损伤，其特征是关节被动活动异常。

1. 肩袖损伤。冈上肌、冈下肌、小圆肌和肩胛下肌肌腱组成肩袖。肩袖环绕肱骨头上端，将肱骨头纳入关节盂内，使关节稳定而协助肩关节外展，且有旋转功能，又称为肩胛旋转袖。间接暴力可造成肩袖破裂。肩袖破裂后，由于疼痛和肌肉紧张，影响关节活动。肩袖对于保持肩关节的稳定性以充分发挥其外展高举功能极为重要，特别是完全破裂以后，肩关节失去外展功能。

2. 膝关节损伤。膝关节损伤包括股四头肌断裂、髌骨骨折、髌腱断裂、胫骨结节骨折、半月板损伤等。其中，半月板损伤的机制在于膝关节运动中引起的半月板的矛盾运动，以及膝关节运动中的突然变化。一般多依据损伤的解剖特点分为横裂、纵裂、水平裂、边缘裂和前（后）角撕脱及混合裂等类型。

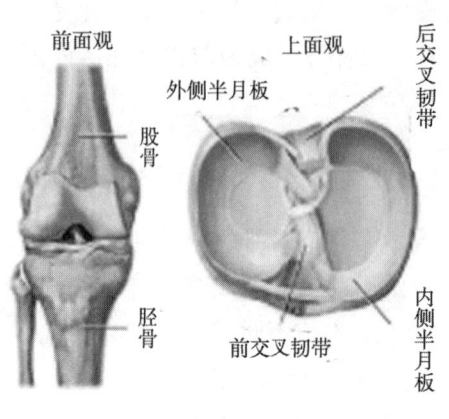

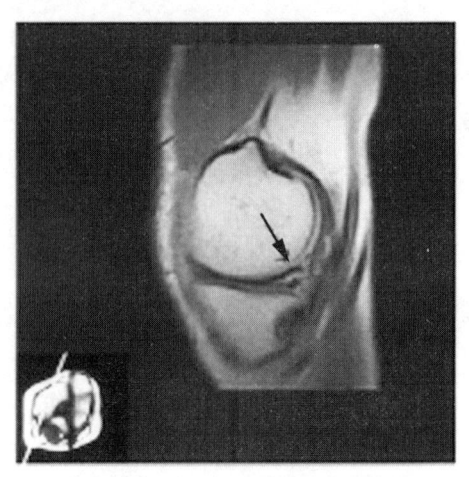

图 13-19　膝关节解剖图　　　　图 13-20　MRI 示半月板 Ⅲ 度撕裂

（三）关节挫伤

直接暴力作用于关节处，经皮肤及关节外结构传导至关节内，引起关节及滑膜损伤，临床上变现为疼痛、肿胀、活动受限。经休息或保守治疗一般可痊愈。

（四）关节扭伤

由远离关节部位的外力通过传导间接作用于关节，引起关节结构的损伤。典型的关节损伤如足部着地姿势不对引起的踝关节扭伤。

（五）关节脱位

关节脱位为跌倒、坠落、钝力牵拉、挤压或扭转所致。关节脱位与暴力的方向、关节所处位置和关节的解剖结构特点有关。四肢关节脱位后，有较明显的典型体征。如肩关节前脱位的方肩；髋关节后脱位，患肢呈屈曲、内收、内旋畸形。大部分脱位的关节都会完全丧失或大部丧失运动功能。最常发生脱位的是肩关节，其次为肘关节、踝关节和膝关节。

1. 肩关节脱位。肩关节脱位分为盂下脱位、喙突下脱位和胸腔内脱位。肩关节前脱位常合并肱骨大结节撕脱骨折、冈上肌断裂和肱骨外科颈骨折。肩关节脱位外观畸形显著，形成方肩。

2. 肘关节脱位。肘关节脱位常见且多发生于青少年。

3. 掌指关节脱位及指间关节脱位。①拇指掌指关节脱位：当掌指关节极度背伸时继续受暴力作用，可发小骨头向掌侧脱位，指骨基底向背侧脱位，并伴有关节囊破裂。②指间关节脱位多因过度背伸损伤引起，其次是侧方暴力。

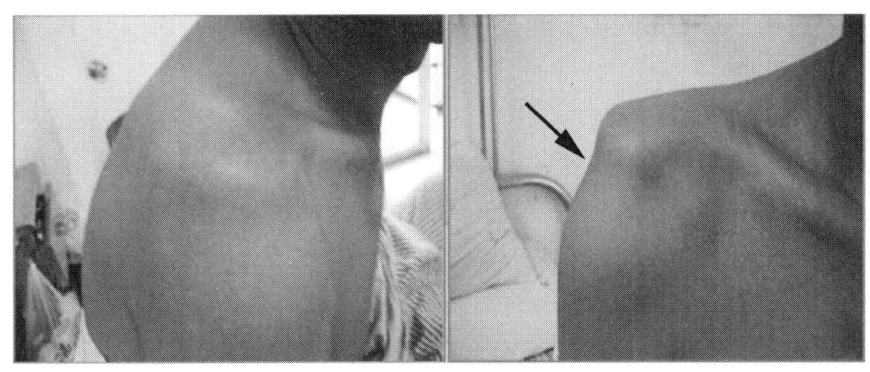

图 13-21　方肩畸形

（六）关节内骨折

关节囊内骨折，除股骨颈和桡骨骨折外均波及关节面。关节内骨折最易并发大关节粘连、创伤性关节炎及关节僵直等。最多见的关节内骨折发生在肘关节，其次为踝关节和膝关节。

（七）关节骨折脱位

关节骨折脱位，是指关节脱位合并关节内骨折的损伤。此类损伤一般遭遇的暴力较强。常见的有肘关节内外骨折合并脱位，肩关节脱位伴肱骨骨折及髋关节脱位伴髋臼骨折等。

四、四肢骨关节损伤的并发症与后遗症

（一）早期并发症

骨折早期并发症多由损伤本身所致，其并发症有创伤失血性休克、感染、创伤性脂肪栓塞综合征、骨筋膜室综合征，见于多发性或骨盆四肢等骨折。

1. 创伤失血性休克。暴力打击、骨折脱位及组织损伤的疼痛和损伤后急骤失血，因失血后的血容量降低，以及组织缺氧坏死的分解产物，将引起血管扩张、渗透，有效血容量减少和血压下降，最终造成创伤性休克。

2. 感染。当骨折并发感染时，局部骨质将受破坏，新形成的骨也有局部破损。

3. 创伤性脂肪栓塞综合征。严重骨折后，髓腔脂肪经骨折处侵入血循环，造成以肺为主的器官内毛细血管栓塞，出现呼吸困难、脑缺氧和皮肤黏膜出血的症状，是骨折严重并发症之一。

4. 骨筋膜室综合征。由骨、骨间膜、肌间隔和深筋膜形成的骨筋膜室内肌肉和神经，因急性缺血、缺氧而产生的一系列早期的症状和体征。四肢的肌肉与神经等处形成的闭合间隔中，当其中的压力增加时，会影响血液循环及组织功能，最终导致肌肉坏死、神经麻痹。分濒临缺血性肌挛缩、缺血性肌挛缩、坏疽三期。骨筋膜室综合征的发生，因膜室内压力增加，或空间变小（肢体外部受压），或由于骨筋膜内水肿液体积增多所致。肢体外部受压的原因，如挤压伤、包扎过紧等。最多见于前臂掌侧和小腿。

在出现骨筋膜室综合征并持续 12 小时以上，常会导致肢体功能障碍，此后肢体肌群因缺血坏死、机化，最终形成瘢痕组织，逐渐挛缩形成特有畸形，如爪形手、爪形足等，将严重影响患肢功能。

（二）晚期并发症和后遗症

1. 外伤性骨化性肌炎。外伤性骨化性肌炎又称异位骨化，当外伤后，软组织内出血可能是造成骨化的原因。早期征象有局部持续性肿胀、硬结和明显压涌，邻近关节活动时异常疼痛等。

2. 缺血性骨坏死。当外伤累及骨营养血管，造成骨骼某处血运的破坏，可引起相应骨折部无菌坏死。如果骨折能愈合，则死骨逐渐被吸收，被新生骨代替。股骨颈骨折易发股骨头缺血坏死，发生率在 20%～40%。

3. 骨折延迟愈合或骨折不愈合。骨折后经过一段时间，骨折断端间骨痂形成并足够稳定，且有一定负重功能，称为临床愈合。临床愈合后，骨痂的范围、密度、质量进一步增加，骨折断端瘀血吸收，骨髓腔为骨痂堵塞，骨折块之间形成骨性连接，足以抵抗较大外力而不变形。X 线显示，骨痂与骨质界线已分不清，骨折线完全消失，骨痂边缘清晰、体积小，而且致密，即为骨性愈合。

（1）骨折延迟愈合。骨折经过治疗后，在正常时间内（3 个月）仍未愈合者，称为延迟愈合。临床表现为骨折端仍有疼痛、压痛和异常活动。X 线照片显示骨折断端间隙不消失或增宽甚至囊变、边缘模糊、无硬化现象、骨痂量少或骨折两端无骨痂连接。

（2）骨折不愈合。骨折 8 个月后骨折两端未能达到骨性连接，修复过程完全停止称为骨折不愈合，又称骨不连。断端间的异常活动是确诊的体征。X 线征象：骨折端有间隙，骨折端硬骨折面光滑清晰，骨髓腔封闭，骨质疏松，骨断端间无骨小梁形成。

4. 骨折畸形愈合。骨折在非正常解剖位置上愈合并影响或潜在影响功能者，称骨折畸形愈合。致畸形愈合的主要原因有复位不佳、固定不牢、过早拆除外固定、骨骺损伤等。四肢长骨干骨折畸形愈合包括：

（1）成角畸形，股骨干成角可影响力线及膝、踝关节功能，尺、桡骨可影响前臂旋转功能；

（2）短缩畸形，下肢短缩超过 2cm，就可引起跛行；

（3）旋转畸形，肱骨、股骨 10°以上的旋转畸形容易引起关节劳损；

（4）侧方移位畸形。

5. 创伤性关节炎。创伤性关节炎是关节创伤后的退行性病变。凡波及关节的骨折或脱位均可出现。此外，膝关节十字交叉韧带较严重损伤时也可能发生。创伤性关节炎常表现关节疼痛及功能障碍，关节摩擦感；晚期肌肉无力、关节周围组织挛缩。X 线表现为关节间隙狭窄，关节面骨性增生硬化、致密、轮廓凸凹不平；关节面边缘有骨刺或唇状增生；关节周围软组织纤维化、钙化；关节周围骨质疏松、关节畸形。

6. 关节强直。

（1）骨性强直。构成关节的骨端之间发生骨性连接，即骨性融合并完全丧失关节功能。其原因多为关节开放性创伤伴化脓性感染。X 线特征：关节间隙变窄或消失，并有骨小梁通过；两骨端完全骨性融合，关节面不能分辨。

（2）纤维性强直。关节内广泛粘连纤维化、滑膜软骨之间的粘连，或关节外动力肌粘连、纤维化，结果囊壁增厚弹性减退，关节活动几近丧失。关节制动时间过长；波及关节的骨折造成关节内积血，关节内骨痂，关节周围组织的粘连、纤维化，感染等是常见原因。临床表现为关节活动度明显受限，多无疼痛，X 线多正常。

（3）关节挛缩。关节挛缩即关节外软组织纤维瘢痕形成并挛缩，是关节周围的皮肤、肌肉、肌腱、关节囊等病变所致的运动障碍，表现为关节活动范围受限。

7. 慢性骨髓炎。慢性骨髓炎多由急性骨髓炎迁延而引起，因脓腔和死骨的存在导致长期不愈。X 线片可见局部骨质不均表现，CT 则可发现 X 线片不易发现的骨破坏和死骨。

五、法医学鉴定

1. 损伤认定：根据外伤史、损伤后的临床表现及影像学检查所见认定损伤。一般 X 线、CT 检查可明确骨折，MRI 可用于韧带损伤程度和类型的认定，关节内病变可通过关节镜进行检查。

2. 损伤程度鉴定：根据《人体损伤程度鉴定标准》，四肢任一大关节强直畸形或者功能丧失 50%以上属于重伤二级；四肢长骨骨折、髌骨骨折等为轻伤二级；指骨骨折为轻微伤；等等。

3. 伤残等级鉴定：根据《人体损伤致残程度分级》，三肢缺失为一级伤残；一踝关节强直固定于非功能位为八级伤残；青少年四肢长骨骨骺粉碎性或者压缩性骨折为九级伤残；双下肢长度相差 2cm 以上、一侧髌骨切除、一足足弓结构部分破坏均可评为十级伤残；等等。

项目五　四肢重要神经损伤及法医鉴定

一、损伤原因及机制

引起周围神经损伤的成伤机制各不相同，如高速运动中的头部或肩部遭受撞击，可使高能量的钝性重物致伤肩颈部，胎儿经阴道分娩难产时头颈与肩部分离，常可累及臂丛神经，多引起各分支神经损伤，若暴力持续时间较长或者暴力足够严重，也可伤及全部臂丛。又如水平方向或者向上的肢体持续牵拉伤，常可造成颈 8、胸 1 神经干或臂丛神经下干损伤，同样的，若暴力足够严重或持续时间过久，也可累及中干及上干。再如，锁骨和第 1 肋骨骨折、肩关节脱位、锁骨上窝外伤、刀刺伤、颈部手术等，均可能引起臂丛神经全部或部分损伤。

坐骨神经来自腰骶丛神经，自坐骨切迹处出盆腔，在大腿中下 1/3 处（腘窝上角附近）分为胫神经和腓总神经。腓总神经在绕腓骨颈穿腓骨长肌达小腿前面分为腓浅和腓深神经。坐骨神经位置比较深，多见于锐器、火器的直接损伤，骨盆骨折或髋关节脱位也可造成损伤。胫神经、腓总神经多见于锐器、车辆碾压所伤。上述神经各类损伤均可能导致所支配的肢体相关肌群功能障碍。

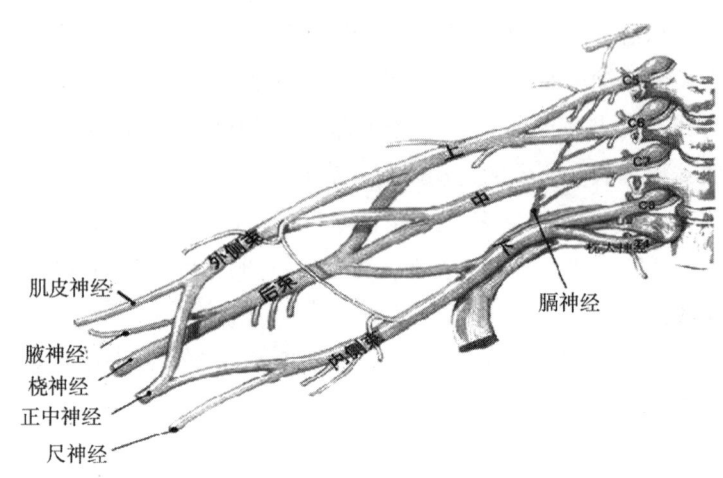

图 13-22　臂丛神经解剖图

二、臂丛神经及其分支的损伤

（一）臂丛神经损伤

臂丛是由第 5 至第 8 颈神经（C5～C8）前支以及第 1 胸神经（T1）前支大部分纤维组成，有时第 4 颈神经（C4）、第 2 胸神经（T2）也参加臂丛的组成。臂丛神经损伤，多因外力牵拉引起。当外力使头部和肩部向相反方向分离时（或称为颈-肩分离），或重物坠落于肩上使肩部突然向下牵拉，都容易引起臂丛神经损伤。交通事故致伤臂丛神经，轻者多造第 5、6 颈神经根或上干损伤，重者可造成全臂丛撕脱性损伤。

当上肢过度向外、上伸展（如悬吊等）时，可致臂丛神经牵拉受损，多引起正中神经和尺神经所支配的肌肉瘫痪，甚至进而牵累桡神经支配的区域，但其所致损伤相当严重，一般导致整个上肢肌肉萎缩、肢体残废；当上肢过度向后、上伸展（如向背后强行扭拗）时，可致臂丛神经牵拉受损，多引起桡神经和腋神经等损伤。

（二）腋神经损伤

腋神经受到损伤后，上肢不能外展和上举，肩肌萎缩并致肩峰突出，肩部有小块皮肤感觉迟钝。

（三）肌皮神经

受到损伤后，不能屈肘，前臂外侧皮肤感觉障碍。

（四）正中神经

正中受到损伤后，手腕和手指的屈曲能力大为减弱，不能握拳（环、小指尚有屈曲能力），拇指不能外展、对指、对掌，食指和中指的掌指关节过伸等。晚期，手掌面桡侧三个半手指出现感觉障碍，大、小鱼际肌萎缩，手掌变平，出现"猿手"畸形。

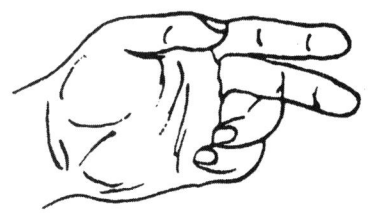

图 13-23　猿手畸形

（五）尺神经损伤

尺神经受到损伤后，手指不能并拢和散开（外展和内收），以环、小指为甚（因小鱼际肌和骨间肌麻痹），手掌面尺侧一个半手指和手背面尺侧两个半手指的皮肤麻木。晚期出现掌指关节过伸，指关节呈半屈状态，手背因骨间肌萎缩而出现深沟，呈现特有体征为"爪形手"畸形。

图 13-24　爪形手畸形

（六）桡神经损伤

桡神经高位损伤后，肘、腕、掌指关节不能伸直，手腕下垂，手不能握拳，拇指不能背伸和外展，手背桡侧皮肤有一大小不等的麻木区域。桡神经在低位尤在腕部受损，可伤及深支，致手腕不完全下垂（垂腕畸形），掌指关节不能伸直致不能握拳，拇指不能背伸和外展等；同时浅支支配的相应区域的皮肤感觉麻木。

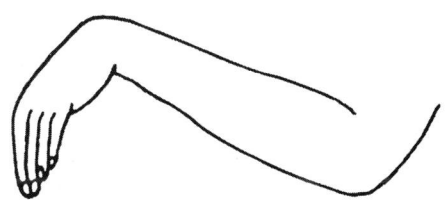

图 13-25　垂腕畸形

三、腰骶丛神经及其分支的损伤

（一）坐骨神经损伤

神经高位损伤，可造成膝关节的屈肌，小腿和足部全部肌肉瘫痪，大腿后侧、小腿后侧及外侧和足部全部感觉消失，足部出现神经营养性改变。即使坐骨神经损伤非常严重（麻痹很明显），受股神经和闭孔神经支配的股四头肌、膝的伸肌和内收肌功能仍可正常。

（二）腓总神经损伤

典型的表现为足下垂，被检者不能伸足、提足、伸趾，使足呈马蹄内翻足畸形。当行走时，由于足下垂，足趾不能伸，所以必须用力使髋关节、膝关节过度屈曲，才能使足尖抬离地面，方能向前行走，这种步态称为"跨越步态"。小腿外侧和足背皮肤感觉障碍。

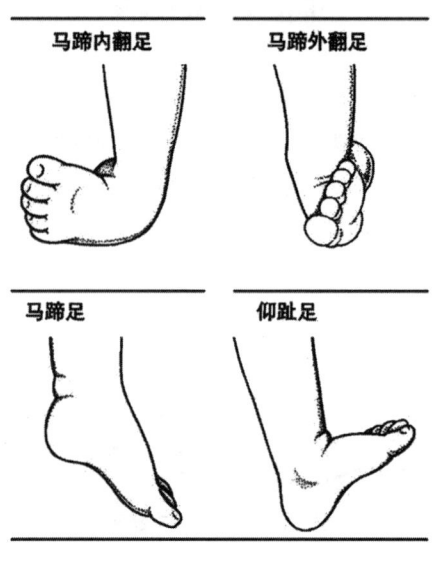

图 13-26　马蹄内翻足畸形

（三）胫神经损伤

胫神经受累由于小腿前外肌群过度牵拉，伤侧足呈背屈及外翻位，小腿后面及足底皮肤感觉障碍可出现腓肠肌麻痹导致"钩状足"畸形。

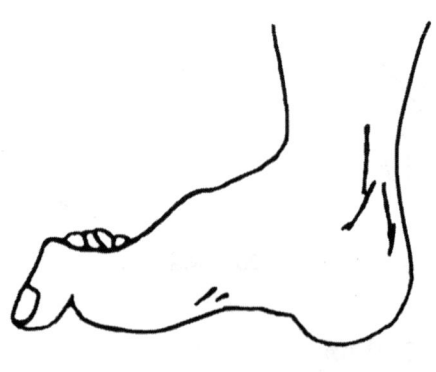

图 13-27　钩状足畸形

四、法医学鉴定

1. 损伤认定：在全面了解案情，详细审阅受伤后的病历资料，根据损伤部位伤后出现的临床表现，以及手术探查所见以及具体手术处置措施判定神经损伤的部位、性质和程度。在鉴定时通过全面地、有针对性地神经检查，印证病史中的神经损伤诊断。此外，有必要进行神经电生理检验，明确损伤部位以及损伤的程度。

2. 损伤程度鉴定：根据《人体损伤程度鉴定标准》，属于四肢重要神经的损伤可评为轻伤二级。正中神经、尺神经、桡神经损伤致肘部以上损伤遗留肌瘫（肌力3级以下）构成重伤二级；骶丛或者坐骨神经损伤遗留肌瘫（肌力3级以下）构成重伤二级；等等。

3. 伤残等级鉴定：根据《人体损伤致残程度分级》，在确定肢体周围神经损伤上肢肘关节以上、下肢膝关节以上，遗留肢体大关节活动肌群肌力3级以下的评定为九级伤残；肌群肌力4级以下的评定为十级伤残。对于肢体重要神经损伤，部位在上肢前臂以下，下肢在小腿以下，遗留运动功能障碍的，评定为十级伤残。

项目六　综合案例分析

一、简要案情及病史摘要

1. 简要案情：2020年2月24日，被鉴定人张某（男，48岁）于广州市花都区驾驶一两轮自行车时，与一小客车发生碰撞致左肘部受伤，伤后到广州市某医院进行诊治。

2. 病历摘要。

广州市某医院门诊病历记录：就诊时间：2020年2月24日。主诉：撞倒致左肘疼痛畸形10分钟。查体：左肘疼痛，畸形，弹性固定，患肢远端血运、运动感觉正常。诊断：左肘关节脱位。

广州市某医院住院病历记录：入院日期：2020年2月24日，出院日期：2020年2月27日。主诉：发热、左肘疼痛半天。治疗经过：入院后予左肘关节石膏外固定术。出院诊断：左侧肘关节脱位。

广州市某医院门诊病历记录：就诊时间：2020年3月30日。左肘关节脱位近6周。查体：左肘伸170°，屈45°。

广州市某医院门诊病历记录：就诊时间：2020年10月22日。查体：左肘关节伸150°，屈90°。

二、法医学鉴定

时间：2020年10月29日。

1. 体格检查：神清，自行入室，对答切题。体表未见明显损伤遗留痕。左肘关节活动度（被动）：屈曲110°，伸展−33°；右肘关节活动度（被动）：屈曲142°，伸展10°。左前臂旋转功能可。双上肢肌力可。

2. 阅片所见。

2020年2月24日左肘关节正侧位X光片：左肘关节后脱位，邻近软组织肿胀（见图13-28）。

2020年2月24日左肘关节CT平扫：左肘关节后脱位，关节腔少量积液，周围软组织肿胀。

2020年8月24日左肘关节正侧位X光片：左肘关节前方软组织内见高密度影，提示骨化性肌炎（图13-29）。

2020年10月22日左肘关节正侧位X光片：左肘关节前方软组织内高密度影稍明显，提示骨化性肌炎（图13-30）。

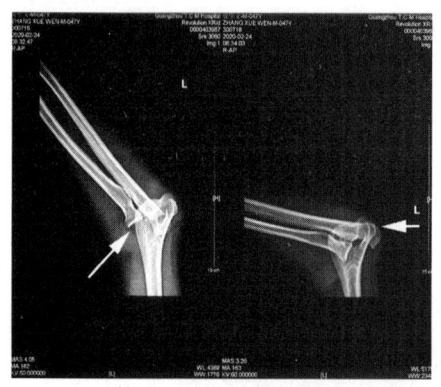

图13-28　左肘关节后脱位

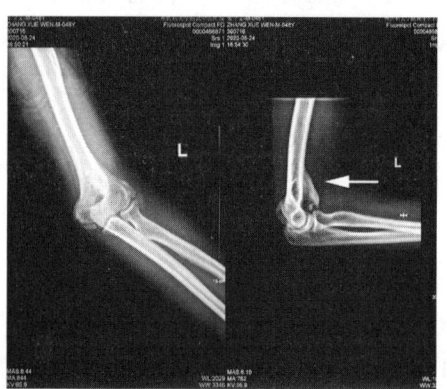

图13-29　左肘关节骨化性肌炎

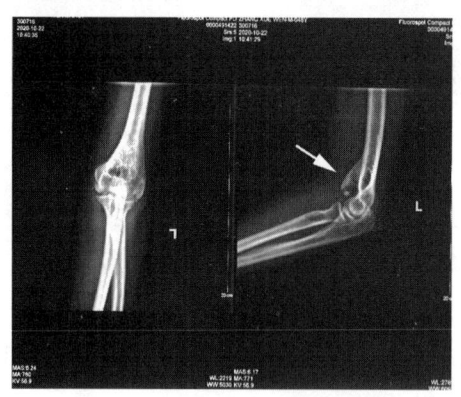

图13-30　左肘关节骨化性肌炎

3. 鉴定意见：张某左肘关节脱位合并骨化性肌炎致左肘关节功能丧失25%以上，其伤残程度评为十级。

三、案例评析

根据临床知识，骨化性肌炎是由于关节扭伤、脱位或关节附近骨折，骨膜剥离形成骨膜下血肿，处理不当使血肿扩大，血肿机化并在关节附近软组织内广泛骨化，造成严重关节活动功能障碍。它是骨外伤的一种晚期并发症。从损伤到骨化形成，一般需3周~4周。

本次交通事故致张某左肘部损伤，受伤当时的 X 光片显示左肘关节脱位、周围软组织肿胀明显，但无骨化征象，而伤后一个月 X 光片检查见左肘关节旁软组织新增高密度影，提示骨化性肌炎形成，此后多次复查 X 光片均见此高密度影呈进行性动态改变，上述表现符合损伤后骨化性肌炎的特点，因此，认为张某左肘关节脱位合并骨化性肌炎与本次交通事故存在直接因果关系。

经治疗后张某目前病情已经基本稳定，法医检验见其左肘关节活动部分受限，按照方向均分法计算左肘关节功能丧失程度 $[(142+10)-(110-33)]/(142+10)\times100\%=49.3\%$。因此，依照《人体损伤致残程度分级》5.10.6.11）之规定，张某左肘关节脱位合并骨化性肌炎致左肘关节功能丧失 25% 以上的，伤残程度为十级。

项目七　技能训练

一、训练内容

四肢骨关节及周围神经损伤鉴定方法的训练。

二、训练目的与要求

（一）目的

通过完成该项训练，使学生掌握人体四肢骨关节及周围神经损伤鉴定的基本方法。

（二）要求

1. 应用人体解剖学检查与识别四肢骨关节、四肢重要神经的基本要领。

2. 利用影像学方法鉴定四肢骨关节及周围神经损伤的基本要领。

3. 运用鉴定标准分析并确立鉴定意见的基本要领。

（三）训练方法

1. 给定人体损伤模型，学生根据所学解剖学知识检查并记录确四肢骨关节及周围神经的损伤。

2. 通过系列影像学及其他检查的观察，由学生指出四肢骨关节及周围神经的部位及损伤的性质，并进行分析说明。

3. 学生通过模拟案例训练，完成对四肢骨关节及周围神经损伤案件的人身检查、辅助查验、鉴定标准套用、分析说明以及鉴定意见确立的综合运用。

（四）训练素材

人体损伤模型（实训室）、影像学照片（胶片或数字图像）、训练案例（或声像资料）。

（五）训练评价

通过训练，综合评价学生对四肢骨关节及周围神经损伤的体格检查能力、辅助检查的诊断能力、标准运用能力以及案例逻辑分析能力等。

启发与思考

1. 四肢损伤并发症与后遗症？

2. 关节活动度丧失程度的计算方法？

3. 四肢重要神经损伤后畸形表现？

非法性行为与虐待相关鉴定

学习目标

1. 知识目标：了解非法性行为及虐待的基本理论，熟悉强奸与虐待受害人的临床特点，掌握强奸与虐待法医学检查的要领，了解鉴定基本程序，掌握鉴定标准的运用。

2. 能力目标：熟悉非法性行为与虐待的法医学特点，初步掌握非法性行为与虐待鉴定的工作能力。

内容结构

1. 概述。

2. 非法性行为及法医鉴定。

3. 虐待及法医鉴定。

4. 综合案例分析。

5. 技能训练。

导读

一名奄奄一息的女童被送至广州市某医院，接诊医生发现女童的额部、手臂、大腿内侧等多处严重受伤，特别是双手皮肤完全糜烂，伤势让人触目惊心，接诊医生高度怀疑是虐待儿童，所以在积极抢救治疗的同时报警。经公安机关调查取证，女童的生父张某有重大的虐童嫌疑，为进一步处理此案，特委托司法鉴定机构对女童的损伤程度进行司法鉴定。

项目一 概述

人类社会在长期生活实践过程中，对自身性活动的认识逐渐发展形成了一定的性禁忌，有些性行为受法律规范，有些性行为受道德规范。法律明确作出相应规定并对其进行否定性评价的性行为属于非法性行为。包括违背妇女意志的性行为、婚外性行为、乱伦行为、卖淫嫖娼等。由于社会文化、法律规范背景的差异，世界各国对虐待的理解不尽相同，但对他人进行肉体或精神上的折磨、摧残是虐待的基本特征。

一、相关概念

非法性行为是指法律禁止或与法律法规相冲突的性行为。

强奸是指男子违背妇女的意愿，采用暴力、胁迫、利诱、欺骗、药物或其他手段，使其不敢或不能抵抗，强行与之发生婚姻以外的性交行为。

猥亵行为是指以刺激、兴奋或满足性欲为目的，用性交以外的方式对他人实施具有侮辱性质的淫秽性行为，其中用淫秽下流的语言和动作调戏妇女的行为又称为性骚扰。

反常性行为是指行为的对象与性行为的方式与常人不同。

虐待是指通过直接或间接暴力的方式，对他人进行肉体或精神折磨使之痛苦或屈服的行为。

二、女性外生殖器解剖

女性外生殖器，即女阴，包括阴阜、大阴唇、小阴唇、阴道前庭、阴蒂和前庭球等解剖结构。处女膜位于阴道口小阴唇内侧正中，是阴道黏膜在阴道口反折形成的一圈薄层黏膜皱襞。处女膜中间有一孔，成为处女膜孔（即是阴道口）。根据处女膜的形态特征，可分为环状、半月状、唇状、锯齿状等。

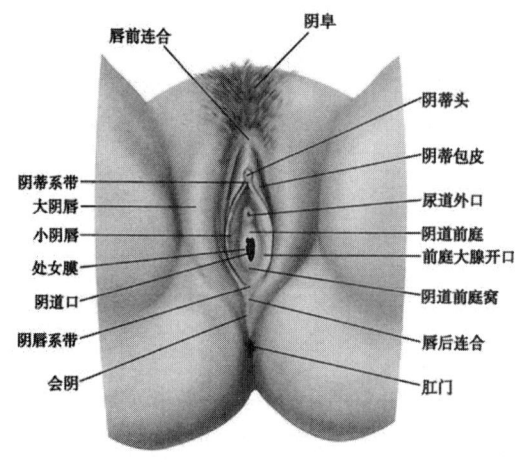

图 14-1 女性外生殖器

项目二 非法性行为及法医鉴定

一、强奸

（一）强奸的刑事责任

《中华人民共和国刑法》第 236 条规定："以暴力、胁迫或者其他手段强奸妇女的，处三年以上十年以下有期徒刑。奸淫不满十四周岁的幼女的，以强奸论，从重处罚。强奸妇女、奸淫幼女，有下列情形之一的，处十年以上有期徒刑、无期徒刑或者死刑：（一）强奸妇女、奸淫幼女情节恶劣的；（二）强奸妇女、奸淫幼女多人的；（三）在公共场所当众强奸妇女、奸淫幼女的；（四）二人以上轮奸的；（五）奸淫不满十周岁的幼女或者造成幼女伤害的；（六）致使被害人重伤、死亡或者造成其他严重后果的。"

（二）强奸的本质与特征

强奸的本质就是违反妇女意志，采用暴力、胁迫或者其他方法，强行与妇女发生性交。根据新的刑法修正案规定，强奸的对象已不限女性。一般来说，强奸行为具有三个基本特征：非法性、强迫性和目的性。

（三）被害人躯体损伤特点

1. 会阴部损伤。在强奸过程中，因罪犯粗暴的行为、变态的施虐、被害人的抵抗以及阴道较干燥等原因，易发生会阴部、阴道的擦伤、挫伤甚至是裂伤。会阴部损伤表现为阴部红肿、疼痛、排尿困难，重者阴道壁撕裂、大出血、感染，甚至肛瘘、尿瘘等，甚至死亡。

2. 处女膜破裂。当有直接机械性暴力作用于处女膜时，常致处女膜破裂，绝大多数处女膜破裂发生于第一次性交时。日常生活如游泳、骑自行车、跑步等运动，一般不能引起处女膜的破裂，因此，处女膜破裂往往被认为是性交的证据。

处女膜新鲜破裂见于初次性交后 1 天~2 天，表现为破裂的处女膜色红、肿胀、触痛明显，裂缘不平直、呈撕裂状，裂缘两边尚可吻合，裂口基底部有血痂、炎症等现象；3 天~5 天后经过修复裂缘变得稍钝圆，尚为粉红色；1 周以后裂口两侧边缘呈收缩状、裂隙变大，用镊子将对应两边裂缘夹住拉平，尚能吻合。痊愈后的处女膜形成陈旧性裂口，裂缘钝、厚、圆，裂缘失去正常红嫩色，色较淡，不能吻合，裂口基底部呈钝角、较厚。处女膜一旦破裂，裂口一般不再愈合。

3. 躯体其他部位损伤。罪犯为了达到强奸的目的，往往对被害人施加各种暴力，如打击头部、扼勒颈项部、绑缚手足等，导致被害人头面部、颈部、手腕部等部位损伤。

4. 妊娠。强奸性成熟女性可导致被害人受孕。

5. 性传播疾病。强奸者如患有性传播疾病，可导致被害人的感染。

二、猥亵

猥亵常常是成人对儿童或男性对女性侵犯身体，如强行拥抱、接吻、抠摸性器官或以阴茎顶撞妇女身体等。

三、反常性行为

常见反常性行为包括同性恋、性虐待狂、恋童癖、露阴癖、性窒息等。

四、法医学鉴定

通过对被害人和犯罪嫌疑人身体进行检查，主要解决两个问题，即性交证明和暴力证明。对于女性被害人的检查最好由女性法医或女性医师进行，如为男法医或男医师检查则必须有一位女性工作人员在场。

对被害人进行检查时，注意观察被害人躯体以及衣服等有无暴力作用的痕迹。机械性损伤与机械性窒息是强奸案件中最常见的致伤方式和致伤原因。检查会阴部时，要注意有无红肿、擦伤及出血等，处女膜破裂对判断处女是否曾有性交具有一定的价值，但不能证明是否为强奸。也有虽经数次性交，处女膜并未破裂，直到分娩时才破裂的情形。对于已经性交多年的女性，检查处女膜已无意义。

对嫌疑人进行检查时，注意嫌疑人有无因被害人的防卫、抵抗而形成的损伤，这些损伤的存在，可作为强奸的间接证据。

项目三　虐待及法医鉴定

党的二十大指出，要"坚持人民至上、生命至上""老有所养、住有所居"。在司法鉴定领域，法医鉴定人应用医学理论与技术科学精准鉴定老年人、妇女儿童、残疾人等是否被虐待，捍卫弱势群体权益，坚决杜绝欺凌虐待老年人、妇女儿童、残疾人等违法行为。

一、概述

（一）虐待类型

在鉴定实践中，被虐待者常常是儿童、妇女、老年人、残疾人、患病的人等。根据虐待手段分为以下两种类型：

1. 直接虐待通过暴力手段直接对被虐待者精神与躯体进行折磨与摧残。如恶意谩骂、殴打、体罚等。

2. 间接虐待通过暴力手段间接对被虐待者精神与躯体进行折磨与摧残。如不给治病，冻饿等。

（二）虐待的形式

虐待的表现形式为伤害、忽视、饥饿或性侵害和性虐待等。

（三）临床表现

由于施虐者使用的手段多种多样，因此虐待损伤种类不一、临床表现不一、伤情轻重不一。主要特点是损伤范围广、类型多、新旧损伤并存。此外，由于能量和蛋白质摄入不足，被虐待者往往表现营养不良的状态。

二、法医学鉴定

虐待形成的损伤是确定虐待的主要证据，检查前应详细了解案情及被虐待者的生活工作环境，认真听取被虐待者本人及其父母、监护人或陪同人的陈述。注意检查被虐待者的身高、体重、营养及发育状态等，注意检查衣着情况、精神状态情况等。详细检查全身有无损伤，损伤的类型和性状，确定损伤的时间及损伤程度。必要时还应注意采用辅助检查，如 B 超、X 光、CT、MRI 等协助判断。依据相关鉴定标准评定损伤程度与伤残等级。

项目四　综合案例分析

一、简要案情及病史摘要

(一) 简要案情

2011 年 12 月 10 日，被鉴定人张某（女，2 岁）以"摔伤致左上臂肿痛、畸形活动受限约 3 天，尿少 3 天、无尿伴腹胀 1 天余"为代主诉入住广州市某医院进行治疗。

(二) 病历摘要

广州市某医院住院病历记录：入院日期：2011 年 12 月 10 日。主诉：摔伤致左上臂肿痛、畸形活动受限约 3 天，尿少 3 天，无尿伴腹胀 1 天余。查体：体温：36.8℃；脉搏：122 次/分；呼吸：32 次/分；血压：138/64mmHg；体重 10kg，营养中等，体型为匀称型。神志清楚，反应较差。面容憔悴。头顶部可见陈旧性疤痕，表面涂有龙胆紫液，已结痂，右额头、左耳、双下肢见多处瘀斑，部分呈藤条状，四肢末梢发凉，CRT3s。双瞳孔等大同圆，对光反射灵敏。鼻翼扇动。双侧外耳道可见少量血性渗液。口唇皲裂、出血，口腔黏膜可见较多疱疹，已破溃，咽充血。双肺呼吸音对称、粗糙，未闻及罗音。心率 122 次/分，心律齐，未闻及杂音。腹部膨隆，脐周见瘀斑，腹肌稍紧张，有压痛及反跳痛，肠鸣音 2 次/分。外阴部红肿，可见血性分泌物，阴道见撕裂伤，表面黏膜溃烂，肛门括约肌松弛。左上肢夹板固定，双手皮肤可见剥脱，双下肢可见非凹陷性水肿，四肢肌张力正常。

确定诊断：1. 急性肾功能衰竭；2. 全身多处外伤：①会阴撕裂伤（Ⅲ度），②左侧肱骨干骨折，③左侧桡骨远端骨折，④双手掌皮肤剥脱性缺如，⑤全身多处软组织挫伤；3. 急性弥漫性腹膜炎；4. 贫血；5. 肺炎；6. 多器官功能障碍综合征；7. 电解质紊乱：①低钠血症，②低钙血症；8. 代谢性酸中毒；9. 多浆膜腔积液：①胸腔积液（左侧），②腹水（腹腔积液），③盆腔积液；10. 左耳鼓膜穿孔；11. 急性化脓性中耳炎（右）。

治疗经过：因患儿肾功能衰竭（2011-12-10，血尿素 26.1mmol/L，血肌酐 422umol/L；2011-12-12，血尿素 10.5mmol/L，血肌酐 246μmol/L；2011-12-16，血尿素 15.8mmol/L，血肌酐 328μmol/L；2011-12-17，血尿素 15.9mmol/L，血肌酐 383μmol/L），行床旁连续性血液滤过治疗（2011-12-10、2011-12-12、2011-12-16、2011-12-18），以代替患儿肾脏功能，并予抗感染治疗，行会阴部及耳部、口腔护理。目前查体：生命体征较为平稳，双手可见新生皮肤及少量剥脱性皮损，浅表淋巴结未触及肿大。双侧外耳道通畅，干燥整洁，未见异常分泌物。口唇红润，口腔黏膜光滑无溃疡。心肺查体无特殊。腹软，肝肋下 3cm 可触及，脾肋下未及，移动性浊音阴性，双下肢无水肿，左上肢三角巾悬吊，右上肢、双下肢肌力、肌张力正常。外阴部无红肿及异常分泌物。

二、法医学鉴定

（一）法医检验

检验时间：2012 年 1 月 5 日。

体格检查：神志清楚。阴道后壁见陈旧性撕裂，肛门括约肌断裂，达直肠黏膜。左手自腕关节以远可见新生皮肤及少量剥脱性皮损，与正常皮肤边界整齐，右手背自第 2 掌指关节背侧至手背桡侧近腕关节处以远可见新生皮肤及少量剥脱性皮损，与正常皮肤边界整齐。余体表已无明显损伤痕迹遗留。

阅片所见：2011 年 12 月 10 日左肱骨正位 X 光片：左肱骨中段螺旋型骨折，骨折断端清晰锐利（见图 14-2）。

（二）鉴定意见

依照《人体重伤鉴定标准》之规定，张某阴道裂伤的损伤程度达重伤，依照《人体轻伤鉴定标准（试行）》之规定，其左肱骨骨折的损伤程度达轻伤。[1]

三、案例评析

通过资料分析可知，该案件属于虐待儿童案，其损伤特点符合被虐待者损伤特点。在鉴定中，根据病历资料记载情况，结合影像学资料所示及法医检验所见，儿童张某存在全身多处软组织挫伤、阴道Ⅲ度陈旧性裂伤、左肱骨中段骨折等损伤，上述损伤符合钝性外力作用所致。病历资料显示张某出现了急性肾功能衰竭、急性弥漫性腹膜炎等，已行四次血液净化治疗，法医检查时生命体征已经稳定，仍遗留阴道Ⅲ度陈旧性裂伤、双手可见新生皮肤及少量剥脱性皮损等。依照标准，其阴道裂伤的损伤程度达重伤，其左肱骨骨折的损伤程度达轻伤。

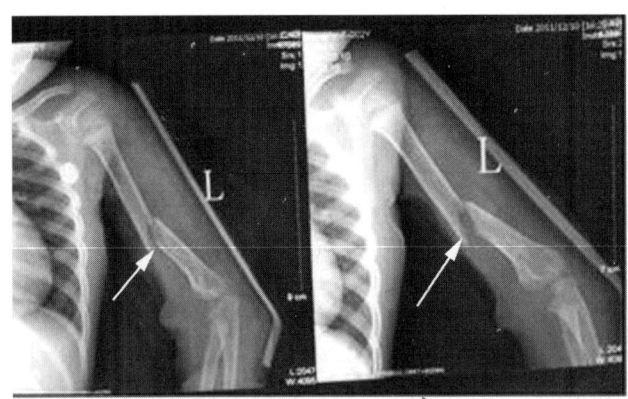

图 14-2　左肱骨干骨折

〔1〕 自 2014 年 1 月 1 日起，《人体重伤鉴定标准》（司发〔1990〕070 号）、《人体轻伤鉴定标准（试行）》（法（司）发〔1990〕6 号）废止。

项目五　技能训练

一、训练内容

非法性行为与虐待法医鉴定方法的训练。

二、训练目的与要求

（一）目的

通过完成该项训练，使学生掌握非法性行为与虐待鉴定的基本方法。

（二）要求

1. 应用人体解剖学检查与识别女性外生殖器及会阴部的基本要领。

2. 利用临床特点鉴定非法性行为与虐待的基本要领。

3. 运用鉴定标准分析并确立鉴定意见的基本要领。

（三）训练方法

1. 给定人体损伤模型，学生根据所学医学知识检查并记录确认非法性行为与虐待的表现。

2. 通过系列辅助检查的观察，由学生指出非法性行为与虐待的临床表现特征。

3. 学生通过模拟案例训练，完成对非法性行为与虐待案件的人身检查、辅助查验、鉴定标准套用、分析说明以及鉴定意见确立的综合运用。

（四）训练素材

人体损伤模型（实训室）、影像学照片（胶片或数字图像）、训练案例（或声像资料）。

（五）训练评价

通过训练，综合评价学生对非法性行为与虐待的体格检查能力、辅助检查的诊断能力、标准运用能力以及案例逻辑分析能力等。

启发与思考

1. 强奸案件法医学鉴定的要点？

2. 虐待的分类？

───── 学习单元十五 ─────

妊娠、分娩、流产相关鉴定

学习目标

1. 知识目标：了解妊娠、分娩、流产的基本知识，熟悉妊娠、分娩及流产的临床表现，掌握外伤性流产的认定，了解鉴定基本程序，掌握鉴定标准的运用。

2. 能力目标：熟悉妊娠、分娩、流产的特点，初步掌握妊娠、分娩、流产鉴定的工作能力。

内容结构

1. 概述。
2. 妊娠、分娩的临床特点及法医鉴定。
3. 流产及法医鉴定。
4. 综合案例分析。
5. 技能训练。

导读

王某，女，在劝架时被他人用厨用铁勺打伤头面部，拳击腰部、腹部，因王某当时有孕在身，故当即被送往医院就诊，但其后仍发生流产。当地鉴定机构认定王某因外伤致流产，其损伤程度鉴定为轻伤。嫌疑人认为鉴定意见与事实不符并提出重新鉴定申请。为正确处理此案，办案单位委托其他司法鉴定机构对王某的损伤程度进行重新鉴定。

项目一　概述

在刑事与民事案件中，有时需要对妊娠、分娩、流产等进行法医学鉴定。如外伤是否导致流产、女性是否妊娠以及女性罪犯是否妊娠和分娩给予监外执行等问题。

一、相关概念

妊娠是指胚胎和胎儿在母体内发育生长的过程。

早产是指妊娠满 28 周，不满 37 周期间的分娩。

流产是指妊娠不足 28 周、胎儿体重不足 1000g 而终止妊娠。流产发生于妊娠 12 周以前者为早期流产；发生在妊娠 12 周，不足 28 周者为晚期流产。

外伤性流产是指外力直接作用于子宫导致妊娠的终止并将胚胎排出体外。

二、妊娠、分娩的生理过程

男女性交（或人工授精）后，精子与成熟卵子在妇女生殖道内结合，即为妊娠的开始；妊娠第 3 周，孕卵进一步发育成长，并进入胚胎阶段；妊娠第 8 周，胚胎发育成长为胎儿，当胎儿及其附属物自母体排出后即为妊娠的终止。

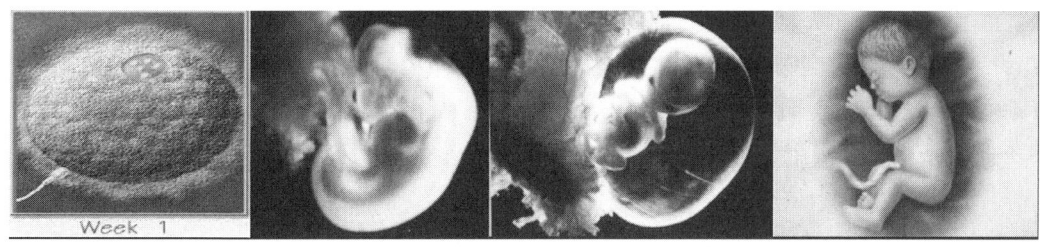

图 15-1　妊娠生理变化

妊娠满 28 周以上的胎儿及其附属物，从临产发动至母体全部免除的过程，称为分娩。分娩的过程分为三个产程，第一产程为宫颈扩张期，第二产程为胎儿娩出期，第三产程为胎盘娩出期。

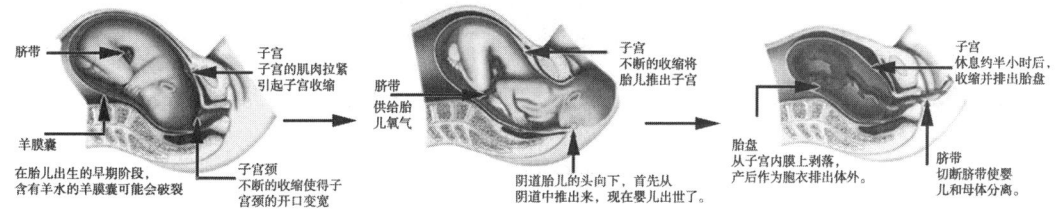

图 15-2　分娩过程

项目二　妊娠、分娩的临床特点及法医鉴定

一、妊娠的临床表现

（一）主要症状与体征

1. 停经。停经是妊娠最早的症状，但不是妊娠特有的症状，因精神因素或者躯体疾病等也可以引起闭经。

2. 生殖器变化。阴道黏膜充血变软，停经至 6 周~8 周，黏膜完全呈紫色，即 Chadwich 现象，为妊娠证据之一；子宫颈变软，停经至第 6 周明显，血管充血、水肿，特别是子宫峡部变软、变长，内诊时似有颈体脱离感，即 Hegar sign 阳性，是早期妊娠比较可靠的诊断指标；子宫体增大变软，停经至 5 周~6 周时子宫体呈球形，以后逐渐增大，停经至 12 周时子宫底超出骨盆腔，可在趾骨联合上方触及。

3. 乳房变化。自停经 8 周起，乳腺腺泡及乳腺小叶增生发育，使乳房逐渐变大。孕妇自觉乳房轻度胀痛及乳头疼痛。

4. 其他反应。在停经 6 周左右，有头晕、乏力、嗜睡及呕吐等早孕反应，一般停经 12 周左右，自行消失。

（二）辅助检查

1. 血中 HCG（人绒毛膜促性腺激素）水平。妊娠后 7 天~10 天可在孕妇血中测出 HCG，在妊娠最初 3 个月，早孕期呈现倍增规律，HCG 水平每 1.7 天~2 天约升高一倍，孕 8 周~10 周达高峰，后迅速下降，中晚期仅为峰值 10%，至产后 2 周内消失。

2. 超声检查。妊娠 6 周~8 周后可使用超声检查，对早孕诊断和胚胎发育判断有重要价值。

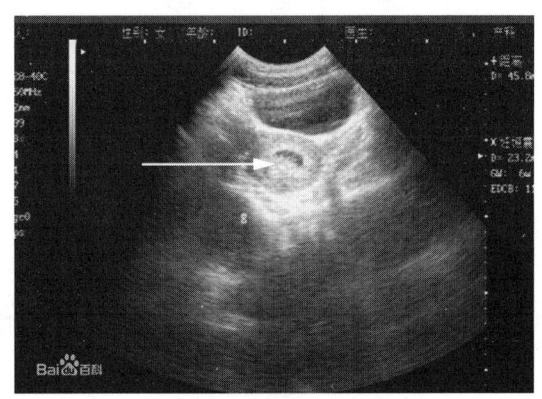

图 15-3　妊娠囊

二、分娩的临床表现

（一）概况

分娩的法医学鉴定主要涉及母亲生产后弃婴案件的确认。

胎盘娩出至产妇全身器官（除乳腺外）恢复或接近正常未孕状态所需的时间，一般需要 6 周。包括子宫复旧、恶露等变化。

（二）未产妇与经产妇的区别

未产妇的外阴皮肤肌肉紧张润泽，两侧大阴唇自然合拢，遮盖阴道口及尿道外口，阴道黏膜有皱褶，宫颈口呈圆孔状、光滑，乳房皮肤紧张，乳头短，凹陷，腹壁紧张，无妊娠纹。

经产妇的外阴皮肤松弛、皱褶，有色素沉淀，大阴唇由于分娩影响向两侧张开，处女膜可见破裂痕，阴道皱褶减少或消失，宫颈口呈横裂状，可见破裂痕，乳房松弛，乳头粗长，周围有色素沉淀，腹壁松弛可见陈旧性妊娠纹。

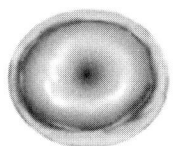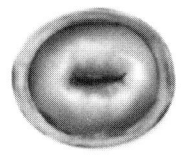

图 15-4　未产妇与经产妇的宫颈口差异

三、法医学鉴定

（一）妊娠认定

根据临床症状、体征与辅助检查结果可认定妊娠。但要注意区别异位妊娠、想象妊娠、伪装妊娠等，并利用子宫大小及宫底高度推断妊娠时间。

（二）分娩认定

根据产后征象、结合妊娠经过以及娩产过程等认定妇女是否分娩。另外，在实践中要掌握未产妇与经产妇的区别也有利于分娩的认定。

项目三　流产及法医鉴定

一、流产概述

（一）流产原因

流产的原因包括胚胎因素、母体因素、环境因素和胎盘因素。

1. 胚胎因素：染色体异常是早期流产最常见的原因，约占 50%~60%。染色体异常包括染色体数目异常和结构异常，除了遗传因素外，感染、药物等因素也可引起胚胎染色体异常。

2. 母体因素：主要有疾病、内分泌与免疫异常、创伤等。

3. 环境因素：化学、物理等环境因素可引发流产、死胎、早产、胎儿畸形等。

4. 胚胎因素：胎盘位置异常也会导致胚胎停育或流产。

（二）流产的类型

根据流产时间、程度以及感染和既往流产情况将流产分为先兆流产、难免流产、不全流产和完全流产、稽留流产、反复流产等。

（三）外伤性流产

损伤导致外伤性流产的原因主要有生物性损伤、化学性损伤和物理性损伤三大类，其中物理性损伤，以机械性损伤最常见。

损伤局部，特别是腹部可见皮下出血、擦伤、挫裂伤的外力作用；阴道流血，胎盘剥离，胚胎排出体外，严重者可导致阴道大出血、感染及子宫破裂等并发症。

值得注意的是，一般情况下孕妇虽受一定程度的损伤，甚至比较严重的损伤，不一定流产，多数流产由母体原有疾病或习惯性流产所致。因此，在实践中需要确定外伤与流产的因果关系。

二、法医学鉴定

（一）外伤性流产的认定依据

1. 必须有明确的腰腹部外伤史。一般情况下，孕 12 周以前子宫受到骨盆的保护，一般的外力，如推搡、徒手伤，对健康的孕妇（或健康的胚胎）并不易导致流产。只有较大的外力直接作用子宫才有可能出现。

2. 伤前经检验是正常妊娠。临床上，只有血和尿 HCG 阳性、超声检查见胚芽和原始心管搏动时才确诊为正常的早期妊娠。正常妊娠时，通常在妊娠 5 周时，宫腔内见到圆形或椭圆形妊娠囊；妊娠 6 周时，可见胚芽和原始心管搏动。血中 HCG 水平符合正常妊娠的变化规律。早期流产中多数为胚胎发育异常或母体有疾病，应注意排除病理性妊娠。如空孕囊；见胚芽，但无胎心搏动；或胚芽与孕周不符，同时血 HCG 水平与孕周不符，均说明外伤前胚胎发育异常。

3. 伤后出现了腹痛、阴道流血、胚胎娩出等流产的临床表现。

4. 伤后超声检查宫腔内有积血，受伤当天出现先兆流产时超声可见与孕周相符的胚胎，血 HCG 水平亦与孕周相符，胚胎死亡时血 HCG 不会立刻降低。

5. 难免流产后有清宫术等记录，清除物中见绒毛，病理证实为正常胚胎。

（二）损伤程度与伤残等级

1. 确定流产与外伤存在因果关系。

2. 损伤程度：根据《人体损伤程度鉴定标准》，重伤二级：损伤致早产或者死胎；损伤致胎盘早期剥离或者流产，合并轻度休克。轻伤二级：外伤性难免流产；外伤性胎盘早剥。轻微伤：外伤性先兆流产。

3. 伤残等级：《人体损伤致残程度分级》标准中并未涉及单纯性外伤性流产。如合并其他部位损伤或遗留功能障碍，可依照相关条款进行评定。

项目四 综合案例分析

一、简要案情及病史摘要

（一）简要案情

2015 年 3 月 9 日，王某劝架时被他人用厨用铁勺打伤头面部，拳击腰部、腹部，因王某当时有孕在身，故当即被送往医院就诊，但其后仍发生流产。

（二）病历摘要

2015 年 3 月 9 日 10：20 外科急诊：头部被人打伤后半小时余，头痛、头晕。查体：神志清，精神萎，对答尚可，右眼眶周肿胀瘀斑；左耳屏软组织裂伤，左外耳道有少许血性结痂，未见明显活动性流血、渗液，左前额及发际内有一连续皮肤裂伤口，长约 6cm，深及肌层；左枕部不规则形裂伤口，约 2cm×1cm。处置：清创缝合。诊断：头面部多发性裂伤，右眼外伤，颅底骨折待排。

2015 年 3 月 9 日 10：45 妇产科急诊：停经 50 天，曾自测尿妊娠试验阳性。今被他人徒手打伤胸腹部多处，诉腹部疼痛，无恶心、呕吐，阴道无组织物排出。查体：胸、腹部未见明显青紫瘀血改变，下腹部压痛（±）。妇检拒检（家属签字）。建议：测血 HCG，子宫+附件超声。

2015 年 3 月 9 日 11：15 眼科急诊：Vod 0.3+，Vos 1.0。右眼部被人打伤 2 小时余。查体：右外眼肿胀明显，球结膜下小片状出血，角膜明，KP（-），Tyn（±），前房深，瞳孔圆，光敏（+），眼底网膜平，中心凹反光可见，视盘色红。诊断：右眼部挫伤，右眼外伤性虹膜睫状体眼炎。

2015 年 3 月 9 日实验室检验报告：血 HCG：33.2mIU/mL。

2015 年 3 月 9 日超声检查报告：子宫后位，上下径 61mm，前后径 40mm，左右径 50mm，内膜厚 7mm，颈管长 29mm，形态规则，肌层回声均匀，内膜回声欠均匀，宫腔内无回声区 2mm×3mm×3mm。双侧卵巢形态规则，右侧 27mm×15mm，左侧 29mm×18mm。后穹隆无回声区，范围 22mm×12mm×23mm。

2015 年 3 月 12 日 17：10 急诊：平时月经规则，4 天~5 天/30 天，量中，无痛经。已婚，生育 1 胎，流产 3 次，放环 8 年，3 年前已取出。末次月经 2015 年 1 月 18 日，停经 50 天左右，2 月 26 日自测尿妊娠试纸结果呈阳性。诉 3 日前被他人打伤头面部并拳击腰、腹部，近 3 天来有少许阴道出血，时有腹痛；今下午 14：00 有阴道出血，有小块组织物排出，已带来院，伴下腹疼痛、腹胀，阴道出血量少于月经，无恶心、呕吐症状。查体：腹部平软，未及压痛、反跳痛及肌紧张；外阴已婚型，阴道畅，见少量暗红色血液；宫体前位，正常大小，双附件未及包块，均无压痛。尿 HCG 阴性。诊断：外伤后流产可能；异位妊娠待排。处置：组织物送病检。

2015 年 3 月 12 日实验室检验报告：血 HCG：6.5mIU/mL。

2015 年 3 月 16 日病理组织学检查报告：肉眼所见：灰白色组织 1 块，大小 1cm×0.6cm×0.3cm。病理诊断：（阴道落出物）送检组织内见子宫内膜腺体呈分泌反应，部分间质较疏松，似蜕膜样变，伴出血，见少许退变的绒毛组织。

2015 年 3 月 16 日眼科门诊：右眼外伤后复诊。查体：Vod 0.8，Vos 1.0；指测双眼眼压 Tn；眼睑未见明显肿胀、畸形；双眼角膜明，前房清；双侧瞳孔等大等圆，直径均为 3mm，对光反射灵敏；双眼晶体在位、透明；双眼玻璃体清，眼底视网膜平伏，视盘界清、色泽可，眼底血管未见异常。

二、法医学鉴定

（一）法医检查

检验检查：2015 年 6 月 10 日。

步入检查室，神清，对答切题，检查合作。

额部偏左侧自发际外延至发际内见一处斜行长 4.8cm、宽 0.2cm 的条状瘢痕，其中发际外瘢痕段长 3.4cm，表面色泽较深，稍高于周围皮面，形状尚规则，边缘略欠整齐，质地较软。左侧耳廓前外面近耳垂及耳轮下段见一处长 1.5cm、宽 0.1 至 0.2cm 的条状瘢痕，无明显色泽改变，平齐周围皮面，形状较规则，边缘尚整齐。枕部左侧见一处长 2.6cm、宽 0.2cm 的头皮瘢痕，色泽略淡，稍高于周围皮面，形状较规则，边缘整齐。

双眼睑裂对称，眼睑睁、闭可。非接触眼压计测量双眼眼压：右 12.7mmHg；左 13.4mmHg。视力表检查双眼裸眼远视力：右 0.4；左 0.9。在右眼前戴+0.25Ds 镜片，同时在左眼前戴+8.00Ds 镜片，双眼注视视力表，视力为 0.8。

裂隙灯检查：双眼结膜未见明显充血，角膜明，前房中深，房水清，虹膜完整、纹理清晰；双侧瞳孔等大等圆，直接、间接对光反射灵敏；双眼晶体在位、透明。

眼底镜检查：双眼底视网膜平伏，黄斑区中心凹光反射可见，视盘界清色正，杯、盘比值均为 0.3。

外阴未检。

四肢肢体肌力均为 5 级，肌张力可。双侧肱二头肌、肱三头肌腱反射、桡骨膜反射及双侧膝、跟腱反射正常引出、无亢进，双侧巴彬斯基氏征、戈登氏征、夏达克氏征、奥本海姆氏征及霍夫曼氏征均未引出。

（二）鉴定意见

被鉴定人王某受外力作用致头面部多处损伤后遗瘢痕形成，损伤程度评定为轻伤二级。

三、案例评析

本例被鉴定人王某系青年女性，其于 2015 年 3 月 9 日遭他人外力作用于头面部及腰腹部，致头面部（包括左侧耳廓）多发性挫裂创，右眼部挫伤等，临床予行清创缝合术等处置。法医学检验可见，王某额部、枕部及左侧耳廓遗留多处皮肤条状瘢痕形成，其中面部瘢痕单条长度为 3.4cm，头皮瘢痕累计长度为 4.0cm，耳廓瘢痕长度为 1.5cm。由于王某上述多处瘢痕累计长度为 8.9cm，依照《人体损伤程度鉴定标准》附则第 6.17 条及第 5.1.4.a）条之规定，其头面部（包括耳廓）多处软组织挫裂创后遗瘢痕形成应评定为轻伤二级。

王某本次鉴定时诉右眼视力下降。审阅送检材料并本次法医学检验所见，未见其伤后存在足以导致视觉功能障碍的眼球结构损伤性改变。结合其伤后病历记载的视力恢复情况，依照《人体损伤程度鉴定标准》第 5.2.5.e）条之规定，其右眼部挫伤评定为轻微伤。

王某诉外伤后自诉"停经 50 天，曾自测尿妊娠试验阳性"，伤后 3 天阴道流血伴"小块组织物排出"，临床诊断为"外伤后流产"。根据外伤史及送检病历材料，王某既往有多次流产史，伤后多次血 HCG 检测示值远低于同期正常妊娠的参考值范围，超声所见与自诉孕周不相符合，阴道排出物病理组织学检验也不支持其属正常妊娠，故分析认为，王某"外伤性流产"的诊断依据不足，应不予评定损伤程度。

项目五　技能训练

一、训练内容

妊娠、分娩与流产鉴定方法的训练。

二、训练目的与要求

（一）目的

（二）要求

1. 应用人体生理学检查与识别妊娠、分娩与流产的基本要领。

2. 利用临床特点鉴定妊娠、分娩与流产的基本要领。

3. 运用鉴定标准分析并确立鉴定意见的基本要领。

（三）训练方法

1. 给定人体损伤模型，学生根据所学医学知识检查并记录确认妊娠、分娩与流产的表现。

2. 通过系列辅助检查的观察，由学生找出妊娠、分娩与流产的临床表现特征。

3. 学生通过模拟案例训练，完成对妊娠、分娩与流产案件的人身检查、辅助查验、鉴定标准套用、分析说明以及鉴定意见确立的综合运用。

（四）训练素材

人体损伤模型（实训室）、影像学照片（胶片或数字图像）、训练案例（或声像资料）。

（五）训练评价

通过训练，综合评价学生对妊娠、分娩与流产的体格检查能力、辅助检查的诊断能力、标准运用能力以及案例逻辑分析能力等。

启发与思考

1. 如何判断是否为早期正常妊娠？

2. 正常妊娠血中 HCG 水平的变化规律？

3. 外伤性流产认定标准？

诈病与造作伤鉴定

学习目标

1. 知识目标：掌握诈病及造作伤的概念、特点及法医学鉴定要点；掌握诈聋、诈盲的特点与鉴定要点。熟悉伪装失语、诈瘫的特点及鉴定。了解伪装疼痛、伪装血尿、伪装神经症的特点及鉴别要点。

2. 能力目标：熟悉诈病及造作伤的特点与法医学鉴定要点，初步掌握诈病与造作伤鉴定的工作能力。

内容结构

1. 诈病及造作伤概述。

2. 常见诈病与造作伤。

3. 诈病与造作伤的法医鉴定。

4. 综合案例分析。

5. 技能训练。

导读

张某，2018年因交通事故受伤，临床诊断为右侧上颌窦前壁、右颧弓骨折，经临床治疗后伤者自诉后遗张口受限、无法讲话，然后自行委托当地鉴定机构进行伤残等级鉴定，当地鉴定机构按重度张口受限并依照《人体损伤致残程度分级》评定为八级伤残。鉴定后，事故对方及保险公司认为该名伤者的骨折不足以导致这么严重的后果，提出要重新鉴定，结果重新鉴定仍然维持了该鉴定意见。事故对方及保险公司在咨询多位临床及法医专家后，又再一次向法院提出了重新鉴定……

党的二十大指出，要"坚持科技是第一生产力"。法医鉴定是以医学理论与技术为基础的。随着科技发展，特别是医学技术进步，法医鉴定的效率与精准性不断提高，并逐步迈向智能化，这与法医鉴定领域坚持科技是第一生产是分不开的。随着现代医学理论与技术的进步，特别是各类客观检查方法的应用，如影像学检查、电生理检查等，对诈病及造作伤的鉴别能力有了显著的提高。在法医临床学司法鉴定实践中，鉴定人应详细了解案件发生经过、临床诊疗情况，分析判断被鉴定人目前表现出的症状、体征或功能异常是否存在相应的病理基础，是否符合疾病的转归规律，并选择合适的客观检测方法来综合评估伤情，最终得出准确的鉴定意见。

项目一　诈病及造作伤概述

一、相关概念

诈病（伤）：身体健康的人，为了达到某种目的，假装或伪装患有某种疾病（损伤），称为诈病（伤）。广义的诈病（伤）还包括夸大伤病，即伤病者对损伤或疾病的症状和体征故意夸大，常表现为轻伤装重伤，小病装大病，伤病者希望通过夸大病情，以期达到某种目的。

造作伤：为了达到某种个人目的，自己或授意他人对自己身体造成损伤或故意扩大和加重原有损伤。广义的造作伤也包括造作病。

二、基本特点

（一）诈病

多见于故意伤害和各类意外事故的受害人，通过伪装疾病（伤）来追究加害人的刑事和民事责任，或刑事犯罪的行为人伪装精神疾病或其他严重疾病，以逃避刑事责任或刑事处罚。若诈病者精通医术及疾病的演变规律，其伪装则难以识破。

诈病的特点包括：

1. 诈病者都具有明确的目的和动机，如为了获取更多的经济赔偿、逃避刑事责任、骗取福利、保外就医，等等。

2. 诈病者所伪装的症状及体征，往往缺少病理学基础，临床检查结果特别是客观检查结果无异常。

3. 诈病者由于害怕或不想被揭穿，通常不配合甚至拒绝检查，且易对鉴定人的言行反应强烈。

4. 诈病者陈述自己的病情时，常夸大症状及体征，但有时由于其对医学知识的不理解，导致其陈述的临床症状与体征不符，甚至前后矛盾。

5. 诈病者"病情"多反复，经治疗后反而加重，不符合临床转归规律。

（二）造作伤

造作伤多是为了逃避法律责任、法定义务、劳动改造，或是为了骗取某种荣誉、获取信任，或是为了诬陷、报复他人，故意使自己受伤或患病，以期达到特定目的。

造作伤的特点包括：

1. 致伤物：以机械性损伤多见，尤其是锐器伤。

2. 致伤方式：造作伤一般都是自己所为，少数情况下由家人、朋友或利益相关方在其授意下实施。

3. 损伤部位：常为易被发现、暴露的部位，如头部、四肢。多位于本人容易实施的区域，如右手造成的损伤，除头部外，一般分布在身体的左侧、前侧或右下肢前侧、外侧，背部少见；用左手则正好相反。

4. 由于造作伤者通常都不期望危及生命或遗留严重残疾后果，其损伤程度一般较轻，但有时由于实施不当，也可以外造成严重损伤。

5. 造作伤者为了达到其目的，往往对检查非常合作，期待检查者能够检查到其所有损伤，这与诈伤者有本质的区别。

项目二　常见诈病与造作伤

诈病者常选择一些常规临床检查方法不易检查、难以鉴别的疾病进行伪装，如伪装疼痛、听力障碍、视力障碍等。在同一人群中，如有人伪装某种疾病未被识破，其他人也会跟着模仿，此种情况在服刑人群中时有发生。鉴定时最常见的有诈聋、诈盲、诈瘫。

一、诈聋（伪聋）

诈聋是指故意伪装听力障碍或夸大其听力障碍的行为。伪聋者可伪装成单耳聋或双耳聋，由于伪装单耳聋不易被识破，又不明显影响日常工作和生活，因此伪装单耳聋较为常见。诈聋者常答非所问或回答问题迟疑，说话时声音往往并不增大，表现为主观听力障碍，但客观听力检查正常。

（一）诈聋的检测方法

主观听力检查法：听觉眼睑反射试验，听觉瞳孔反射试验，听诊器伪聋测试法，噪声干扰测验，骨气导音叉检查，同频音掩蔽方法等。

1. 单耳诈聋检测方法。

（1）噪声干扰试验：嘱被检者不间断地朗读一段文章，并在"聋耳"一侧播放噪声，然后由低到高调整噪声音量。如被检者会在不知不觉中跟随噪声音量的加大提高朗读声，则为诈聋。

（2）同频音掩蔽试验：正常人用两个相同频率及不同强度的声音刺激同时给到双耳时，必定感觉到声音在强度较大的一侧。测试时可以用两只同频率的音叉，用其中之一震动后由远到近测得健耳能听到声音的距离，比如 15cm，反复测量 3 次结果相同后，同时震动两支音叉，一支放在"聋耳"前 10cm 处，另一支由远及近测健耳能听到声音的距离，如果健耳在小于 10cm 的距离才能听到声音，则考虑是诈聋。

2. 双耳诈聋检测方法

（1）探究反应：趁被检者不注意时，突然给一强声刺激，诈聋者会将头偏向声源处，说明有听力。

（2）客观听力检测方法：声导抗、耳声发射、听觉诱发电位（听性脑干诱发电位、40Hz 听觉诱发电位、多频稳态听觉诱发电位等）检测等。

（二）法医学鉴定

对疑为诈聋者，鉴定人应详细询问病史，注意其回答问题的内容、方式、举止及神态。鉴定时首先根据临床病历记载和辅助检查判断是否存在导致耳聋的器质性病变，然后通过客观听力检测方法如听觉诱发电位等检判断其真实的听力状况。

二、诈盲（伪盲）

诈盲是指伪装视力障碍或夸大视力障碍程度的行为，亦可伪装成夜盲或视野缺损等。诈盲可表现为单眼盲或双眼盲，由于伪装双眼盲相对困难，且难以持久，因此伪装单眼盲多见。双眼伪盲者需他人搀扶或持杖而行，行走时故意碰撞障碍物。伪盲者常拒绝检查或检查不合作。

（一）诈盲的检查方法

1. 单眼诈盲的鉴别方法。

（1）瞳孔对光反射：器质性单眼盲患者，会有相对性传入性瞳孔阻滞。诈盲眼直接对光反射存在，健眼间接对光反射存在。

（2）雾视法：以+6.0DS凸透镜置于健侧眼前，使得健眼无法辨认视标。同时用+1.0DS加−1.0DS的镜片合成一组置于"盲眼"前，嘱被检者睁开双眼，检测视力，如为正常视力，说明是诈盲。必要时可来回调换镜片、反复测试。

（3）红绿镜片法：用红、绿两色镜片分别置于被检者双眼试镜架上，嘱其阅读红字与绿字，若红绿两色均能看出，则为诈盲。

（4）变换距离测试法：先按常规在5m处分别测双眼视力，然后变换距离测试，正常情况下结果应有变化。

（5）视觉诱发电位：包括视网膜电图、眼电图及视觉诱发电位等。对检查是否存在视觉功能障碍提供客观的证据。

2. 双眼诈盲的鉴别方法：

（1）瞳孔对光反射：真双眼盲者，双眼的直接、间接对光反射均消失，伪盲者则可查到该反射，中枢皮质盲除外。

（2）视觉诱发电位等电生理检查。

（二）法医学鉴定

首先根据病史资料及辅助检查明确有无导致视力障碍的器质性病变，然后判断其器质性病变与视力障碍程度是否一致。

三、伪装瘫痪

指伪装神经系统损伤或病变而致肢体无力、活动障碍的行为。常发生在头部、脊髓或周围神经损伤后，被鉴定人谎称一肢或多肢体运动障碍，如不能行走、不能自己进食、不能穿衣洗漱，甚至卧床不起等。

在法医学鉴定中，首先需要明确有无瘫痪，是器质性瘫痪还是非器质性瘫痪。长期瘫痪的病人，瘫痪的肢体可见肌肉萎缩。伪装瘫患者无神经系统定位体征，影像学检查无器质性病理基础，神经电生理检查结果正常。

四、伪装失语

失语是指在神志清楚、发音和构音没有障碍的情况下，大脑皮质语言功能区（额下回后部及颞上回后部）损伤或病变导致的言语交流障碍，表现为运动性失语和感觉性失语。

运动性失语表现为不能说话，但能理解别人说话的意思。感觉性失语则表现为听不懂别人说话的意思，答非所问。两者并存者为混合性失语，表现为自己不能说话，也不能理解别人说话的意思，为优势半球的额叶、颞叶病变所致。

伪装成运动性失语者多见，表现为神志清晰，对他人说话的含义能正确理解，可进行书面交流，但就是不能说话。鉴定时首先要详细了解失语的病史，有无引起失语的器质性损伤或疾病，然后通过神经系统的专科检查、头部影像学资料以及喉肌肌电图等检查排除器质性失语。

五、伪装疼痛

指没有疼痛，故意伪装成疼痛的行为。由于疼痛易被模仿和伪装，可不伴有体征，此常被作为诈病的首选症状。伪装疼痛的部位常与损伤部位有关或与其诈病的目的有关。

六、伪装血尿

指没有血尿，故意将正常尿液伪装成血尿的行为。伪装者多采用将血液混入尿液中，使尿液检材呈肉眼血尿或镜下血尿，但其血尿持续时间长短不一，血尿程度反复不定。

腹部、腰背部外伤后出现血尿常提示肾挫伤，其血尿持续时间长短与肾损伤的转归一致。如果血尿及随访尿常规检查结果不符合肾挫伤血尿的发展、愈合规律的，应高度怀疑伪装血尿。

七、伪装抽搐

其表现形式多种多样，有的似癫痫大发作，有的只是四肢不规律抽动或上肢屈曲、下肢伸展，抽搐停止后即可自主活动。常在他人在场时或有监控下发作，多见于头部外伤的病人，鉴定时需要与癫痫发作和习惯性动作相鉴别，并排除癔症性抽搐。

八、伪装神经症

神经症属非器质性的大脑功能性障碍，患者所诉许多不适症状经体格检查、神经系统检查、实验室检查均无异常。伪装神经症多见于头部外伤后，常常过分夸大其不适症状，如夜不能寐、记忆力下降、头痛头晕、肢体感觉障碍等，所诉各种症状均为主观表现，临床检查均不能发现器质性病变。

九、体表锐器造作伤

其特点主要表现为：①创口数目较多，形态、大小一致；②创口密度大，间距小，损伤范围较局限；③损伤排列整齐，方向有序；④损伤程度较轻，常为轻微伤或轻伤；⑤创口随体表弧度而弯曲，深度不变（系用利器小心切划所致）；⑥由于怕痛、犹豫等复杂心理，常有试切痕，表现为平行的表皮划痕或轻微浅表切创，这也是判断自伤的重要依据。

十、鼓膜造作性穿孔

多为直接外力作用所致，穿孔部位不定，多位于紧张部后方，穿孔形状与致伤物的形状有关，多为圆形和卵圆形，外耳道和鼓膜常可见擦伤或划伤。

项目三　诈病与造作伤的法医鉴定

一、概述

鉴定时，需要注意被鉴定人的临床表现是否符合伤病的发生发展规律，注意被鉴定人提供的病史材料是否真实可信，有无冒用、伪造等情况。怀疑系造作伤时，应详细了解案情、分析受伤过程、结合临床资料和体格检查等确认以下问题：

1. 有无损伤：若有损伤，损伤部位、数量、大小、形态、方向等。

2. 损伤如何造成：是被鉴定人自己所为还是由他人所为。

3. 成伤方式和损伤机制：是否与被鉴定人或其他证人所述相符。

4. 损伤的时间：是否为"损伤"当时形成。

二、法医鉴定

1. 案情调查：注重对被鉴定人受伤过程的审查，详细询问被鉴定人受伤过程，注意其自身所处位置和姿势、致伤物、被击打的部位和次数、伤后出现的不适等。必要时，可要求委托方提供双方受伤经过的讯问笔录，甚至法医鉴定人赴案发现场，详细了解案发现场情况。

2. 资料审查：要注意对被鉴定人身份的认定，判断被鉴定人所述情况与所提供的鉴定资料是否相符、有无事实根据和旁证材料。

（1）病历资料的审查：就诊时间、主诉、体征、专科检查、各种辅助检查、治疗及转归，临床诊断是否客观；案情及临床资料间是否矛盾，分析原因，并注意有无添加、涂改或伪造。

（2）影像学资料审查：摄片时间、是否被鉴定人本人所摄、有无器质性损伤或病变、损伤形态是否与受伤时间吻合、是否与致伤方式、致伤工具吻合。

3. 辅助检查：对疑似诈病（伤）的案例，除对被鉴定人进行常规体格检查外，还需进行相关的客观检查方法检测，如神经电生理检查（听觉诱发电位、视觉诱发电位、运动诱发电位、肌电图、神经传导速度等），以便综合评估伤病情。

怀疑系造作伤时，应注意对被检者衣着的检查：仔细检查衣物，观察衣物破损的部位、破损的层次、数目、形状、大小、方向以及破损的边缘是否齐整等，并与其身体上的创口进行比对，同时注意观察衣物上血痕分布及流注方向与损伤是否相符。必要时进行事件重建。

4. 因果关系判断：要正确区分损伤与疾病的关系，区分被鉴定人目前后果与原发性损伤之间的关系。

项目四　综合案例分析

一、简要案情及病史摘要

（一）简要案情

张某，2018 年因交通事故受伤，临床诊断为右侧上颌窦前壁、右颧弓骨折，经临床治疗后伤者自诉后遗张口受限、无法讲话，然后自行委托当地鉴定机构进行伤残等级鉴定，当地法医按重度张口受限并依照《人体损伤致残程度分级》评定为八级伤残。鉴定后，事故对方及保险公司认为该名伤者的骨折不足以导致这么严重的后果，提出要重新鉴定，结果重新鉴定仍然维持了该鉴定意见。事故对方及保险公司在咨询多位临床及法医专家后，又再一次向法院提出了重新鉴定。现法院特委托某鉴定中心鉴定张某目前后遗张口受限与本案交通事故之间的因果关系及交通事故所致伤残等级。

（二）病史摘要

2018 年 12 月 10 日某市中心医院急诊病历记录：主诉：车祸致全身多处外伤半小时。查体：神志清，双侧瞳孔等圆等大，直径约 2.5mm，对光反射灵敏。右面部肿胀。四肢多发擦伤，较表浅。诊断：全身多处伤。口腔专科查体：开口约 1.5cm，开闭口疼痛，开口居中，下颌骨下缘完整，上下牙咬合关系可，右侧 TMJ 区、颧骨颧弓肿胀，压痛。CT 示：右上颌窦前壁、右颧弓骨折。诊断：上颌多发骨折。

2018 年 12 月 11 日至 2018 年 12 月 25 日某市中心医院住院病历记录：主诉：车祸致面部全身外伤半天余。查体：面部轻度畸形，右面部肿胀，张口度约为 15mm，右眶周瘀肿，上颌窦前壁、外侧壁及右颧弓压痛明显扪及阶梯感，双侧髁状突区未扪及明显疼痛。内牙列完整，上下颌牙列咬合关系尚好。治疗经过：入院后于 2018 年 12 月 16 日行右颧骨复合体骨折开放复位+内固定术。出院情况：神清，精神可，伤口愈合可。出院诊断：1. 颌面多发性骨折：①右上颌窦前壁骨折；②右颧弓骨折；③牙震荡；2. 全身多处软组织挫裂、皮肤擦伤。

2019 年 6 月 16 日至 2019 年 6 月 23 日某市中心医院住院病历记录：主诉：右颌面部骨折术后 6 月，右面部肿胀 2 月。查体：右面部肿胀，表面皮肤发红，张口度张口型正常，口内左上颌牙龈切口未见明显异常，未见内固定物外露，局部牙龈无明显红肿，上下颌咬口关系好。治疗经过：入院后于 2019 年 6 月 18 日行右上颌面部钛内固定物取出术。出院情况：伤口愈合可，缝线存，轻微肿胀。出院诊断：1. 右上颌骨内固定物排斥？2. 右上颌骨颧骨颧弓骨折术后。

2019 年 10 月 26 日某市人民医院疾病诊断证明书：右侧上颌骨、颧骨骨折。处理意见：①右上颌骨颧骨颧弓骨折术后；②张口受限（开口度 1.5cm）；③右侧面容畸形。

二、法医学鉴定

（一）法医学检查

检查日期：2021 年 6 月 19 日。

神清，问答不应，家属代诉张某因张口受限而不能开口说话。双侧面部基本对称，未见瘢痕及面部畸形。双侧颞下颌关节结构触诊未及骨折，无弹响。上下颌牙列咬合关系好。主动张口明显受限，上下切牙间距小于食指横径。

（二）影像学检查

2018 年 12 月 10 日头颅 CT 示：右侧颌面部软组织肿胀，右上颌窦前壁骨折，右颧骨及颧弓骨折，骨折断端清晰锐利，局部有错位，骨折线均未累及右侧颞下颌关节，右侧上颌窦积液。

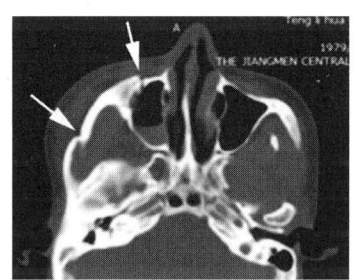

图 16-1　右侧上颌窦前壁骨折，右侧颧弓骨折

2019 年 4 月 14 日颌面部 CT 扫描示：右上颌窦前壁钢板内固定术后，右颧骨及颧弓骨折，原骨折线已模糊。

2019 年 10 月 30 日头颅 CT 扫描示：原右上颌窦前壁内固定物已取出。

2021 年 6 月 18 日颌面部三维螺旋 CT 示：右上颌窦前壁、颧骨及颧弓骨折已基本愈合，颧弓骨折处稍错位，下颌骨运动时（张闭口）右下颌骨髁突及冠突均无骨性压迫。

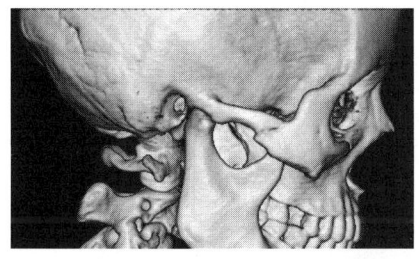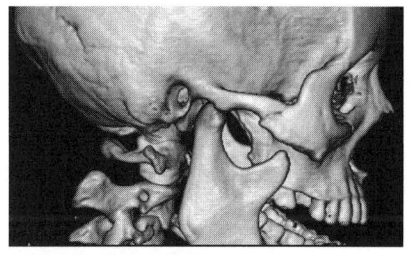

图 16-2　运动状态下下颌部三维螺旋 CT（左：闭口，右：张口）

（三）鉴定意见

1. 张某因交通事故致右上颌窦前壁、右颧骨及颧弓骨折不构成残。

2. 张某目前表现的重度张口受限无明确的损伤基础，应不予评定。

三、案例评析

在工伤、交通事故等理赔中，有些人为了获取更多的赔偿，身体有伤的就夸大病情，没伤就伪装成有伤，甚至自残，不择手段地达到目的。本案例中，张某张口受限的结果是否为伪装？

根据资料，本案例交通事故造成张某右面部软组织损伤，当天拍摄头颅 CT 即发现右侧上颌窦前壁、右颧骨及颧弓骨折，骨折断端清晰锐利，已行右颧骨复合体骨折开放复位+内固定术、右上颌面部钛内固定物取出术等治疗。由此可见，张某右侧上颌窦前壁、右颧骨及颧弓骨折与本次交通事故存在直接因果关系。

根据临床知识，张、闭口运动主要是依靠颞下颌关节的活动和附着在下颌骨以及关节周围的咀嚼肌所控制。颞下颌关节是由颞骨的下颌关节窝、下颌骨髁状突及关节盘、关节囊和关节韧带组成。临床上常见的因外伤导致张口受限的情形如下：颞下颌关节区直接遭受外力作用引起关节内骨折、出血或继发性感染时，可导致关节强直、张口受限；颌骨骨折时，如骨折端发生移位致使上、下颌牙齿咬合关系紊乱，可造成张口受限；颧弓骨折时，骨折部位向后下方内陷移位，压迫颞肌和下颌骨冠突，阻碍下颌骨运动，可导致张口受限；此外，颞下颌关节区周围大面积软组织撕脱伤或瘢痕形成，造成颌间瘢痕挛缩，亦可导致张口受限。

虽然此次交通事故造成张某右侧上颌窦前壁、右颧骨及颧弓骨折，但骨折均未累及颞下颌关节，而根据近期复查的 CT 示下颌骨运动时（张闭口）右下颌骨髁突及冠突均无骨性压迫。结合被鉴定人双侧颞下颌关节结构触诊未及骨折，无弹响，上下颌牙列咬合关系好，双侧面部也未见瘢痕及畸形。因此，并不存在导致张某张口受限的损伤基础。所提供的伤后就诊病历记载其张口度情况也不尽相同，有中度张口受限（即开口度 1.5cm），也有张口度正常的记载，而目前张某表现为主动张口重度受限（不能容一横指），其张口度变化情况并不符合一般疾病的正常演变规律。综上，依照《人体损伤致残程度分级》4.3 之规定，张某目前表现的重度张口受限无明确的损伤基础，应不予评定。

项目五 技能训练

一、训练内容

诈病与造作伤鉴定方法的训练。

二、训练目的与要求

（一）目 的

通过完成该项训练，使学生掌握诈病与造作伤鉴定的基本方法。

（二）要 求

1. 应用人体解剖学、病理生理学等检查与识别诈病与造作伤的基本要领。

2. 利用辅助检查鉴定诈病与造作伤的基本要领。

3. 运用鉴定标准分析并确立鉴定意见的基本要领。

三、训练方法

1. 给定人体损伤模型，学生根据所学医学知识检查并记录诈病与造作伤的表现。

2. 通过系列辅助检查结果的观察，由学生指出诈病与造作伤的部位及损伤的性质，并进行分析说明。

3. 学生通过模拟案例训练，完成对诈病与造作伤案件的人身检查、影像学查验、鉴定标准套用、分析说明以及鉴定意见确立的综合运用。

四、训练素材

人体损伤模型（实训室）、影像学照片（胶片或数字图像）、训练案例（或声像资料）。

五、训练评价

通过训练，综合评价学生对诈病与造作伤的体格检查能力、神经系统专科检查能力、辅助检查的诊断能力、标准运用能力以及案例逻辑分析能力等。

启发与思考

1. 诈病的概念与特点？

2. 造作伤的概念与特点？

3. 诈病的法医学鉴定要点？

医疗纠纷相关司法鉴定

🖐 学习目标

1. 知识目标：熟悉医疗纠纷鉴定的基本概念，掌握医疗损害鉴定的基本内容，了解医疗损害鉴定原则与一般程序鉴定。

2. 能力目标：熟悉医疗损害鉴定项目，初步掌握医疗损害鉴定的工作能力。

🖐 内容结构

1. 医疗纠纷鉴定概述。

2. 医疗损害司法鉴定的基本内容。

3. 医疗损害技术鉴定的原则。

4. 医疗损害司法鉴定一般程序。

5. 综合案例分析。

🖐 导读

党的二十大指出，要"把保障人民健康放在优先发展的战略位置"。为维护良好医疗秩序，国家制定相关医疗法律法规。在法医鉴定领域，开设医疗纠纷鉴定项目，使人民群众通过鉴定了解诊疗过程中医疗机构有无过错，同时促进临床医学完善，进而维护人民健康权益。

近日，一患者戚某因诊断为"直肠癌"在某医院接受手术治疗，术后患者出现并发症且逐渐加重，最终经抢救无效死亡。事后，患者的家属认为医院在诊疗过程中存在严重过错，导致患者死亡，应当承担责任。医患双方经过协商不成，家属将该医院告上法院。当地人民法院受理了该案，鉴于医疗问题的专业性和复杂性，为明确医疗机构是否承担责任，人民法院委托司法鉴定机构就医院对患者的医疗行为是否存在过错、过错与死亡后果是否存在因果关系及参与度进行司法鉴定。

近年来，我国医疗纠纷层出，甚至引发恶性事件，严重影响医患关系的和谐与社会稳定，引起广泛关注。发生医疗纠纷后，缓解医患矛盾的关键在于妥善的解决机制和途径。根据医疗纠纷处理途径不同可分为医疗事故和医疗损害。前者为行政途径，依据国务院颁布的《医疗纠纷预防和处理条例》和《医疗事故处理条例》，由各级医学会组织的医疗事故技术鉴定为行政机关处理提供依据；后者属于司法途径，依据《民法典》与《医疗损害司法鉴定指南》（SF/T0097-2021），由司法鉴定机构组织的医疗损害鉴定为医疗损害责任赔偿纠纷提供依据。鉴于医疗损害具有专业性及复杂性的特点，因此，医疗损害鉴定一直是法医司法鉴定领域关注的重要研究课题。

项目一　医疗纠纷鉴定概述

医疗纠纷是指医患双方因诊疗活动引发的争议。具体表现为患者或其代理人与医疗机构医务人员形成了法律关系的基础上，就医疗行为的需求、期望的结果、采取的手段及双方权利义务的认识上产生分歧，并以损害赔偿为主要请求的民事纠纷。部分医疗纠纷为医疗以外因素所引起。

医疗事故是指医疗机构及其医务人员在医疗活动中，违反医疗卫生管理法律、行政法规、部门规章和诊疗护理规范、常规，过失造成患者人身损害的事故。

医疗损害是指医疗机构及其从业人员在对患者的诊疗护理过程中，由于医疗过错行为对患者所产生的不利后果的事实。

医疗损害司法鉴定是指司法鉴定人根据委托方提供的资料及法医学检查结果，运用临床医学和法医学知识分析判断医方在诊疗、救治、护理、管理等环节中是否存在过错，以及过错行为与损害后果之间因果关系，并出具司法鉴定意见的过程。

项目二　医疗损害司法鉴定的基本内容

医疗损害司法鉴定的基本内容，是依据法律法规，法医司法鉴定人通过审查病历资料，检查被鉴定人或复阅影像学、病理学及其他辅助检查材料，对医疗行为是否存在过错、患者的损害后果、以及医疗过错与损害后果之间是否存在因果关系及原因力大小进行分析判断的过程。但患者精神损害事实的确认、医疗管理损害责任以及医疗产品损害责任不属于医疗损害鉴定的内容。

一、分析并确定医疗机构及其医务人员在诊疗活动中是否存在过错

我国法律对医疗损害赔偿的归责采用过错责任原则，因此，判断医疗机构及其医务人员在诊疗活动中是否存在过错医疗损害鉴定的首要问题。在法律上，过错分为两种基本形态：故意和过失，在医疗侵权纠纷中，过错仅包括过失。在鉴定实践中，在分析是否存在过错时应把握以下三个要素：

1. 主体必须是具有资质的医疗机构及其医务人员，非法行医的机构或人员，没有相关资质，其行为也不是诊疗行为，不属于医疗损害鉴定的范围。

2. 必须发生在诊疗过程中，但不包括医务人员的故意伤害行为、医疗机构设施导致患者的损伤（摔伤、自杀等）、医疗机构管理过失导致损害（如抱错婴儿）。

3. 必须存在违法违规行为：即是医疗机构及其医务人员在诊疗活动中客观上违反医疗卫生法律法规、行政规章以及其他相关诊疗规范的规定。

二、确定医疗损害的后果

只有在发生损害事实的情况下才需要考虑是否产生医疗损害侵权，即"无损害则无责任"。根据《民法典》的相关规定，医疗损害侵权责任可能包括患者生命权、健康权、财产权、隐私权及监护权等。在实践中，这种不利后果表现多样，除了死亡、残疾外，依据《医疗损害司法鉴定指南》（SF/T0097-2021）还可以包括病程延长、病情加重、错误受孕、错误生产、丧失生存机会、丧失康复机会等。

三、推断医疗过错与损害后果之间是否存在因果关系

因果关系的判断通常以诊疗行为实施时一般的社会经验和知识水平作为认定标准。医疗损害案件的因果关系问题，是法医学鉴定中最复杂的鉴定内容。主要是损害后果往往是多因情况，包括患者自身疾病/损伤、正常医疗行为损害以及医疗过错行为，三者往往同时存在，甚至相互作用，需要进行原因力大小鉴定。关于原因力大小的鉴定意见，可以按照导致患者损害的全部原因、主要原因、同等原因、次要原因、轻微原因或者与患者损害无因果关系，表述诊疗行为造成患者损害的原因力大小。

项目三　医疗损害技术鉴定的原则

一、诊疗合理性原则

医疗机构及其医务人员在诊疗过程中违反法律、行政法规、规章以及相应诊疗、护理规范的具体规定，或者有违该专业领域多数专家认可的原则和方法，则视为存在医疗过错。这里所谓的规定、原则和方法，既包括成文的，也包括不成文（约定成俗）的。

二、知情同意原则

医疗机构及其医务人员在诊疗过程中宜对患者的病情及拟采取的诊疗措施作出必要的告知，并取得患方的知情与对诊疗措施的同意。未尽到告知义务，则视为存在医疗过错。值得注意的是，医务人员的告知既包括书面说明，有时也包括其他适当形式的告知。

三、谨慎注意原则

《民法典》第1221条规定，"医务人员在诊疗活动中未尽到与当时的医疗水平相应的诊疗义务，造成患者损害的，医疗机构应当承担赔偿责任"。这里所说的"诊疗义务"实际上就是指医务人员的"医疗风险注意义务"。医疗风险注意义务包括一般注意义务和特殊注意义务，前者是指医务人员在医疗服务过程中对病人生命与健康利益的高度责任心，对病人人格的尊重，对医疗服务工作的敬业、忠诚和技能的追求上的精益求精；后者指在具体的医疗服务过程中，医务人员对每一个环节的医疗行为所具有的危险性加以注意的具体要求。

四、病情紧急原则

医务人员在紧急状态下能够达到的注意程度与一般情形下的注意程度具有差别。《民法典》规定医务人员在抢救生命垂危的患者等紧急情况下已经尽到合理诊疗义务的，医疗机构可以免责。

五、医学局限性原则

不能否认的是，医学奇迹并不是临床医学的常态。时至今日，医疗活动中也难免遇到一些无法治愈的疾病，以及无法挽救的患者，医学发展与医疗技术的局限性是客观存在。因此，限于当时的医疗水平难以诊疗属于医疗机构免责的情形。

项目四　医疗损害司法鉴定一般程序

一、鉴定的委托

医疗损害司法鉴定的委托人是处理医疗损害责任赔偿纠纷的司法机关，目前主要是人民法院。鉴定材料由委托人审查、认可并提交，人民法院委托的案件，病历资料须经过医患双方质证。

二、鉴定的受理

鉴定机构应对委托方提供的材料进行审查，判断其完整性、准确性和可信性。一般的材料包括医患双方有效证件；患者的门诊病历原件及复印件；完整的住院病案原件（病历、病程记录、手术记录、特殊治疗告知书、谈话记录及各种检查、检验报告单、会诊讨论记录等客观性和主观性病历资料）；与疾病诊治相关的病案资料复印件、病理切片、影像资料等。当鉴定材料符合鉴定要求时，鉴定机构可以受理。

三、鉴定过程

目前我国缺乏医疗损害司法鉴定程序的具体规定，召开医患双方、同行专家与司法鉴定人共同参与的听证方式受到业界的推崇。特别是互联网技术的发展更是开拓了远程听证会的新模式。如因特殊情况不采用听证会，医患双方必须提供书面陈述材料。

四、出具鉴定意见

司法鉴定人根据鉴定资料以及听证会意见或者鉴定团队讨论后形成的意见，按照要求，制作司法鉴定意见书并交付委托人。

项目五　综合案例分析

一、简要案情

患者戚某（女，59岁），因反复肛门停止排便10月余于8月3日至A医院就诊，诊断为直肠癌，8月17日行手术治疗，术后患者出现发热，腹痛等症状，病情逐渐加重，后转入上级医院 B 医院救治，最终因抢救无效于 8 月 21 日死亡。受人民法院委托，某鉴定机构就 A 医院对戚某的医疗行为是否存在过失、过失与损害后果是否存在因果关系及参与度进行鉴定。

二、病历摘要

A 医院：患者 10 月余前无明显诱因出现肛门停止排便，有排气，一直靠服药才能排便，都呈软烂便或水样便，间排血便或只排红色液体，1 周前恶心、呕吐胃内容物，量少，稍觉腹胀，于 8 月 3 日入院。查体：胸膝位直肠指检可及 12 点钟位置一约 3cm×2cm 呈菜花样肿物，触痛，质中，活动尚可，边界清，指套可见暗红色血性液体，肛门周围未见异常。初步诊断：直肠 Ca？不完全性肠梗阻。8 月 5 日肠镜检查示：直肠距肛门 6~9cm 见 3cm×2cm 菜花样肿物，表面充血。8 月 9 日病理诊断报告显示直肠腺癌。8 月 17 日在联合麻下行直肠 Ca 根治术，术程顺利，术后予抗炎、禁食、对症支持治疗。8 月 18 日患者诉腹痛，有发热，无胃寒，无咳嗽，有痰难咳出，呼吸稍困难，查体神志清，呼吸稍急促，双肺呼吸音粗，腹腔引流管通畅，经治疗后 8 月 19 日症状没改善，急查血常规示 WBC 1.9×109/L，电解质 Na 126.8mmol/L，Cl 93.7mmol/L，考虑低钠低氯血症，肺部感染。予输同型血浆 200ml 等治疗。8 月 20 日 4：30 患者出现四肢湿冷，T38.4℃，呼吸仍急促，约 48 次/分，P128 次/分，BP 125/85mmHg，尿量 3.5 小时为 140ml，不排除早期休克表现。6：20 患者出现谵妄，四肢湿冷，神志不清，血压较难测，经治疗后症状未见好转后转 B 医院治疗。B 医院：因结肠癌术后 3 天，神志不清伴血压下降 4 小时于 8 月 20 日 8：40 转入。查体：体温 39.1℃，脉搏 160 次/分，呼吸 26 次/分，血压 0。昏迷，皮肤轻度紫绀，双侧瞳孔等大等圆，对光反射迟钝，呼吸急促，呈间停呼吸，双肺闻及较多痰鸣音，腹部膨隆，停留腹腔引流管一条，引出似粪便样物，腹部稍紧张，肠鸣音消失。转入后给予治疗无好转，10：05 患者出现呼吸、心跳停止，持续抢救至 8 月 21 日 5 时，患者神志昏迷，瞳孔散大固定，心电监护示一直线，宣告临床死亡。死亡原因：脓毒病休克，多脏器功能衰竭。最后诊断：脓毒病休克，多脏器功能衰竭（心肺肾脑），急性弥漫性腹膜炎，肠瘘？ARDS，心肺复苏术后，结肠癌根治术后。

三、医患争议

患方认为：A 医院未将其邀请上级医院的医生做手术的情况告知患方，患方至今不知是哪位医生为其实施的手术；在患者入院后未及时予手术，术前评估和准备不足；术后忽视检验结果、怠于查体观察，延误急性弥漫性腹膜炎的诊断和治疗；转院不及时，错失挽救患者生命的时机；抢救不力导致患者病情迅速恶化。医方存在严重过错，直接导致患者死亡，应当承担全部的法律责任。医方认为：患者因患严重疾病到医院进行救治，医方对患者的诊疗及护理行为符合法定的医疗操作常规及相关规范，医生尽到了法定的注意义务，治疗护理行为没有不足或过错，与患者死亡之间没有因果关系。

四、分析说明

1. 死因复核：因患者戚某死亡以后未进行尸检，无法明确病理学死因。提供的现有病历资料，认为患者的死亡原因为直肠癌术后肠瘘致急性弥漫性腹膜炎、感染中毒性休克、多器官功能衰竭。

2. 关于邀请外院医生手术的知情告知问题：病历资料未见关于邀请上级医院来院手术并就相应情况对患方进行告知的知情同意书及患方签字。手术记录术者没有完整书写姓名，仅记录为"曾主任"。根据《医师外出会诊管理暂行规定》第 4 条之规定："医疗机构在诊疗过程中，根据患者的病情需要或者患者要求等原因，邀请其他医疗机构的医师会诊时，经治科室应当向患者说明会诊、费用等情况，征得患者同意后，报本单位医务管理部门批准；当患者不具备完全民事行为能力时，应征得其近亲属或者监护人同意。"根据《病历书写基本规范》第 22 条第 15 项之规定："手术记录是指手术者书写的反映手术一般情况、手术经过、术中发现及处理等情况的特殊记录，应当在术后 24 小时内完成。特殊情况下由第一助手书写时，应有手术者签名……"直肠癌根治术为重大、复杂手术，医方邀请外院专家来院手术，但未能将这些情况对患方进行知情告知并取得患方的书面同意，违反了相关法规的规定，存在过失。不过，关于手术记录书写的术者"曾主任"为何人，是否具有执业医师资格及进行此项手术的资质，超出技术鉴定的范畴。

3. 关于手术时机：患者于 8 月 3 日入院，根据患者临床表现、入院直肠指检及门诊腹部平片，初步诊断直肠 Ca？不完全性肠梗阻。8 月 5 日给予行肠镜检查及取组织送病检以明确病变性质，8 月 9 日病理回报显示直肠腺癌。在明确诊断后，医方给予完善相关术前检查，如胸片、腹部 B 超、盆腔 CT、心脏彩超等，有助于排除患者癌肿是否存在转移，待各项结果回报后择期于 8 月 17 日行直肠癌根治术。医方的术前诊断明确，在确诊后择期手术，其诊疗措施符合直肠癌的疾病诊疗常规，选择手术时机得当，不存在过失。

4. 关于术后并发症的诊断和处理：患者术后第一天（8 月 18 日）起即出现有腹痛、发热，同时有呼吸困难、咳痰、肺部呼吸音粗等临床表现，体检有腹痛、腹稍胀、全腹压痛的症状，已出现急性腹膜炎的表现；术后第二天（8 月 19 日）持续发热、腹痛，WBC1.9×10⁹/L，并低氯低钠血症；术后第三天（8 月 20 日）四肢湿冷，发热，呼吸急促，不排除早期休克表现。根据临床知识，胃肠手术后最常出现的并发症即为肠瘘，表现为肠内容溢出至腹腔致腹膜炎的症状，如高热、腹胀、腹部有压痛、肌紧张、肠鸣音减弱或消失，腹腔引流管中出现肠液等肠内容物。医方将患者术后发热及呼吸困难等临床表现归因于肺部感染，但又未能给予常规胸片检查以明确及鉴别诊断。而对于患者术后第一天即发热、腹痛、腹胀、腹部压痛等临床表现（提示弥漫性腹膜炎）的情况却一直未予重视、未予进一步检查予以明确诊断。其病历资料中关于术后腹腔引流液的记录也仅为腹腔引流管通畅，而缺乏对腹腔引流液性状的相关描述。后转院至 B 医院后，即发现患者腹腔引流管引出粪便样物，术后肠瘘及急性腹膜炎诊断明确。综上分析，认为 A 医方对患者术后病情的观察及发生并发症后处理不及时，对肠瘘、急性腹膜炎诊断不及时，存在对术后并发症误诊误治的过失。

5. 关于转院的问题：8 月 19 日 14 时 30 分 A 医方病情告知书中记录"患者病重，转上级医院"，并有患者家属及医生签名。医方在自身技术条件有限无法满足患者疾病治疗要求时提供转院治疗的方案，对家属进行知情告知并得到家属同意，符合医疗常规。此时患者病情严重但相对稳定具备转院条件，但医方未能予以执行转院措施，直至 8 月 20 日患者病情加重恶化，生命体征不稳定的情况下给予转院。故认为医方转院措施不符合常规，存在过失。

6. 关于 A 医方的过失行为与患者死亡后果之间的因果关系：如前所述，医方在对患者诊治过程中存在：邀请外院专家来院手术未能尽到知情同意的过失；未善尽关注义务，对患者术后并发症（肠瘘、急性腹膜炎）误诊误治的过失；未能及时执行转院措施的过失。医方的过失使患者在术后发生严重并发症（肠瘘、急性腹膜炎）后未能得到及时、有效的治疗，其过失与患者的死亡之间存在直接因果关系，是导致其死亡的主要参与因素。患者自身患有直肠癌，承受该重大、复杂手术的风险系自身疾病治疗之所需；肿瘤患病者本身又存在肌体抵抗力降低及修复能力减弱等；此外，肠瘘系直肠癌根治术的常见并发症，以目前的临床医学水平，无法完全预防和避免发生。认为其自身疾病基础和手术的高风险性与死亡后果亦存在一定的因果关系，是导致患者死亡的次要参与因素。按照《医疗损害司法鉴定指南》（SF/T009T-2021）第 7.3.5 之规定："医疗行为与患者的损害后果之间存在因果关系，过错系主要原因"，评定医方的过失在患者死亡后果中的原因力大小属主要原因。

7. 鉴定意见：A 医院在戚某诊疗过程中存在过失行为，在戚某死亡后果中的原因力大小属于主要原因。

📝 **启发与思考** ⌐

9. 医疗纠纷与医疗损害的区别？

10. 医疗损害司法鉴定的基本内容包括哪些？

参考文献

1. 刘技辉主编：《法医临床学》，人民卫生出版社 2016 年版。

2. 张纯兵编著：《人身损害鉴定与赔偿》，法律出版社 2017 年版。

3. 王旭："中国法医临床学之鉴定现状、技术标准与科学研究"，载《中国司法鉴定》2016 年第 4 期。

4. 《法医类司法鉴定执业分类规定》。

5. 《人身损害与疾病因果关系判定指南》（SF/T 0095——2021）。

6. 《人体损伤程度鉴定标准》。

7. 《人体损伤致残程度分级》。

8. 《职工非因工伤残或因病丧失劳动能力程度鉴定标准（试行）》。

9. 《劳动能力鉴定 职工工伤与职业病致残等级》（GB/T 16180-2014）。

10. 《人身保险伤残评定标准及代码》（JR/T 0083-2013）。

11. 《医疗事故处理条例》。

12. 《医疗事故分级标准（试行）》。

13. 《医疗纠纷预防和处理条例》。

14. 《人身损害护理依赖程度评定》（GB/T 31147-2014）。

15. 《人身损害后续诊疗项目评定指南》（SF/Z JD0103008——2015）。

16. 《法庭科学 人身损害受伤人员后续诊疗项目评定技术规程》（GA/T 1555-2019）。

17. 夏文涛、邓振华主编：《眼外伤的法医学鉴定》，中国检察出版社 2008 年版。

18. 刘瑞珏、夏文涛主编：《眼科司法鉴定实务》，科学出版社 2014 年版。

19. 《法庭科学 视觉功能障碍鉴定技术规范》（GA/T 1582-2019）。

20. 《法医临床学视觉电生理检查规范》（SF/Z JD0103010——2018）。

21. 田勇泉主编：《耳鼻咽喉头颈外科学》，人民卫生出版社 2013 年版。

22. 张志愿、俞光岩主编：《口腔科学》，人民卫生出版社 2013 年版。

23. 柏树令、应大君主编：《系统解剖学》，人民卫生出版社 2013 出版。

24. ［英］苏珊·斯坦德林（Susan Standring）主编：《格式解剖学：临床实践的解剖学基础》，丁自海、刘树伟主译，山东科学技术出版社 2017 年版。

25. 钟世镇主编：《系统解剖学》，高等教育出版社 2003 年版。

26. 朱虹辉主编：《当代法医临床学图谱》，群众出版社 2014 年版。

27. 王保捷、侯一平主编：《法医学》，人民卫生出版社 2018 年版。

28. 侯一平主编：《法医学》，高等教育出版社 2015 年版。

29. 范利华、吴军、牛伟新主编：《损伤与疾病》，复旦大学出版社 2014 年版。

30. 宋健文、李丽增、李冬日："以并发症为主要诉求医疗损害司法鉴定 89 例分析"，载《中国司法鉴定》，2016 年第 1 期。

31. 邓振华、陈国弟主编：《法医临床学：理论与实践》，四川大学出版社 2004 年版。

32. 华西医科大学编：《X 线诊断学》，四川科学技术出版社 1987 年版。

33. 唐光健、秦乃姗主编：《现代全身 CT 诊断学》，中国医药科技出版社出版 2020 年版。

34. 卢建珍："影像学检查在法医临床鉴定中的应用探究"，甘肃政法大学 2021 年硕士学位论文。

35. 孟存芳主编：《口腔颌面部 CT 诊断学》，人民卫生出版社 2016 年版。

36. 蔡祖龙、高元桂主编：《胸部 CT 与 MRI 诊断学》，人民军医出版社 2005 年版。

37. Schweitzer A D, Niogi S N, Whitlow C J, et al. "Traumatic Brain Injury：Imaging Patterns and Complications"，*Radiographics*，2019，39（6）：1571~1595.

38. 郭小芳："多层螺旋 CT 联合动态对比增强磁共振成像对脊柱结核的评估分析"，载《黑龙江医学》2022 年第 3 期。

39. 罗章伟等："脑梗死患者^{99m}Tc-ECD SPECT/CT 感兴趣区成像局部脑血流的特征"，载《实用医学杂志》2016 年第 18 期。

40. "中国结构性心脏病介入治疗进展报告 2020"，载《中国循环杂志》2021 年第 9 期。

41. Pavlova OY, Serova NS，"Cone beam CT in diagnostics of facial trauma"，*Stomatologiia（Mosk）*，2016，95（6）：64~66.

42. 钱业韬等："螺旋 CT 在脊柱压缩性骨折中的应用"，载《浙江创伤外科》2021 年第 6 期。

43. 李海鹰、王豪主编：《影像诊断学》，人民卫生出版社 2003 年版。

44. 党凌云、张效礼主编："2017 年度全国司法鉴定情况统计分析"，载《中国司法鉴定》2018 年第 3 期。

45. 郭景元主编：《法医鉴定使用全书》，科学技术文献出版社 2002 年版。

46. 司法部公共法律服务管理局："2021 年度全国司法鉴定工作统计分析报告"，载《中国司法鉴定》2023 年第 1 期。